当代城市规划著作大系

都市旅游与“宜游城市”空间结构研究

汪忠满　著

中国建筑工业出版社

图书在版编目（CIP）数据

都市旅游与“宜游城市”空间结构研究/汪忠满著. —北京：中国建筑工业出版社，2011.7
（当代城市规划著作大系）
ISBN 978-7-112-13267-6

Ⅰ.①都… Ⅱ.①汪… Ⅲ.①城市旅游-关系-城市空间-空间结构-研究-中国 Ⅳ.①F592.3 ②TU984.2

中国版本图书馆CIP数据核字（2011）第097252号

本书从都市旅游的角度对城市的空间结构进行研究，结合众多的国内外基础理论与“宜游城市”实例，对中国“宜游城市”的建设进行了详细的剖析，提出了优化城市空间结构的方向，并将重庆作为实证研究对象，提出了具体的优化建议。由于作者丰富的工作经历以及多学科交叉的视角，本书超越了一般著作的高度，在一个更宏观的层次上构建了宜游城市的基本理论体系和改善城市空间及其结构“宜游性”的规划设计方法，是都市旅游以及城市空间结构研究领域的学者治学以及相关决策管理者开拓思路的良伴。鉴于其对重庆的实例研究，本书也是对重庆建设宜游城市有兴趣的读者的佳选。

* * *

责任编辑：焦 扬 陆新之
责任设计：董建平
责任校对：王雪竹 刘 钰

当代城市规划著作大系
都市旅游与“宜游城市”空间结构研究
汪忠满 著
*
中国建筑工业出版社出版、发行（北京西郊百万庄）
各地新华书店、建筑书店经销
北京嘉泰利德公司制版
北京中科印刷有限公司印刷
*
开本：850×1168毫米 1/16 印张：16¾ 字数：413千字
2011年10月第一版 2011年10月第一次印刷
定价：46.00元
ISBN 978-7-112-13267-6
(20698)

序

随着社会文明的演进和城市生活的多样化，城市规划所定位的城市空间的功能和结构必须回应随时代变化和增加的各种城市生活的需求。进入21世纪，我国经济社会的发展已进入了旅游时代。当今全球都市旅游（urban tourism）已成为大旅游业中极为重要的一部分。从旅游的视角来研究都市空间，分析它现存的结构，找出问题，探索改进—优化的规划途径和方法，这就是本书作者历时8年所研究的课题。

在城市中生活的人们不外是处在两种时代类型的空间中：历史遗留下来的老城空间和当代建设的新城空间。就定居地而论，具有不同身份和财富的人对城市空间的选择能力，亦即能任随喜好取舍的能力，有着巨大的差异。多数人往往受命运安排，像一棵树木一样被安置到某个地方，此后多年乃至终身都在那里安身立命，而那里也就成为他的乡土。任何一座城市总是人们长期营构，积淀了若干文明成果的地方；大多数人都会对其产生一定程度的爱恋和怀旧的感情，只要那儿有一些美好的事物，包括美好的景物和人情。一位城市规划师在为一座城市做规划设计时，能否在那里创造出一些使当地居民产生美感和爱恋的场所与景致，恐怕是对他的作品最较真的检验了。利普斯的移情说早已揭示了这种现象的存在。有道是：各说各的家乡美，只缘身为此乡人。

然而对于旅游者来说，都市旅游却是对一座城市向往兼着挑剔的空间体验。号称旅游城市，必定有其优越之处，如京沪苏杭，巴黎罗马，其史迹佳境，名冠天下。规划师研究其作为旅游名城的空间结构，就能从中梳理出其许多长处，因此也培养了他自己创造优良的旅游城市空间的学问和悟性；同时他还要善于从中寻短，看出那些对旅游者不利的空间结构问题，进而为其提供改善的良策。对这种问题的研究，应当是当今城市规划学科中的一个具有实际意义的领域。

我国经批准带着旅游城市名号的城市有600多座，其中命名为优秀旅游城市者已达300多座。为获此命名，这些城市的确都经过了提档升级的巨大努力，有的确实是实至名归。但是对于到达这些城市的旅游者的实际感受来说，不足之处仍不免有许多。其中就城市空间的结构与旅游功能的结合程度而论，不难发现若干大大小小的缺陷；还要下许多工夫，才能真正达到国际优秀旅游城市的水平。

对于旅游城市空间结构的研究内容来看，应当包括宏观、中观和微观三个空间尺度，分别去观察和分析，既要“见著”，又要“知微”。一个宏观的旅游总体规划，可以对城市旅游资源的评价、开发的策略、设施的布局、景点和路线的设计以及发展时序等做出安排；在中微观层面，还要从人们的旅游行为和心理的实际体验加以观察和总结，找出空间结构问题的所在，从而作出使得一座旅游城市得以逐步演进，成为无懈可击的旅游天堂的规划决策。这里面综合着技术、经济、社会、环境，最后是文化的丰富知识内涵。本书作为研究的成果固然已经可观，但研究的深度和广度却永无止境。我们向往着把一座座祖国的城市都建设成为文化品位和地域特色均达到卓越超凡境界的旅游之都，本书所采用的都市旅游空间结构研究的方法有着推广应用的价值，也有继续探讨的必要性。

本书作者汪忠满君，是我所指导的博士生中最勤奋好学者之一；虽然人到中年，而治学未有稍懈，始终热情洋溢地投入研究和写作；对旅游城市调研的足迹涉及国内外许多地方，为立论的归纳演绎积累了充分的素材；在书中提出了不少创见，例如宜游城市的概念，就能帮助城市建设管理决策者从外来旅游者的角度关注提升城市空间的宜游性。论文初评时，选题方面是得到评审的同行专家的肯定的；但是，专家们对内容却提出了较多的补充和修改的意见。作者虚心采纳——作为导师，我也有责任与其多次共同探讨——八易其稿，终于成此大观。综观全书，针对都市旅游空间结构的问题，论文在许多方面写到了点子上，超越了一般对旅游城市泛泛而谈的水平，因而具有指导旅游城市空间规划建设的学术和实际价值。在此欣然为之作序。

2011 年 3 月 9 日　于榕庐

前 言

旅游业在现代经济总量中占有重要的份额，成为第三产业和国民收入中的主要成分之一，传统旅游目的地主要为风景名胜区、温泉、滨海度假区和宗教圣地等。20 世纪 70 年代以来，由于各国城市建设在历史文化遗产保护、当代人文景观和人居环境改善等方面的重大进步，许多城市重现或增添了巨大魅力，都市旅游因此在城市经济、社会发展中的作用与日俱增，并给城市规划、建设和管理不断提出新的课题。目前在我国蓬勃发展的旅游业中，都市旅游发展与城市规划建设的互动关系尚未得到充分研究。都市旅游涉及城市空间物质和人文环境，如何塑造城市空间环境，提升城市空间的亲和性？如何在宏观、中观、微观层面上通过城市空间结构的调整、改善和优化，增强城市的宜游性？既是城市规划师需要回答的问题，也是城市建设者和管理者毋庸回避的问题。本书在分析都市旅游对城市空间结构之内在要求的基础上，着重论述了“宜游城市”及其空间的品质；通过分析国（境）内外“宜游城市”规划、建设的经验与教训，提出了中国“宜游城市”空间结构优化的规划方法，以构建富有生机与活力的都市旅游目的地；最后，在研究重庆都市区空间结构的基础上，就重庆如何建设“宜游城市”问题提出了具体措施。

本书提出了“宜游城市”、“城市体验设计”、“城市空间结构‘宜游性’”等概念，研究了城市空间结构“宜游性”评价方法、“宜游城市”空间结构优化“四原则”、改善城市空间及其结构“宜游性”的规划设计方法，总结了“城市空间结构优化表现为纳什均衡与动态耦合”、“都市旅游产品边际效用递增规律”、“都市旅游产品替代规律”、“都市旅游产品供给创造需求规律”。本书认为，“宜游城市”首先应该是“宜居城市”，应该具备本地人、外地人都喜欢的城市品质。都市旅游景区（点）应该具有富含文化、和谐文明、亲和力强、行之自由、人皆可达、功能综合等特征。关注城市空间及其结构的“宜游性”，科学地规划、建设功能齐全、连续有序、景观丰富、亲切宜人、交通便捷、文明安全的“宜游城市”公共空间。

鉴于曾经作为一名城市旅游主管部门的工作者，作者倡导城市有关各方应加倍努力，多管齐下，通力合作，关注和加强城市活动、空间组合、功能结构的多样性，重视构成城市公共空间领域之场所的不同形态、空间尺度和城市机能，了解、尊重、加强道路、广场、步行街、公园、河岸、海滨等公共开放空间对于广义上的社区乃至城市的巨大价值，挖掘、保护场所精神，建设城市文化，发展新的城市生态技术系统，建立新的城市生态文明，张扬城市个性，以实现建筑、环境、文化与公共空间的全面、协调、可持续发展。

本书建议，首先，要按照“消除困境、丰富体验、自主选择、统筹规划”“四原则”，改善城市公共环境、营造亲和城市；其次，关注城市空间功能、形态、活动的多样性，重视公共空间人性尺度的塑造，整合城市空间元素，优化城市空间结构；再次，把自然迎回城市，建设森林城市，应当是建立新型城市生态文明的重要途径；最后，发掘、保护和建设城市文化，使历史记忆与时代创新相得益彰，不断丰富都市旅游的文化内涵，应当是保持都市旅游景区（点）活力涌现、建设“宜游城市”的重要环节。

本书强调，通过优化城市空间结构、提高城市空间品质、建设城市文化、建立新型城市生态文明等途径，可以把城市建设成为亲切宜人、生机勃勃、活力涌动、科学发展的“宜游城市”。而优化城市空间结构，从宏观、中观到微观层面建立科学合理的人性空间序列，使之形成满足都市旅游需求的城市空间结构，是城市发展的战略性决策，是城市空间规划与设计的努力方向，也是推进都市旅游产业发展的重要举措。本书在总结国（境）内外旅游城市规划建设经验教训的基础上，结合作者的工作体会，对此展开系统而具体的论述，以期推进我国大城市的都市旅游业又好又快发展，以实现国发［2009］41 号文件提出的战略目标：“把旅游业培育成国民经济的战略性支柱产业和人民群众更加满意的现代服务业”。

目　录

1

绪论

1.1 研究的学术和实践意义

1.1.1 研究的学术意义

现代都市旅游因其产业的高度关联性和强力带动作用而对城市经济、社会发展的贡献日益突出，因而普遍受到各国的重视，并成为各大城市重要的发展战略。

都市旅游是以大都市为载体的休闲、观光、购物、会展等活动之总和，其物质载体是主要由场所与路径构成的城市空间。城市空间是都市旅游行为活动发生的前提和存在的基础，而“旅游是城市的高级功能。”[1]都市旅游目的地建设在实质上是城市空间塑造和空间结构的优化过程，是发掘城市文化、彰显城市魅力、提高城市舒适度和便捷度的过程，也就是建设“宜游城市”的过程。优化城市空间结构，构建富有生机、充满活力、突现魅力的都市旅游目的地，是都市旅游业结构优化、升级和持续发展的前提和条件。

本书的研究目的在于解决三个问题：一是系统研究都市旅游的一些基本问题；二是揭示“宜游城市”对城市空间品质及城市空间结构的内在要求；三是以“宜游城市”建设为目标的城市空间结构优化对策探讨，将城市规划与设计的许多原则以一种明智而经济可行的方式运用于城市空间及其结构的改善之中，为“宜游城市”的规划设计和建设提供借鉴和帮助。

本书运用定性分析与定量研究相结合的方法，分析、论证都市旅游可持续发展对城市空间及其结构的内在要求。运用经济学、社会学、管理学、城市规划学、建筑学的相关原理，以系统论的观点分析都市旅游目的地的构成要素、演化机制和规律，按照“宜游城市”建设要求，提出中国大城市空间结构优化的措施。最后，以山城重庆为例，对重庆建设“宜游城市”提出了具体可行的建议。

城市规划科学的发展与城市设计观念的更新，意味着城市规划理论不断走向成熟。将国外都市旅游研究的最新成果引入城市规划科学，实际上是从城市体验设计的新视角研究城市空间结构及其优化问题，这既是本书对城市规划科学跨学科、综合性、应用性研究的尝试和探索，也是对完善城市规划理论大厦所尽的绵薄之力。

1.1.2 研究的实践意义

将“宜游城市”建设与城市空间结构优化问题合并研究，揭示“宜游城市”对城市空间及其结构的内在要求，分析我国城市空间结构的缺陷，探讨以“宜游城市”建设为目标的城市规划设计方法，不断优化城市空间结构，可以增进城市空间的生机与活力，促进都市旅游业的持续发展。这对深入学习实践科学发展观，全面建设小康、和谐、节约型社会，具有直接的现实意义。

---

[1] 吴志强，吴承照．城市旅游规划原理［M］．北京：中国建筑工业出版社，2005：3.

1.2 国内外相关研究现状综述

1.2.1 国内外关于都市旅游的研究

目前，我国学者对都市旅游问题关注还不够，专项成果尚不多见。人们从社会学、经济学、生态学、地理学、建筑学、城市规划学等多个方面研究了城市问题，但将都市旅游与城市空间结构关系问题合并研究的成果还很少。

崔凤军博士等人对城市旅游的若干问题进行过专题考察[1]。

吴志强等从城市旅游的视角研究了城市旅游规划问题[2]，按照林洪岱先生的观点，认为“中国真正具有都市旅游意义的只有5个：北京、上海、天津、重庆、广州。都市旅游具有四个方面的共同特征：宏观结构抬升、国际潮流拉动、产业市场准入、功能高端运作。”[3]

魏小安先生认为，休闲规划要体现情景规划、体验设计，并创造新型的休闲文化。[4]要求设计师不但要考虑城市的视觉效果，更要关注听觉设计、味觉设计、触觉设计和运动觉设计，最终体现旅游活动的舒适度、方便度和文化度。

相对说，国外对都市旅游的探索较多。由英国 Alexandrine 出版社出版的《建成环境》（Built Environment），2000 年发行了专刊《都市旅游》（Urban Tourism）。Rob MacDonald 对都市旅游的产生、发展及其物质载体进行了系统的讨论；Christopher M. Law 探讨了通过休闲和旅游再造城市中心的问题；Mads Gaardboe 发表了《都市旅游：全球性优秀建筑设计》（Urban Tourism：Global Projects of Architectural Excellence）；Chris Couch，Sarah Jane Farr 等学者以利物浦的经验为例，对博物馆、画廊、旅游和城市改造等问题进行了探讨[5]。

帕垂克·N·特洛伊在《城市巩固与家庭》一文中从中观、微观角度对城市空间与现代市民的生活方式进行了分析：“传统的居住形态无法带来多姿多彩的生活方式，这又是诸多流行的却又没有得到验证的奇怪论调中的一个。发表这类观点的人从根本上认为，高密度的居住形态在某种程度上更加丰富多彩：更富有文化内涵，也更加松弛、轻松。这种模式是与某种城市经营的生活方式相联系在一起的：在外就餐并投身到对罗曼蒂克的咖啡社会的追求中去，尽情享受读报时间的早餐咖啡，在古玩店、书店及画廊中淘宝贝……近年来，大多数城市里的咖啡店、酒吧、饭馆以及路边咖啡屋的增多、人们社会行为方式的不断变化、收入的增加以及休闲活动商业化的结果，也满足了游客的需求（包括国内外的游客）。”[6]

---

❶ 崔凤军．城市旅游的发展与实践——20 个命题研究［M］．北京：中国旅游出版社，2006.

❷ 吴志强，吴承照．城市旅游规划原理［M］．北京：中国建筑工业出版社，2005：6.

❸ 林洪岱．中国都市旅游发展的新趋势［M］//2000-2002 年中国旅游发展：分析与预测．北京：社会科学文献出版社，2002：358.

❹ 魏小安．缜密制定休闲发展规划［R］// 在北京市密云县举办的休闲发展论坛上的讲话，2005-09-16.

❺ Rob MacDonald .Urban Tourism［J］.Built Environment，2000，26（2）.

❻（英）迈克·詹克斯，伊丽莎白·伯顿，凯蒂·威廉姆斯著．紧缩城市——一种可持续发展的城市形态［M］．周玉鹏，龙洋，楚先锋译．北京：中国建筑工业出版社，2004：175.

欧洲DG/RTD第五课题组的"能源、环境与可持续发展"子项目——"明天的城市与文化遗产"，搞了一个专题——《可持续发展的都市旅游》。1999年11月在马德里召开的"旅游与城市：可持续性的挑战"国际会议上，与会代表认为，"世界贸易组织（WTO）关于最近的趋势和预测研究表明，城市将受到各类旅游者的持续性高度需求，如何满足这些旅游者的需求成为各界更为关注的难题。因此，城市面临双重挑战。首先，城市必须能够满足受文化、商务、娱乐、购物、运动和其他景区组合吸引的、日益增多的旅游者的预期和需要。而且，城市需要不停地重新创造和改善这些设施以维持其在充满竞争的旅游市场的份额和收益。其次，城市必须保证旅游得到发展和管理，以为当地民众带来好处，不对都市环境造成破坏而是改善，不会成为地方政府的财政包袱。"❶

丹麦城市设计专家扬 · 盖尔（Jan Gehl）的《交往与空间》一书，就城市空间、人际交往等方面以富于情趣的综合方式，在微观层面上给予了阐释，并"时刻提醒我们，建筑学不仅要满足景观方面的特殊要求，也要考虑到人们个人或群体的平凡、甚至是琐碎的日常需要。"❷扬 · 盖尔认为，"人及其活动是最能引起人们关注和感兴趣的因素。"❸"建筑层数较低，密度较大，适于步行交通的城镇，城中沿街处以及住宅、公共建筑和工作单位周围都有供户外逗留的场所……户外空间舒适宜人，使人乐而忘返。这是一种充满活力与生气的城镇，建筑物的室内空间与宜人的室外环境相辅相成，公共空间能很好地发挥作用。"❹可以认为是在比较微观的层面对都市休闲、都市旅游进行了细部考察。

原英国皇家城市规划协会会长弗朗西斯 · 蒂巴尔兹（Francis Tibbalds）在《营造亲和城市——城镇公共环境的改善》（Making People-friendly Towns——Improving the Public Environment in Towns and Cities）一书中指出，"从北京街头的鞋匠到阿姆斯特丹大量的人流，造就了生动有趣的活动环境。"❺要求清晰地理解并整合城市公共空间的要素，对城镇公共环境进行尺度人性化改善，表现城镇"行之自由、人皆可达"的亲和性。此书当是城市宜游性空间分析、空间塑造的代表作。

1.2.2 国内外关于城市空间结构的研究

从霍华德（E.Howard）强调分散的"田园城市"，到柯布西耶（Le Corbusier）强化集中的"现代建筑运动"，到伊利尔 · 沙里宁（E.Saarinen）倡导遵循城市发展规律的"有机疏散"，到现代的可持续发展城市、生态城市、"宜居城市"规划理念，是"把乡村推进城市"这场旷日持久的人类伟大行为活动中对城市发展规律和城市规划理论的不停探索与不断实践。规划师和建筑师们在不断地努力追求城市所需要的阳光、空间、绿地等"基本欢乐"。

---

❶ Conference on "Tourism and the City: The Challenge of Sustainability" from 10 to 12 November 1999 in Madrid, Spain [M] .Built Environment, 2000, 26 (2).

❷ （丹麦）扬 · 盖尔著 . 交往与空间 [M] . 何人可译 . 北京：中国建筑工业出版社，2004：5.

❸ （丹麦）扬 · 盖尔著 . 交往与空间 [M] . 何人可译 . 北京：中国建筑工业出版社，2004：33.

❹ （丹麦）扬 · 盖尔著 . 交往与空间 [M] . 何人可译 . 北京：中国建筑工业出版社，2004：35.

❺ （英）弗朗西斯 · 蒂巴尔兹著 . 营造亲和城市——城镇公共环境的改善 [M] . 鲍莉，贺颖译 . 北京：知识产权出版社，中国水利水电出版社，2005：28.

国内关于城市空间结构建构及其优化问题，自20世纪80年代以后，在城市规划、城市地理及建筑学界一批专家的努力下，城市空间结构演变历史及其模式比较方面的成果较多。主要代表有:董鉴泓的《中国城市建设史》(1982年)、傅崇兰的《中国运河城市史》(1985年)、吴良镛的《历史文化各领域的规划结构》(1985年)、邹德慈的《汽车时代的空间结构》(1987年)、陶松龄的《城市问题与城市结构》(1990年)、朱锡金的《城市结构活性》(1987年)等。宋家泰、崔功豪、周一星等城市地理学家对城市空间结构的机制以及城市空间与城市规划、城市经济等的关系问题给予了很多的关注❶。

黄光宇教授的《生态城市理论与规划设计方法》❷、段进的《城市空间发展论》(1999年)、张京祥的《城镇群体空间组合研究》(1999年)、朱喜钢的《城市空间集中与分散论》、周进的《城市公共空间建设的规划控制与引导——塑造高品质城市公共空间的研究》等，应是国内城市空间结构研究方面的最新成果，在研究的广度、深度和系统性等方面处于国内的领先水平。

在研究方法上，国内学者主要进行实证研究，或借助网络拓扑及分形分维的数学手段，研究复杂的空间现象与空间关系。在研究理论上，普遍使用积聚与扩散的地理学原理来解释城市空间结构的演化过程和演化机理。在研究要素上，较多侧重物质要素、信息要素及企业组织要素对城市空间结构的影响。

国内关于城市空间结构的研究与实践表现出以下特征：

(1)理论研究和实践研究仍以介绍、引进西方学说和理论模式为主。

(2)体系上基本局限于传统的地理学、规划学、建筑学单学科阶段，仍以传统的生产力布局研究方法及地域空间要素的研究方法占主导。学科综合与交叉的研究局面尚未形成。

(3)对城市空间结构演化中的本原性、基础性研究开展不多，结合实际较少。

(4)现象描述法、模式总结法、历史归纳法、形态分析法较多，演绎法、思辨法、对比法运用较少，跨学科的综合性研究很少，将都市旅游目的地与城市空间结构结合研究的更少。研究物质空间的视觉效果较多，关注空间精神要素、时间要素、细微体验设计较少。

1.2.3 城市空间结构理论研究综述

1. 早期的空间结构理论及实践

对城市空间结构理论的研究，当数以绿带问题的研究为最早，是最早期的城市空间结构理论萌芽，最有影响的是霍华德(1898年)的“田园城市”。绿带空间的出现并没有造成城市与乡村的隔离，反而通过功能化的空间组合，解决了拥挤、污染、无序的城市问题，推动了城市生态环境的改善与城市的有机生长。

昂温(R.Unwin)的卫星城模式和伊利尔·沙里宁的有机疏散理论，强调城市要像树枝一样有机疏散与有序生长，对城市空间结构模式问题进行了深刻的反思，对城市的良性发展起到了空前作用。克里斯塔勒(W.Christaller)的中心地理论、巴罗报告(Barlow

❶ 朱喜钢.城市空间集中与分散论[M].北京：中国建筑工业出版社，2002：15.

❷ 黄光宇，陈勇.生态城市理论与规划设计方法[M].北京：科学出版社，2002：35.

Report）的城市与区域一体化模式、佩里（C.Perry）的邻里单位、斯坦因（C.Stein）的拉德本街坊模式等，改变了以前人们只注重宏观区域结构研究的思维定势，开始关注微观社区结构研究，将城市空间结构的功能化研究推向了高潮。

20世纪60~90年代，城市空间结构研究的重心逐渐转入信息化对人类聚居行为、生态环境影响方面，对文化价值、文脉连续、生态耦合以及人类体验上给予了更多的关注，人文倾向十分明显。著名的有林奇（K.Lynch）的城市意向感知、V.Jackobs的城市交织功能、亚历山大（C.Alexander）的半网络城市、佐克西亚季斯（Doxiadis）的动态城市、麦克哈格（L.Mcharg）的自然生态城市、C.Rowe的拼贴城市、A.Poprti的多元文化城市、弗朗西斯·蒂巴尔兹的亲和城市等。反映了人们对后现代社会科技发展对城市空间的冲击所可能造成的诸如情感真空、环境破坏、文化缺失断层、公共空间衰败等后果的忧患。出现了弹性化、多元化城市空间倾向，如伦敦的反磁力结构方案，华盛顿的放射长廊结构，及莫斯科、东京的多中心复合结构等。同时，戈特曼（Gottanman）的城市连绵带研究、戴维斯（Davies）的形态和功能研究、阿隆索（W.Alonso）的土地循环结构研究，将城市空间结构研究扩大到社会学、经济学领域，涉及面更广，前瞻性更强。

20世纪90年代以后，城市空间结构进一步向区域化、网络化研究方向发展。一些学者从人类居住形式的演变过程研究入手，提出了21世纪城市空间结构的演化必然体现人类对自然资源最大限度集约使用的要求，并针对日益显著的大都市带现象，提出了世界连绵城市（Ecumnnopolis）结构理论。代表人物有Doxiadis、戈特曼、Fishman、阿部和俊、高桥伸夫等。同时，随着对新经济环境评价研究的深入，城市空间研究的重点进一步由城市空间关系转向城市空间机制，由一国一地的研究转向跨国、跨区域的研究。其中弗里德曼（Friendman）、萨森（Sassen）、M.Timberlake、Pyrgeotis、Kunzmann、Wegener等从全球经济一体化、信息技术网络化、跨国公司登记体系化等角度，探讨了新经济环境对城市空间结构可能带来的影响。M.Wackennagd、W.Ress的“生态脚印”（Ecological Footprint）思想再次提醒人们应当有节制地开发有限的空间资源。欧盟15国的“欧洲空间展望”（European Spatial Development Perspective，1993）规划提出的旨在促进可持续发展，关注自然—空间—人类，共同促进城市空间集约发展的思想引起了广泛的共鸣，并将城市空间结构的研究纳入政府空间政策的制定与有效实施的空间管制轨道。

2. 现代城市空间结构理论

（1）核心—边缘发展理论。美国著名的城市与区域规划专家约翰·弗里德曼，通过长期对发达国家和第三世界国家的空间发展研究，提出了核心—边缘发展理论。约翰·弗里德曼认为，发展通过创新的一种连续但逐步积累的过程而实现，它总是起源于通信场内具有高频相互作用潜力的少数变革中心[1]。创新通常是从这些中心由上而下、由里到外地向创新潜能较低的地域扩散。创新变革的中心被称为核心区，是地域上有组织的社会一级系统，并能产生和吸收创新变化；而边缘区则是由核心区机构决定其发展途径的次级系

---

[1] John Friedmann.Regional Development Policy：A Case Study of Venezuela［M］. Cambridge：The M.I.T.Press，1996.

统，并与核心区处于一种坚实的依附关系。

（2）城市空间扩展理论。20世纪50年代以来，瑞典学者哈哥斯特朗从空间创新的角度对扩散进行了开创性的研究，奠定了现代空间扩散理论的基础。扩散理论认为：扩散的发生是由于一项创新能够产生出更高的价值、效率和功能，从而在创新者与周围的地理空间产生“位势差”。为了消除这种差异，一种平衡力量则促使创新活动向外传播和扩散[1]。一般来说，城市因经济、人口、文化的积聚而成为创新的源地，且发展迅速，并以其城市职能与周围乡村之间形成“城市势差”，从而使城市职能向周围乡村地区产生扩散的趋势。城市与其外围之间还存在“极化效应”，即劳动力、资金、技术等要素受差异吸引而由外围落后地区向发达地区回流的现象。扩散效应和极化效应力量对比在不断变化，导致整个系统向上或向下的累积运动[2]。

（3）城市空间集中与分散论。社会心理学家G·列朋与G·塔尔德认为，社会种群结构的关系以及社会阶层之间的关系是导致社会集群行为的根源。地理学家T.Hagerstand的行为扩散理论，将人群集聚与扩散的迁移称为迁移行为流。文化扩散（cultural diffusion）提出的扩展扩散和迁移扩散的概念，证明了时间—距离扩散率的衰减作用。

朱喜钢博士认为，集中与分散作为城市空间结构的一种状态，所反映的正是空间结构内在的相互关系。集中与分散，是研究城市空间结构演化的一个基本视角，是城市空间结构演化的现象，是城市空间结构演化的机制，是城市空间结构的两股基本力量，并提出了“有机集中空间结构的理想模式”。

英国学者迈克·詹克斯提出了“紧缩城市”的概念，并认为这是一种可持续发展的城市形态[3]。

3. 现代城市规划理论的发展趋势

（1）城市可持续发展问题受到人们的普遍关注。进入21世纪，规划界更加关注可持续发展（环境保护倾向）、文脉（文化研究倾向）和交往（社会学研究倾向）。关于城市空间结构的演化机制问题，研究成果累累，观点很多。朱喜钢博士提出的集中与分散论认为，“有机集中就是指城市空间按经济原则、生态原则、文化原则加以组合，形成有机秩序并积聚在某一地域范围，人与社会、自然、生态三位一体的有机联系的空间整合。这种空间集中是人口、经济、文化、资源、生态等有机系统的空间表述。同时，这种集中也是建立在生态、资源和谐基础上的人类活动与城市空间互为作用与影响的共进关系。”[4]

中央提出的“全面、协调、可持续”的科学发展观，强调以人为本，努力构建和谐、小康、节约型社会。这是统揽我国经济、社会全面发展的战略思想，也是我们现代城市规划、城市建设的基本理念。坚持以人为本，是科学发展观的本质和核心。在20世纪90年代后

[1] 孙胤社．城市空间的扩散和演变：理论和实证［J］．城市规划，1994（5）．

[2] Sant，Morgan.E.C.Regional Dispariyies［J］．Macmillan Education，1974（12）．

[3] （英）迈克·詹克斯，伊丽莎白·伯顿，凯蒂·威廉姆斯著．紧缩城市——一种可持续发展的城市形态［M］．周玉鹏，龙洋，楚先锋译．北京：中国建筑工业出版社，2004：10．

[4] 朱喜钢．城市空间集中与分散论［M］．北京：中国建筑工业出版社，2002：109．

期，广州明确提出了“建设适宜创业发展和适宜生活居住的城市”发展目标，并把它作为“十五”计划的主要任务之一[1]。建设“宜居城市”的理念在国内许多城市大行其道，影响深远。今天，我们提出建设“宜游城市”的新理念，是在总结国内外城市规划、城市建设、经济发展、社会进步等方面经验的基础上，所作出的选择，体现的是与时俱进、顺应潮流。在实际的城市规划、建设和管理工作中，坚持以人为本，牢固树立科学发展观，认真落实“五个统筹”（统筹城乡发展、统筹区域发展、统筹经济社会发展、统筹人与自然和谐发展、统筹国内发展与对外开放），实现“三个文明”（物质文明、政治文明、精神文明）协调发展，维护公平和正义，努力建设和谐、小康、节约型社会，应是我们城市规划、建设、管理者的崇高使命。

（2）纳什均衡与动态耦合——城市空间结构演化新视角。纳什均衡是西方经济学中的一种战略组合策略，它是多元利益主体各自选择最优战略，但总体战略结果并不是最优。生成城市空间的物质要素——场所与路径，其种类繁多，功能各异，业主多元。城市空间结构的演化必然是各类物质要素的业主之个人理性与社会集体理性冲突—协调—平衡的结果，业主各自追求利己行为导致的最终结果是一个纳什均衡，即并不是对所有人最有利的结果。英国学者柯林 · 布哈南教授在《伦敦第三机场委员会报告》（Report of the Commission on the Third London Airport）中写道：“规划源于背靠背的住宅，过度的拥挤，后院的厕所，无处游戏的孩子，城市带状扩张和蔓延，被侵占的乡村用地，被破坏的山体。它源自一百多年以来工业化带给我们的所有痛苦经历，工业化历程已经清晰地表明，如果听任市场力量左右土地使用，要想营造一个人性的环境是绝对不会成功的。”[2]处于动态变化之中的个人理性与社会集体理性冲突—协调—平衡，不断往复，此消彼长，因而城市空间结构演化是多元要素动态耦合的结果，城市空间结构优化是多元要素及其主体利益协调的过程。政府在协调各方利益，营造令人愉悦、亲和友善之城过程中的调控作用不可或缺。

1.3 都市旅游视角的城市空间结构及其优化

1.3.1 都市旅游视角的城市空间结构

都市旅游目的地（destination of urban tourism），指都市旅游者为了观光、休闲、度假、消遣、购物、娱乐、观展等目的前往的大城市区域（图 1-1）。

旅游景区（点）（attractions），指县级以上（含县级）行政管理部门批准成立，有统一管理机构，范围明确，具有参观、游览、度假、康乐、求知等功能，并提供相应旅游服务设施的独立单位。包括旅游景区、景点、主题公园、森林公园、动物园、植物园、博物馆、美术馆等[3]。位于都市区及其近郊范围内的上述旅游景区（点），以及广场、公园、中

---

[1] 林树森．科学发展观与建设现代化大都市［J］．求是，2004（12）．

[2] （英）弗朗西斯 · 蒂巴尔兹著．营造亲和城市——城镇公共环境的改善［M］．鲍莉，贺颖译．北京：知识产权出版社，中国水利水电出版社，2005：5.

[3] 中华人民共和国国家标准．旅游区（点）质量等级的划分与评定（GB/T 17775—1999 3.1）［S］．

图 1–1　重庆观音桥商圈（资料来源：自摄）
（重庆观音桥商圈成为重庆重要的都市旅游目的地）

心商业区、步行街、纪念馆、博物馆、会议展览中心等，属于都市旅游景区（点）（attractions of urban tourism）。

由此可以看出，都市旅游景区（点）通常是城市公共空间。城市公共空间的亲和度、舒适度、方便度、自由度、体验度等方面折射出都市旅游景区（点）的活力与魅力大小，决定着人们在此开展都市旅游活动频率的高低和都市旅游业的发达程度。城市公共空间因此成为都市旅游活动的载体，是城市环境建设应予关注、理解、定义和加强的焦点。连接这些场所的路径选择与营造，决定着场所的可达性；由场所与路径构成的城市空间结构之于都市旅游发展，因此具有不可替代的作用。

除此之外，有特色的都市街区内部，直至家属院内部，往往也成为观光旅游载体。从公共空间到私人空间的延伸之可能性，表明都市旅游景区（点）边界区分的模糊性。为方便研究，我们把目光主要聚焦在大城市公共空间。

1.3.2　都市旅游视角的城市空间结构优化

都市旅游目的地建设，涉及物质形态（物质空间的建构）、精神要素（城市文化、法律制度等人文环境建设，图 1–2），即城市公共空间的建构、城市基础设施的完善、城市文化内涵的提升、城市服务体系的健全、城市管理制度的进化。“宜游城市”的建设过程，就是城市空间结构的不断优化过程。

城市发展是一个有机生长过程。20 世纪中叶以来，许多城市经历了或正在经历规模宏大的旧城改造、新区建设和道路建设，带来了可观的商业活力与机动车辆的可达性。可是，由于相关人员——城市规划师、城市设计师、建筑设计师、景观设计师、交通规划师、土木工程师、公务员和开发商之间对城市尺度、城市肌理和城市文脉的不同视角，或者合作不够，如今的城市公共空间环境缺乏公共意识、人文精神和地域特色，难以激起公众向往的热情，这一点是当代人们的广泛共识。城市空间结构优化是经济、社会、政治、资源、人口与文化等多种元素相互作用、相互影响、相互制约（我们称之为多元要素动态耦合）的结果。如何理解、尊重并强化构成城市公共空间领域的场所元素和信号，如何将城市空间结构优化与“宜游城市”建设紧密结合，以实现城市的有机生长和都市旅游业的持续发展，是

图 1–2　山西平遥古城（资料来源：自摄）
（平遥古城以其独有的人文环境吸引着中外游客）

我们城市规划师、建筑设计师、公共事务管理者应该认识的基本问题。

1.4 研究的内容及本书的创新点

本书共分为八章。第 1 章为绪论，主要阐述本书研究的学术及实践意义，明确都市旅游、城市空间结构的基本概念、相关理论综述、研究的内容、方法和技术路线。第 2 章研究都市旅游的几个基本问题，包括都市旅游的产生、发展和作用，都市旅游环境、特征、机制和发展条件。第 3 章重点研究“宜游城市”及其空间品质、空间结构要求、空间结构特征和空间塑造等问题。第 4 章研究国（境）外“宜游城市”规划建设的实践，以总结、吸取新加坡、欧美、香港等地在“宜游城市”规划建设中具有普遍意义的成功经验和先进理念。第 5 章探讨中国“宜游城市”建设中的若干问题，在对北京、上海、深圳等具有代表性大城市都市旅游发展现状和共同特点进行分析的基础上，剖析了中国“宜游城市”规划建设中的不足。第 6 章专题研究中国“宜游城市”空间结构的优化问题，在分析中国城市空间结构差距的基础上，探讨“宜游城市”空间结构优化的途径，提出改善城市空间及城市空间结构“宜游性”的规划设计方法，为建设“宜游城市”提供规划、设计方面的具体指导。这部分是本书的重心所在，也是本书的主要创新工作。第 7 章为实证研究，以重庆市为例，分析重庆主城空间结构的不足，就重庆如何建设“宜游城市”提出一些相关措施和建议。第 8 章为结论。

本书提出了以下新概念、新观点、新方法和新理论。

新概念：“宜游城市”、“城市体验设计”。

新观点：“城市空间结构优化表现为纳什均衡与动态耦合”、“都市旅游产品边际效用递增规律”、“都市旅游产品替代规律”、“都市旅游产品供给创造需求规律”。

新方法：城市空间结构“宜游性”评价方法、“宜游城市”空间结构优化“四原则”、改善城市空间及其结构“宜游性”的规划设计方法（模拟都市旅游者的城市空间体验和问题收集；分析不同类型旅游者的活动模式及空间需求模式；从旅游者角度分析空间结构存在的问题；分析建立“宜游城市”的理想空间结构模式；分析现有城市空间结构优化适应的可能性，提出改善空间结构的规划设计对策——最小破坏的修补达标原理、投入产出分析、硬件的改进、软件的提升、调查研究旅游者对城市空间的感受和评价，提出不断优化城市空间结构的举措；将城市游憩空间规划纳入城市规划体系）。

新理论：都市旅游空间规划学——都市旅游、都市旅游空间规划的性质、都市旅游空间规划的基本理论、都市旅游空间规划的原则、都市旅游空间规划的方法、都市旅游空间规划的基本内容（待深入。建立“都市旅游空间规划学”，也是作者今后努力的方向）。

1.5 研究的方法、技术路线和基本理论框架

1.5.1 研究的方法

在本书研究中，作者运用辩证唯物主义和历史唯物主义的观点和方法，坚持理论与实

践相结合，坚持以人为本，牢固树立科学发展观，促进经济社会又好又快发展。首先，本书从系统论视角对都市旅游的产生和发展进行了全面考察，研究了都市旅游业发展壮大的动力机制。在此基础上通过实证研究和比较研究，揭示都市旅游业发展与城市空间结构的关系。最后，从经济学、系统论、管理学、城市规划学等视角，探讨了城市空间结构优化问题，明确提出将“宜游城市”作为城市建设的目标，以实现城市经济、社会、环境、资源与人口的全面、协调、可持续发展，努力构建和谐、小康、节约型社会。

具体来说，本书的资料收集和理论分析两方面主要运用了以下的研究方法。在本书的资料收集方面，主要采用：

（1）实地调查法。在实地调查方面，作者于2005年8月前往香港、新加坡进行了专题考察，于2003年、2006年、2007年、2009年先后到上海、南京、杭州、西安、平遥、太原、天津、呼和浩特、大连、深圳等地考察，在重庆市区及其近郊进行了社会实践调查，收集了许多第一手资料，拍摄了大量图片。

（2）文献检索法。在文献检索方面，本书收集了图书馆、高校、研究所、档案馆以及其他部门的有关文献资料，并在互联网上查询相关信息以全面了解都市旅游及城市空间结构优化研究的最新动态。

在本书理论分析方面，主要采用：

（1）哲学思辨法。本书从选题到问题的分析与展开，始终坚持辩证唯物主义和历史唯物主义的观点，以对立统一规律这个唯物辩证法的实质和核心为工具，分析、研究都市旅游与城市空间结构这个复杂的矛盾体系，探讨影响都市旅游发展的物质要素和精神要素，研究社会、政治、经济、文化、资源、人口、生态等因素对城市空间结构的影响，进而提出“宜游城市”建设的规划设计方法和空间结构优化对策建议。

（2）系统分析法。本书以世界城市规划理论发展和都市旅游业发展大趋势为着眼点，分析都市旅游的特征及其发展的条件，循着都市旅游发展的轨迹寻找都市旅游发展的规律及其对城市空间结构的宏观和微观要求。将都市旅游与城市空间结构理解为一个大系统，将都市旅游视作城市空间的基本功能之一，通过结构分析，研究这个系统中各组成要素之间的相互影响、相互作用和相互关系，探求该系统演化发展的客观规律，以达到提升其旅游功能的理论成果。

（3）经济分析法。都市旅游是一个综合性、关联性很强的大产业，既是人类的社会活动，也是人类的经济活动，对城市经济、社会发展影响巨大。城市空间结构承载着人类社会、政治、经济、文化活动，因而具有社会商品和公共物品的属性，具有价值和使用价值，具备经济学、市场学的基本特征。运用经济学原理探讨都市旅游发展与城市空间结构优化问题，试图找到通向将都市旅游理论融入城市规划理论大厦的钥匙，是本研究的有益探索和创新之处。

（4）定性定量综合法。定性分析与定量研究相结合，克服了过去都市旅游研究和城市空间结构问题研究只停留在定性分析、描述与演绎的层面之不足。在定性分析方面，本书选取欧美、香港和新加坡等都市旅游业发达的城市（图1–3），进行实地调查、分析和研究，找出都市旅游与城市空间结构的关系，提出“宜游城市”建设的对策措施；在理论方面，本书通过统计分析、综合演绎，运用经济学中的纳什均衡原理，提出了城市空间结构优化，即“宜游城市”建设过程中的动态耦合效应和相关的政策建议。

（5）个别案例实证法。以具有西部大城市典型特征的重庆市为例，通过实证分析，对都市旅游发展与城市空间结构优化的普遍规律加以揭示和验证，并进一步提出重庆建设“宜游城市”的具体措施。

图 1-3 阳光、沙滩和游客——美国夏威夷海滨
（资料来源：江北区政府考察团）

1.5.2 研究的技术路线

关于技术路线的安排，本研究将循着“现象—机制—理论与模式—实践”的路线，有层次地按照由浅入深、由表及里的原则，去粗取精，去伪存真，分析都市旅游与城市空间结构的关系，探讨都市旅游发展的规律，寻找优化城市空间结构、建设“宜游城市”的途径，自然揭示出城市空间结构优化中的动态耦合机制，逻辑地提出“宜游城市”建设的规划设计方法。

图 1-4 上图：人工对自然的豪情；下图：人工对自然的谦逊
（资料来源：自摄）
（建筑物顶巨大的广告牌、滨水区林立的高楼、山脊上无拘无束的大厦，时时显示人工对自然的满怀豪情；重庆市江北城朴实的测候亭、墨西哥休闲胜地的草屋，建筑与环境和谐，处处彰显人工对自然的谦逊、朴实）

都市旅游是人类生活的基本需求，也是城市空间的基本功能定义。都市旅游业必将随着当代人生活品质的提高而迅猛发展，客观要求其载体——城市公共空间及其结构不断优化。建立有机生长、生态平衡、持续发展、机会均等、公平正义、环境优美、文化丰富、引人入胜的“宜游城市”是城市建设的目标，是人类对过去偏爱“人工对自然充满豪情”[1]、屡受大自然无情惩罚进行深刻反思之后的理性回归（图 1-4），也是城市经济、社会发展的迫切需要。因此，本研究时时彰显科学发展的理念，处处闪烁人文主义的光芒。

---

[1] 张伶伶，孟浩．场地设计［M］．北京：中国建筑工业出版社，1999：10.

1.5.3 本书的基本理论框架

本书的基本理论框架见图 1–5（本书的核心思想框架）。

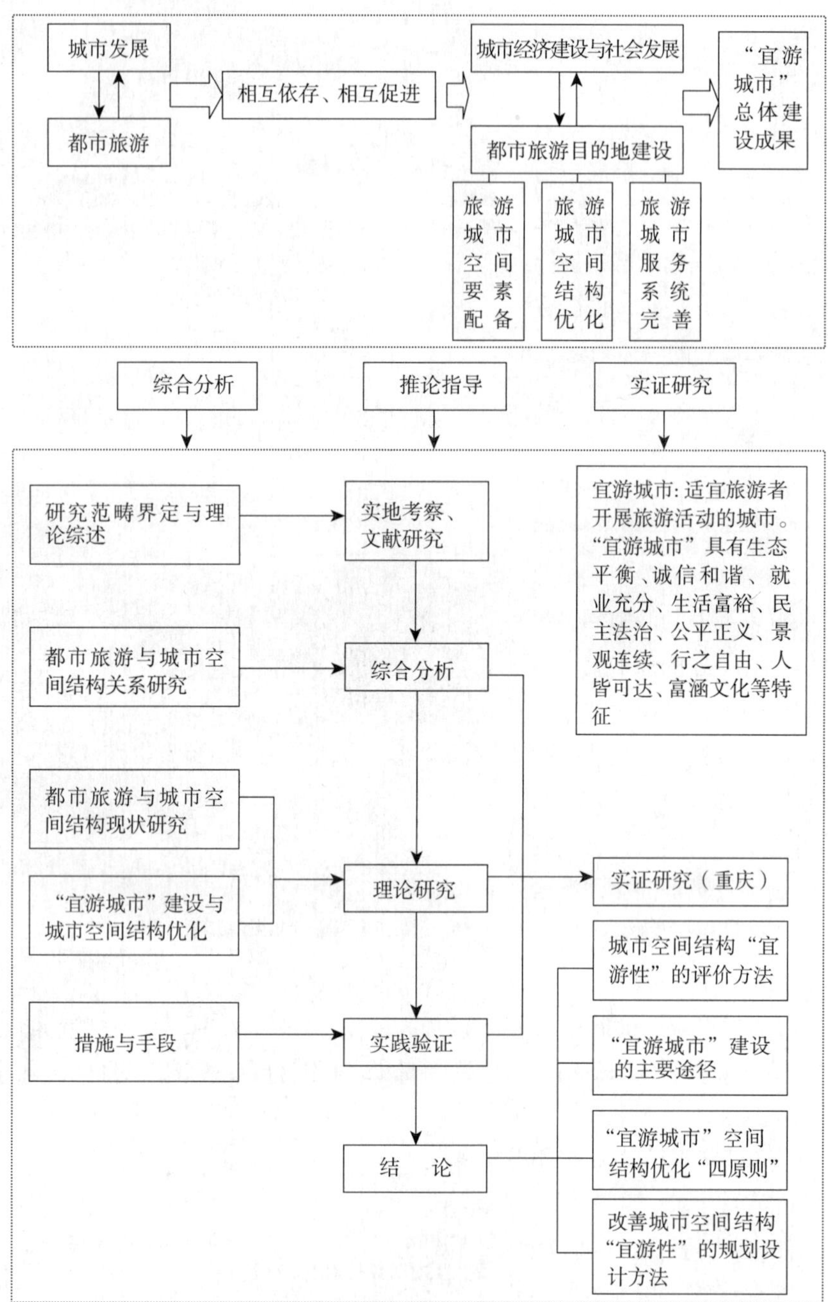

图 1–5　本书的核心思想框架

2

都市旅游的理论基础

2.1 都市旅游及其产生、发展和作用

近年来，都市旅游在城市发展和城市资源利用方面的诱人作用与日俱增，对城市经济、社会、环境、资源与人口的全面、协调、可持续发展起着重要的作用。都市旅游与城市设计的共生、合作关系促进了城市创新和有机生长，并成为城市再生的强大推动力。

2.1.1 都市旅游及其要素

1. 都市旅游的定义

在旅游研究中，常常把旅游概念性地定义为：旅游是非定居者出于和平目的的旅行和逗留而引起的现象和关系的总和[1]。

林洪岱先生认为，都市旅游是大城市发展到成熟的高水准阶段的产物，依赖城市基础服务设施的配套完善，依赖各种服务行业的繁荣和精细化，是城市经济的追随现象[2]。

作者认为，都市旅游（Urban Tourism）是指旅游者在具有较强影响力的大城市（都市）中的旅游活动所引起的现象及关系的总和。都市旅游是都市观光（Urban Sightseeing）、都市休闲（Urban Leisure）、都市购物（Urban Shopping）、会议展览（Conference and Exhibition）等活动产生的共生关系（Symbiosis）。

城市旅游包括都市旅游和特色城镇旅游，都市旅游是城市旅游的一个方面。为研究表述的方便，除采集国内外大都市作样本外，本书不将大都市与城市作严格区分。

可以认为，都市旅游是指旅游者在都市中的旅游活动所引起的现象及关系的总和，及其对经济、社会和环境的影响总称。

都市旅游的主体：大城市的常住市民和外来人员。前者生活在“自己的”城市中，但由于城市很大，城区中很多地方往往很久才去一次。

都市旅游的客体：城市街道、广场、公园、购物中心、体育馆、纪念馆、会展中心、歌剧院、车站、码头、公共步道、河岸、海滨、道路等城市公共空间（即场所与路径，是所有公众的身体和目光所能触及的场所，即“公共空间领域”[3]）。

都市旅游的行为：都市观光、休闲、度假、购物、娱乐、商务、会务、参展、公务、修学等主体与客体相互联系、相互作用和相互影响所产生的现象和关系。

2. 都市旅游的要素

很显然，都市旅游仍然包括吃、住、行、游、购、娱、信息七大要素，涉及城市景观（自然景观、人造景观、人文景观）、商贸中心、会展场所、餐饮、娱乐、住宿、公共交通、通信、

---

[1] 李天元．旅游学概论［M］．天津：南开大学出版社，2000．

[2] 吴志强，吴承照．城市旅游规划原理［M］．北京：中国建筑工业出版社，2005：6．（参见：林洪岱．中国都市旅游发展的新趋势［M］//2000—2002年中国旅游发展、分析与预测．北京：社会科学文献出版社，2002：358-363）

[3] （英）弗朗西斯 · 蒂巴尔兹著．营造亲和城市——城镇公共环境的改善［M］．鲍莉，贺颖译．北京：知识产权出版社，中国水利水电出版社，2005：13．

公共安全等物质载体和文化要素（表 2–1）。

中国优秀旅游城市评价指标 表 2-1

序号	项 目 分 类	最高得分	页码
1	城市旅游经济发展水平	60	1
2	城市旅游产业定位与规模	35	1
3	城市旅游业投入和专项政策支持	35	1
4	城市旅游业发展的主导机制	35	2
5	城市旅游业的管理体系	70	2
6	城市旅游业的精神文明建设	60	4
7	城市的生态自然环境	45	4
8	城市的现代旅游功能	100	5
9	城市的旅游教育和培训	40	6
10	城市的旅游交通	60	7
11	城市的旅游区（点）的开发与管理	40	8
12	城市的旅游促销与产品开发	60	9
13	城市的旅游住宿设施	50	10
14	城市的旅行社	40	10
15	城市的旅游餐饮	40	11
16	城市的旅游购物	40	11
17	城市的旅游文化娱乐	40	12
18	城市的旅游厕所	40	12
19	城市的旅游市场秩序	70	12
20	城市的旅游安全与保险	40	13

资料来源：国家旅游局．中国优秀旅游城市评价指标［S］，2003.

都市旅游在城市的聚集效应比在乡村地区要大，对大城市和地区经济社会发展的拉动作用不容置疑。近现代逐渐兴起的都市旅游使大城市经济结构发生了巨大变化，尤其是旅游产业的广泛关联性，令包罗吃、住、行、游、购、娱、信息各个方面的所谓第三产业比重迅速攀升，给城市经济发展、社会进步、基础设施完善、空间品质提高、空间结构优化等方面提出了全新的课题。

2.1.2 都市旅游的产生和发展

城市旅游伴随城市的产生而产生，伴随城市的发展而发展。当城市规模发展到一定程度，区域辐射力增强、对外开放度增加、国际交往增多时，部分城市发展成为大都市，城市旅游表现为都市旅游。“时尚、典雅、海派、狂热，处处折射出巴黎、伦敦、纽约、东京、新加坡、悉尼为代表的海外大都市和世界旅游名城的巨大影响……”❶

纵观历史，都市旅游的发展大约经历了三个时期：古代高贵旅游时期、近代康乐旅游时期、现代都市旅游时期。

❶ 吴志强，吴承照．城市旅游规划原理［M］．北京：中国建筑工业出版社，2005：6.

1. 古代高贵都市旅游

1）古代世界都市旅游

很难说谁是世界上第一位都市旅游者。古希腊、古罗马人有时出于放松之目的远行一定距离到都市去观光，他们往往是去都市中有艺术和建筑趣味的地方，比如埃及的金字塔。古罗马人不但从建筑中寻求愉悦和刺激，还利用滨水区（Waterside）从事娱乐和洗浴，罗马浴室的产生或许是人们早期都市旅游活动的例子。古代都市旅游目的地的另外一个例子是罗马大角斗场。该角斗场于公元79年建成，当时就可容纳观众50000人，是“罗马帝国最大的纪念碑，其名称本身就足以引发人们想起已经消失的壮观、暴虐和荣华的往世。”❶

中世纪的欧洲，人们注意到基于宗教而产生的都市旅游。有人认为这是大众旅游的例子，同时伴随购物和诸如旅馆、导游册等服务项目的产生，以满足都市宗教旅游者和流动人口增加的需求。14世纪的朝圣者被吸引到宗教殿堂，有些旅游者冒险远足旅行推进了连接众多教堂的旅游线路的建立。

文艺复兴（the Renaissance）时期的旅游只是少数人享受的高贵活动（Grand Action）。许多文艺复兴时期的都市旅游包括参观古希腊、古罗马的古典城市建筑，其主要吸引力是具有审美性。但往往是只有富人参与的高贵旅游（Grand Tour）。这种旅游主要集中在法国、意大利、希腊的历史、文化地带❷，当时正值古罗马技术高潮时期，经济发达、社会全盛（图2–1）。

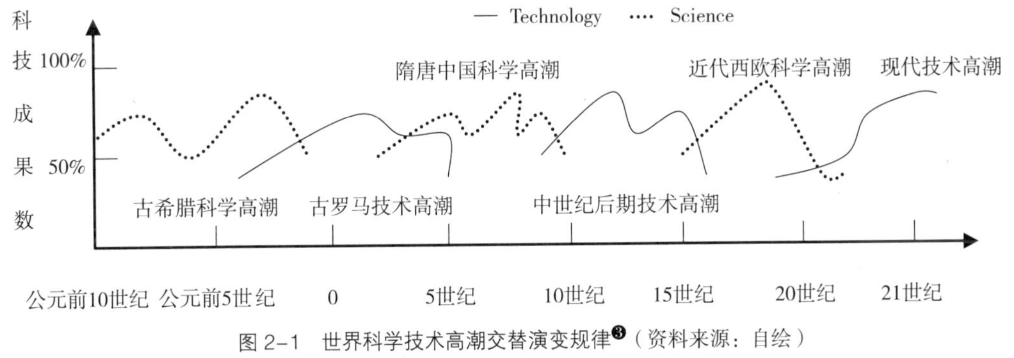

图2–1 世界科学技术高潮交替演变规律❸（资料来源：自绘）

2）古代中国都市旅游

在中国，自秦汉到17世纪，基本为统一的封建国家，城市发展迅速。扬州、泉州、广州、天津、重庆等商业都会在通航河道或水运发达的港口形成。周镐京、秦咸阳、汉长安、唐长安、汉魏洛阳、北宋汴京、金中都、元大都、明清北京❹等，是当时世人瞩目的大都市，其经济、社会、科技、文化的发达程度曾一度遥遥领先于世界，是世界的科学技术中心。唐代是我

❶（英）斯特凡尼娅·佩林，多米尼克·佩林著．世界著名建筑[M]．韩靖等译．北京：中国建筑工业出版社，2003：70.

❷ Rob MacDonald.Urban Tourism：An Inventory of Ideas and Issues［J］. Built Environment，2000（2）.

❸ Wang Zhongman.Moving Coupling Effect：the Cause of the 40° N Phenomenon［M］. 1995 International Symposium on Asian Science & Technology and Development.Changsha：Central South University of Technology Press，1995：31.

❹ 董鉴泓．中国城市建设史［M］．北京：中国建筑工业出版社，1989：165.

国封建社会的鼎盛时期，被誉为“资产阶级发展的必要前提”[1]之四大发明传入朝鲜、日本和西欧各国，对世界文明的发展产生了极其深远的影响[2]。那时的汉、唐长安，隋唐东都洛阳等政治中心以及类似扬州、泉州、广州这样的商业都会，往往是车水马龙、商贾云集、经济繁荣，都市旅游十分发达。一幅《清明上河图》，尽显北宋时代都市休闲与都市旅游的繁华景象。北宋东京（开封）太宗太平兴国年间（976~984 年）达 130 万 ~170 万人，是当时世界最大的城市。城内有五到六处体现休闲娱乐功能、当时被称作瓦子的地带，集中着杂技、游艺、茶楼、酒馆，最大的瓦子可容纳 5000 人[3]，全城有大型酒楼 72 处，足见市民阶层和流动人口对社会化服务与休闲服务的旺盛需求。

《东京梦华录》称：“首都（北宋汴京）附近……在重阳之日，到处是聚会宴饮的人群……各禅寺都有斋会，开宝寺、仁王寺举办狮子会……游人很多。”[4]《儒林外史》就明代杭州写道：“西湖乃是天下第一个真山真水的景致……士女游人，络绎不绝，真不数‘三十六家花酒店，七十二座管弦楼’。”[5]《儒林外史》这样描述明朝南京：“……城里城外，琳宫梵宇……何止四千八百寺！大街小巷，合共起来，大小酒楼六七百座，茶社有一千余处……那秦淮到了有月色的时候，越是夜色已深，更有那细吹细唱的船来，凄清委婉，动人心魄……和河里的月色烟光合成一片，望着如阆苑仙人、瑶宫仙女……真乃朝朝寒食，夜夜元宵！”[6]

这一时期都市旅游的特点：交通落后（主要以徒步、骑马、马车、坐轿等形式）；旅游者尚未大众化（主要是帝王、贵族、地主、僧侣、商人、学士等少数阶层）；旅行目的主要不是游览、观光、消遣和娱乐，而是以公务、商务、宗教、求学、科举等为主。都市旅游发展处于纯粹的自发阶段。

2. 近代康乐都市旅游

18 世纪，由于瓦特蒸汽机的发明和应用，以机器为主体的工厂制度代替了以手工技术为基础的手工工场的产业革命，于 19 世纪 90 年代末先后在英、美、法、德、俄、日等国完成，极大地促进了资本主义生产力和工商业城市的发展。蒸汽轮船、蒸汽机车投入运行以及纺织、冶金、煤炭、交通运输、机器制造业的发展，极大地提高了劳动生产率，给人们带来了一些闲暇和闲钱，促进了都市旅游业的较快发展。如率先完成产业革命的英国，当时号称“世界工厂”、“日不落帝国”，像曼彻斯特、伯明翰和利物浦这样的新兴工业中心，工厂林立、商贸繁荣，都市旅游需求旺盛。圈地运动使大批失地农民涌向城市，导致人口向城市集聚与城市规模迅速扩大。1760 年，曼彻斯特人口 1.2 万人，19 世纪中叶达 40 万人[7]；伦敦人口，1800 年约 86.5 万人，1850 年达 226.3 万人，1900 年达到 453.6 万人，大量人口的聚集，必然会产生吃、住、行、游、购、娱等方面的巨大需求，第三产业和旅游

---

❶ 马克思恩格斯全集［M］. 第 30 卷 . 北京：商务印书馆，1959：318.
❷ 清华大学自然辩证法教研组 . 科学技术史讲义［M］. 北京：清华大学出版社，1982：26.
❸ 董鉴泓 . 中国城市建设史［M］. 北京：中国建筑工业出版社，1989：63.
❹ 孟元老 . 东京梦华录［M］. 海口：海南出版社，1998：248.
❺（明）吴敬梓 . 儒林外史［M］. 北京：北京十月文艺出版社，2004：95.
❻（明）吴敬梓 . 儒林外史［M］. 北京：北京十月文艺出版社，2004：56.
❼ 沈玉麟 . 外国城市建设史［M］. 北京：中国建筑工业出版社，1999：97.

业已经非常繁荣（表 2–2）。

世界历史上的大城市 **表 2-2**

城 市	人口（万人）	年份	城 市	人口（万人）	年份
孟菲斯	3	公元前 3100 年	长安	80	750 年
乌尔	6.5	公元前 2030 年	巴格达	100	775 年
巴比伦	20	公元前 612 年	开封	44.2	1102 年
亚历山大	30	公元前 320 年	杭州	43.2	1348 年
长安	40	公元前 200 年	南京	48.7	1358 年
罗马	45	100 年	康斯坦丁堡	70	1650 年
康斯坦丁堡	30	340 年	北京	110	1800 年

资料来源：高毅存 . 城市规划与城市化［M］. 北京：机械工业出版社，2004：123.

17 世纪晚期到整个 18 世纪，出现了关注健康、以强身健体为目的的旅游，从而导致类似英国 Tumbirdge 和德国 Wisboden 皇家温泉浴的都市康乐旅游。具有疗养作用的海滨浴也逐渐流行起来。

在 18 世纪 90 年代，纽约已经是美国最大的旅游城市，随后美国的城市化进程不断加快（表 2–3）。自 1885 年以来，纽约举办过好几次大型庆典活动，吸引了成千上万的都市旅游者，逐渐成为会议展览、商贸洽谈、购物旅游的胜地。

近代美国城市化进程 **表 2-3**

年份	1810 年	1820 年	1830 年	1840 年	1850 年	1860 年	1870 年	1880 年	1890 年
城市化率（%）	7.3	7.2	8.8	10.8	15.3	19.8	25.7	28.2	35.1
城市化率增量		–0.1	1.6	2.0	4.5	4.5	5.9	2.5	6.9

资料来源：何顺果 . 美国边疆史——西部开发模式研究［M］. 北京：北京大学出版社，1992：292.

19 世纪欧洲工业革命和铁路的开通刺激了都市旅游在中产阶级和工人阶级中的普及，直到那时候，都市旅游才成为维持经济、社会、政治持续发展的动力。沐浴此时才成为市民可以享受的大众娱乐活动，滨海地区得到发展，而且由于铁路交通的运行而具有远距离的可达性[1]。

图 2–2　罗马广场也是古代游览的胜地
（资料来源：孙如枫摄）
（意大利空旷的古罗马广场和恢弘的柱廊，至今显示出昔日的辉煌）

在 19 世纪，博物馆、画廊和公园得到长足发展。19 世纪末 20 世纪初是大型展览、奥林匹克运动会复兴时期。许多城市在此间出名（图 2–2）。

为争夺 1893 年哥伦比亚博览会举办

[1] David Banister.Some Thoughts on a Walk in the Woods［J］.Built Evironment，1999，25（2）：162.

权而在美国各大城市之间展开的激烈竞争，表明人们对举办此类活动可以带来经济效益的觉醒。城市规划师、设计师开始倡导这样一种理念，那就是，城市美化可以提高人们的行为文明程度，增进市民的自豪感、政治品德、财产价值观和商业效率。城市美化运动随之兴起，许多城市通过城市改造、博物展览和大众广场的修建而成为纯粹的商业城市❶。

在 1909 年的芝加哥规划介绍中，Daniel Bumhan 指出，“城市应该变成一块磁铁，把那些希望享受生活的人吸引到我们这里来”❷。

1841 年英国人托马斯 · 库克包租火车，组织了世界上第一次团体火车旅行，成规模的组团式旅游在此间兴起。各类旅游企业纷纷成立，旅游业开始以独立经济产业的身份登上历史舞台。

正当世界资本主义国家凯歌高奏，近代自然科学在欧美各国兴起，产业革命和技术革命蓬勃发展的时期，近代中国，则是封建社会的落后时代。到鸦片战争时期的 1843 年，中国的城市化水平只有 5.1%，1949 年为 10.6%，全国城市人口 5765 万人❸。都市旅游在中国缺乏生存的土壤和发展的条件（表 2–4）。

1843~1949 年中国主要城市人口增长率 **表 2-4**

城市	1843 年	1933 年	1949 年	城市	1843 年	1933 年	1949 年
长春	100	2400	44000	张家口	100	290	240
上海	100	1520	1830	武汉	100	120	220
昆明	100	360	1100	广州	100	160	200
沈阳	100	560	1000	北京	100	150	170
济南	100	720	800	长沙	100	190	140
天津	100	600	760	徐州	100	—	600
南京	100	260	300	齐齐哈尔	100	—	600

资料来源：高毅存 . 城市规划与城市化［M］. 北京：机械工业出版社，2004：129.

不过，上海以其独有的区位条件，城市近代化进程很快，使其在不到 100 年的时间内，从一个县城发展成为“中国最大的、最具影响力的商埠城市”❹。1880 年上海人口已达 100 万人，1930 年增至 300 万人以上❺（表 2–5）。当时的北平也在列强的铁蹄下缓慢发展，19 世纪末人口已超过 100 万人。由于城市的聚集和辐射作用，都市旅游在上述城市有缓慢发展。

这一时期都市旅游的特点：机械化运输投入使用，旅行距离增加；旅游人数增加，真正意义上的大众旅游开始；旅游观光、娱乐、消遣的功能性增强。都市旅游业开始自觉兴起。

---

❶ Christopher M. Law.Conference and Exhibition Tourism［J］. Built Environment，1987（2）.

❷ Rob MacDonald.Urban Tourism: An Inventory of Ideas and Issues［J］. Built Environment，2000（2）.

❸ 高毅存 . 城市规划与城市化［M］. 北京：机械工业出版社，2004：130.

❹ 杨秉德，蔡萌 . 中国近代建筑史话［M］. 北京：机械工业出版社，2004：25.

❺ 董鉴泓 . 中国城市建设史［M］. 北京：中国建筑工业出版社，1989：196.

近代上海人口增长 **表 2-5**

年份	人口（万人）	年份	人口（万人）
1840 年	20	1928 年	280
1852 年	54.5	1933 年	340
1908 年	100	1949 年	545.5

资料来源：高毅存．城市规划与城市化［M］．北京：机械工业出版社，2004：129.

近代中国城市化进程远不如欧美国家（表 2–6），科技、经济、社会发展滞后，战争的创伤和巨额赔款使大众的基本生活十分困难，民族工业举步维艰，大众性旅游及都市旅游活动几无可能，没有形成独立的旅游产业。

近代欧美国家的城市化水平（%） **表 2-6**

国家＼年份	1800 年	1850 年	1860 年	1870 年	1880 年	1890 年	1900 年	1910 年	1920 年
英国	32	50	54	62	68	72	78	78	79
德国	—	—	—	36	41	47	54	60	62
法国	20	25	28	30	35	38	42	45	47
美国	4	12	16	21	28	35	40	46	52

资料来源：赵和生．城市规划与城市发展［M］．南京：东南大学出版社，1999：5.

3. 现代都市旅游

20 世纪以来，尤其是二战以后，各国人民迫切需要休养生息，社会环境稳定，经济恢复与发展迅速。第三次技术革命对人们的生产和生活产生着极其深刻的影响。劳动生产率空前提高，人们的收入与闲暇时间明显增加，都市旅游业发展进入现代时期，旅游业逐渐成为世界经济的重要组成部分。

图 2–3 令人流连忘返的金源地下不夜城

（资料来源：自摄）

（近 5 万 m²、仿拉斯韦加斯的装修风格、便捷的交通、各种休闲娱乐功能的综合吸引着蜂拥的人流，成为重庆主城旧城改造的成功典范）

20 世纪 70 年代，都市旅游者的兴趣产生了戏剧性的变化。由旅行社代办的假日旅游和航空旅游的发展使更多的城市相对于更多的人来说比以前更具有可达性。在当代，私家车拥有量的增加和交通出行的便捷度增加，极大地刺激了自驾车旅游和自助型旅游。生活方式改变、闲暇增多、可支配收入增加、技术进步和消费需求变化等原因，导致新型旅游景点不断产生。位于重庆主城区的金源地下不夜城，占地 7hm²，地面与嘉陵公园、观音桥广场、步行街、五星级饭店融为一体，功能包括休闲、购物、餐饮、娱乐、洗浴、游泳等，成为重庆都市旅游的一个重要景点[1]（图 2–3），是旧城改造成为多功能公共空间的成功典范。

❶ 汪忠满．都市旅游与“宜游城市”空间结构的优化——以重庆市江北区观音桥商圈为例［J］．党校论坛，2005（2）：14.

20世纪90年代，国际事务的增多吸引了更多的旅游者并推动着都市再造。比如，奥林匹克运动会赛场是主要的国际游览区，并渲染了举办城市的都市再造效果❶。

1978年以来，中国旅游突破了长期以来基本是外事接待的模式，“旅游业作为一个综合性经济事业的性质得到肯定”❷，都市旅游业逐渐得到各个城市的重视，并纳入国家经济、社会发展战略，普遍受到相关城市的重视，造就了一大批类似上海外滩那样引人入胜的城市公共空间。

世界旅游组织（WTO）秘书长弗朗加利预测，2020年中国将成为世界第一大旅游目的地，并成为世界主要旅游客源国之一。这显然与中国城镇化水平提高、城市规模扩大、聚集效应增加、都市旅游业快速发展有关（图2-4、表2-7、表2-8）。

图2-4　Bath街头的售货店成为都市旅游地（资料来源：汪隽琪摄）
（城市景观丰富、古今融合、凝聚精神、售货店别出心裁的Bath温泉城每天引来众多的游客观光和游览）

城镇化水平比较（%）　　表2-7

范围 / 年份	世　界	发展中国家	中　国	重　庆
1995年	45	30	30	29.5*
2002年	—	—	39.3	33.3
2007年	50	36	43.9**	46.7**

*1997年数据；** 2006年年底数据。
资料来源：综合国家统计局及报道的相关数据。

世界发达国家城市化率（%）历史演进　　表2-8

年份 / 国家	1920年	1950年	1960年	1965年	1970年	1975年	1980年	2000年	2007年
英国	79.3	77.9	78.6	80.2	81.6	84.4	88.3	89.1	90
法国	46.7	55.4	62.3	66.2	70.4	73.7	78.3	82.5	—
美国	63.4	70.9	76.4	78.4	81.5	86.8	90.1	94.7	81
日本	28.0	45.8	53.9	58	64.5	69.6	74.3	77.9	66
德国	63.4	70.9	76.4	78.4	80	83.8	86.4	81.2	—

资料来源：高毅存．城市规划与城市化［M］．北京：机械工业出版社，2004：145；2007年为网络数据。

❶ Christopher M. Law.Conference and ExhibitionTourism［J］. Built Environment，1987（2）.
❷ 卞彬．三峡库区旅游产业发展战略研究［M］．重庆：重庆出版社，2001：8.

2.1.3 都市旅游的作用

旅游已经成为当今世界的第一大产业，在世界经济发展中的作用举足轻重（表2-9）。都市旅游业在城市经济、社会、文化发展等方面具有显著的推动作用。

1. 推动城市经济发展

都市旅游的广泛关联性，对吃、住、行、游、购、娱、信息等要素产生了多重消费需求，为城市经济的发展作出了明显的贡献（表2-9~表2-11）。

各国旅游对经济增长的贡献 **表2-9**

项目＼国家	巴哈马	西班牙	英国	突尼斯	美国	中国
旅游收入（亿美元）	16.2	1015	1506	19.1	8730	300
GDP总值（亿美元）	35.5	5059	10988	167.5	74400	8178
占GDP比例（%）	45.6	17.8	11.6	11.4	10.2	3.7

资料来源：宁士敏.中国旅游消费研究[M].北京：北京大学出版社，2003.

中国旅游收入增长情况 **表2-10**

项目＼年份	1999年	2001年	2003年*	2004年	2005年	2006年	2007年	2008年
国际旅游收入（亿美元）	140.99	177.92	174.06	255	336	339.49	419	408
国内旅游收入（亿元）	2831.92	3522.37	3442.27	4200	5286	6230	7771	8749

*2003年因受"非典"影响，旅游收入略降。

资料来源：中国旅游通讯，2003（1）；中国旅游通讯，2004（5）；国家统计局相关数据。

中国GDP与人均GDP增长情况 **表2-11**

项目＼年份	1987年	1997年	2000年	2001年	2003年	2005年	2007年	2008年
GDP（亿元）	11962.5	74462.6	89442.2	95933.3	116694	182321	246619	300670
人均GDP（元）	1103	6054	7084	7543	9085	13925	18665	22640

资料来源：①国家统计局.中国统计年鉴2003[M].北京：中国统计出版社，2003.
②国家统计局.中国统计年鉴2008[M].北京：中国统计出版社，2008.

国家旅游局统计资料显示，2003年国际旅游（外汇）收入超过1亿美元的有广东、上海、北京、重庆等17个省（市）。

2003年入境旅游者人数超过20万人次的城市有深圳、广州、上海、北京、重庆等23个城市。

都市旅游业的发展，对交通运输业、餐饮娱乐业、宾馆饭店业、电信移动通信业、商业零售业和旅游服务业等有极强的拉动作用。所以，都市旅游业的发展对大城市调整经济结构、转变经济增长方式、提高经济运行质量，具有十分重要的作用。

2. 提供就业机会

就业是民生之本、安国之策。"十五"期间我国城镇每年新增劳动力近1000万人，农村有1.5亿富余劳动力需要寻找新的就业岗位，国有企业下岗失业人员已达1150万人，劳

图 2–5　旅游为许多人提供就业机会（资料来源：自摄）
（上海城隍庙云集的商家、蜂拥的游人，展现喷涌的商机）

图 2–6　卖烧饼的武大郎（资料来源：自摄）
（清明上河园守烧饼担的武大郎既是风景也是职业）

动力供大于求的总量性矛盾和劳动力素质不适应经济技术进步要求的结构性矛盾相互交织，就业压力很大。旅游业是劳动密集型、带动性强的产业，具有就业容量大、就业门槛低、包容性强、就业方式灵活等特点，各国政府多将旅游业作为解决就业问题的重要途径之一（图 2–5、图 2–6）。

2002 年，我国旅游业核心就业人数 612 万人，旅游特征就业人数 1685 万人，旅游经济就业人数 5100 万人[1]。

在英国，政府知道旅游业现在和将来对经济与就业的重要性，越来越大的政治兴趣自 20 世纪 80 年代初保守的政府将旅游与创造就业联系起来之后与日俱增，以至于英国在 80 年代末以来的近 20 年内成为世界旅游的排头兵，尽管当时面临经济衰退、石油价格攀升、邻国竞争激烈、不像其他许多国家那样有政府关于持续而明确的旅游发展目标等不利因素对旅游业的影响。国外旅游收入 6.7 万亿英镑，提供就业岗位 140 万个（占英联邦就业总数的 6.7%），并以每年 4 万 ~5 万个新岗位的速度增长[2]。

3. 促进城市基础设施建设

一方面，正是因为都市旅游业是由交通、餐饮、宾馆、娱乐、购物、休闲等众多产业构成的产业集群，要求城市基础设施、综合功能的配套与完善。都市旅游业的发展客观上要以上述产业发展为依托，必然要以城市发展为前提。

另一方面，都市旅游业的发展将对城市建设和城市功能的完善产生反作用，推动城市的加速发展。事实上，昆明的世界博览会、上海的亚太经济合作组织（APEC）峰会、重庆的亚洲议会和平协会（AAPP）会议、北京奥运会、2010 年上海世博会等，对举办城市产生的影响深远，使相关城市的建设大大提速（图 2–7）。

4. 推动城市文化建设

首先，都市旅游推进着城市文化的发展。都市旅游在文化传播中具有不可替代的作用。先进的外来文化渗透、融入地方文化之后，必将引起目的地城市居民思想意识、价值

[1] 何光暐．在发展旅游促进就业高层研讨会上的讲话［J］．中国旅游通讯，2004（5）：21.

[2] Brian Goodall.Tourism Policy and Jobs in the United Kingdom［J］.Built Environment.1987，13（2）.

观念、生活习惯等方面的改变，促进地方文化的进步。

其次，都市旅游强化了人们保护历史地段和文物古迹的意识。在经过城市改造中对历史地段和文物古迹的肆意破坏，导致城市发展的历史文脉趋于中断的阵痛之后，人们开始意识到文物保护的极端重要性。在中国，出现了南京夫子庙、上海城隍庙新天地、北京民居胡同、重庆磁器口等历史地段和文化街区整体恢复与保护的成功案例。

图 2-7　繁华、气派的浦东新区（资料来源：自摄）
（以东方明珠为地标的浦东新区成为著名的旅游景区）

最后，都市旅游在整体上推进着城市精神文明的发展。城市文化体现为城市形象和亲和力（图 2-8、图 2-9）。一座处处彰显礼仪、诚信、便捷，信息通畅的城市，必然会给都市旅游者留下宾至如归、可亲可近的美好印象。

图 2-8　威尼斯圣马可广场（资料来源：孙如枫摄）
（高耸的尖塔、威严的教堂、独特的建筑和悠久的历史）

图 2-9　读书（资料来源：自摄）
（西安大雁塔公园内的雕塑栩栩如生、惟妙惟肖）

2.2　都市旅游环境、特征和机制

2.2.1　都市旅游环境

都市旅游环境包括物质环境和人文环境（图 2-10）。都市旅游的物质环境多数表现为街道、广场、道路、公园、步行体系、滨水区等城市公共空间；都市旅游的人文环境表现为场所精神、文化氛围、民俗民风、地域文化和文化载体。

都市旅游的物质环境要素包括功能综合的旅游目的地、人工环境的观赏对象、历史人文的观赏价值、都市生活的特色享受等宏观、中观和微观方面。

1. 功能综合的旅游目的地

都市旅游目的地是都市旅游者前往的大城市区域，包括人们的身体和目光所能触及的城市公共空间领域。由于人们开展都市旅游活动动机和需求的多样性，要求都市旅游目的地功能具有多样性，外在表现为“空间功能的综合”。

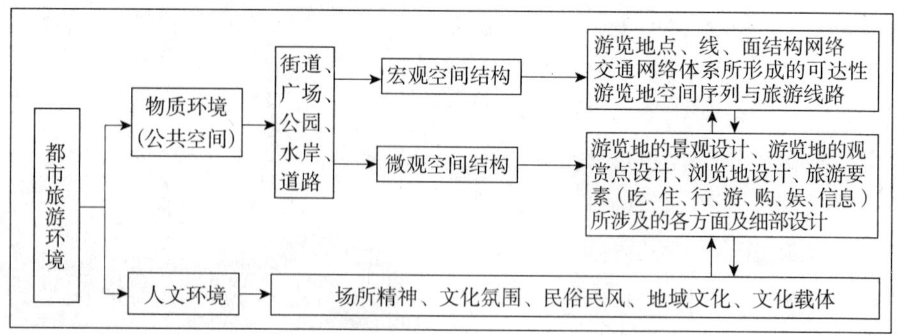

图 2-10　都市旅游环境的构成要素（资料来源：自绘）

1）都市旅游目的地

都市旅游目的地（Urban Tourism Destination）指都市旅游者为了观光、休闲、度假、消遣、购物、娱乐、观展等目的前往的大城市区域（Region）。

都市旅游景区（点）（Urban Tourism Attraction），指县级以上（含县级）行政管理部门批准成立，有统一的管理机构，范围明确，具有参观、游览、度假、康乐、求知等功能，并提供相应旅游服务设施的独立单位。包括度假区、公园、游乐园、古街区、名人故居、街道、广场、步行街、滨水区、宗教圣地、森林公园、动物园、植物园、歌剧院、博物馆、展览馆、美术馆等❶。

都市旅游目的地与都市旅游景区（点）不同，前者是整个大城市区域，后者是该区域内的景区或景点（多为公共空间），在规模上前者覆盖后者，前者属于宏观空间结构，后者属中观或微观空间结构，其若干组合构成旅游目的地（图 2-11）。

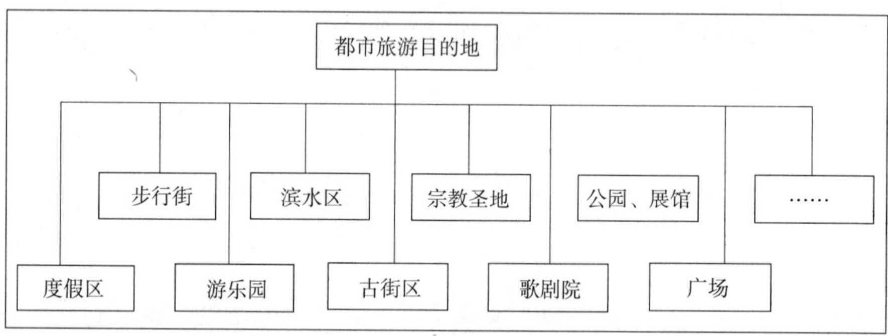

图 2-11　都市旅游目的地与都市旅游景区（点）（资料来源：自绘）

2）都市旅游目的地的类型

都市旅游目的地城市的分类方法很多，总体类型大致可以分为 11 类：

（1）首都城市（如伦敦、巴黎、纽约、北京、东京等）和文化之都（如罗马等）；

（2）大都会中心和古城墙（如上海、重庆、南京）和要塞城市（如合川钓鱼城）；

❶ 中华人民共和国国家标准 . 旅游区（点）质量等级的划分与评定（GB/T 17775—1999　3.1）[S] .

（3）历史文化城市（如牛津、剑桥、威尼斯、丽江、平遥、凤凰城等）;

（4）内城地区（如英国曼彻斯特、索福特等）;

（5）有生命力的滨水区（如伦敦码头区，圣迪尼达令港、利物浦等）;

（6）工业城市（如 19 世纪的布拉德福德）;

（7）滨海地区和冬季运动中心（如利勒哈默尔）;

（8）有目的地整合建造的旅游地区（如新加坡、深圳等）;

（9）旅游者综合娱乐场所（如迪斯尼乐园、拉斯韦加斯和澳门等）;

（10）特殊旅游者服务中心，如朝圣地（如洛德丝、麦加、耶路撒冷、拉萨等）;

（11）文化艺术城市（如佛罗伦萨）。

3）都市旅游目的地的要素

（1）都市旅游目的地的物质要素

多数城市支撑都市旅游目的地的物质要素和设施列表如表 2-12[1]，涉及大尺度的都市空间和建筑风貌，小尺度的旅游产品设计以及都市旅游线路的细节、讲解、路线、导游图、建筑指南和因特网络旅游信息等方面。

都市旅游目的地的物质要素 **表 2-12**

文化设施	休闲设施
音乐厅	街道（广场）
电影院	古典纪念碑
展览厅（会议中心）	教堂
博物馆	港口（码头）
艺术画廊	历史文物建筑
剧院	公园和绿地
电影院	滨水（河）地区、运河
多媒体技术	—
体育设施	娱乐设施
户内	娱乐场（Casinos）
户外	歌舞厅
—	节庆厅
—	夜总会
—	竞技场
次要要素	附加要素
宾馆和住宿	停车场
自助餐厅、酒吧、餐厅	公共交通与可达性
购物中心	游客咨询中心与问询处
—	街头标识
—	导游手册、都市游览线路、旅游解说、影视导游
—	地图、传单
—	网站和因特网

资料来源：Rob MacDonald.Urban Tourism：An Inventory of Ideas and Issues［J］. Built Environment，2000（2）.

[1] Rob MacDonald.Urban Tourism：An Inventory of Ideas and Issues［J］. Built Environment，2000（2）.

（2）都市旅游目的地的人文要素

都市旅游目的地的构成，除有形的物质要素外，还有无形的人文要素。都市旅游目的地的精神要素包括城市精神、城市民俗、城市形象、历史背景、文化脉络等城市文化方面，以及城市公共政策、管理措施和法律制度等方面。

城市文化是都市旅游的魂，没有文化内涵的都市旅游缺乏生命力。从世界范围来看，任何城市都市旅游的发展无一不是与城市文化的繁荣息息相关。古罗马、古埃及、古代中国长安都市旅游的产生和发展具有深厚的文化底蕴，因为这些城市本身就是文明古国的都城，也是古代科学技术的发祥地[1]，自然会成为人们向往的中心。《清明上河图》中巍峨的城墙、街头的杂耍、吆喝的小贩、飘扬的店幡、酒肆茶楼上悠闲自得的客人、大街上拥挤的人流，伴随一队队重负的骆驼，缓缓走向城门，要把中原丰盛的物产驮向远方，要把北宋深厚的文化远播海外。

2. 人工环境的观赏对象

公园、步行街、广场等城市公共空间的建筑、喷泉、雕塑和小品等构成的人工环境，应该成为都市旅游者的观赏对象，这既是人们营造人工环境的初衷，也是都市旅游活动展开的客体。

香港中银大厦等具有地标作用的建筑物、纽约华尔街头激发游人童趣的公牛雕塑、重庆观音桥商圈引人入胜的喷泉，乃至公园里摆设的小品等都市旅游环境的构成元素，都会成为都市旅游者的观赏对象和前往的目标（图 2–12）。

图 2–12　人工环境的观赏对象（资料来源：自摄）
（新加坡圣陶沙公园的雄狮雕塑和大型喷泉、香港街头的霓虹灯、纽约华尔街的公牛雕塑、重庆的航空展览、地标建筑物、香港浅水湾的龙舟和廊桥……成为人工环境的重要元素和观赏对象，按图面顺序）

3. 历史人文的观赏价值

历史地段、文化街区、古旧建筑、特色风情街等，是现代都市旅游活动的重要场所，也是城市文化的重要载体。类似北京古城、新加坡牛车水、重庆磁器口、平遥古城、凤凰古城、台北总统府等历史文化地段，成为旅游者乐而忘返的目的地（图 2–13、图 2–14）。

4. 都市生活的特色享受

蹦迪、KTV、桑拿、浴足、保健、逛街、观展、在主题公园游乐等，是都市生活的特色享受，也是都市旅游活动的表现形式，彰显着都市的风采，展示着都市生活的魅力与特色，成为

[1] 清华大学自然辩证法教研组 . 科学技术史讲义［M］. 北京：清华大学出版社，1982：8.

深受都市旅游者追捧的热点。类似重庆金源地下不夜城这样的娱乐中心和休闲场所，是承载都市旅游活动的重要公共空间（图 2-15）。

图 2-13　台北总统府（资料来源：自摄）

图 2-14　历史人文的观赏价值（资料来源：自摄）

（平遥古城彰显民族商业、金融业在旧中国生长的艰难辛酸；凤凰古城是苗族聚居、苗汉交流与融合的聚落）

图 2-15　主题公园是展现都市生活特色享受的重要场所（资料来源：自摄）

（重庆金源方特科幻公园，有 1200m² 的世界最大银幕、飞越极限、生命之源、西部追忆、文明之光、恐龙危机、太空山、影视特技摄影棚、儿童天地和双层木马等项目，尽展科技神奇）

2.2.2 都市旅游的特征

在现代意义上，旅游的基本特征可以归纳为五个方面。

1. 大众性[1]

二战以后，劳动阶层开始成为旅游消费的主力，现代旅游活动表现为大众旅游（Mass Tourism）（图 2–16、表 2–13），即旅游活动参加者的范围已扩展到普通的劳动大众。据统计，2001 年中国居民出游率达到 62.2%，城镇居民出游率已经达到 110%，即全国半数以上居民有出游行为，城镇居民中部分出游次数超过 1 次。

图 2–16 伦敦街头的休闲人流（资料来源：汪隽琪摄）

1995~2007 年中国国内旅游基本情况 **表 2-13**

年份	总人次（万人）	总花费（亿元）	人均花费（元）
1995 年	4655	157.68	338.7
1996 年	5151	187.43	363.9
1997 年	5488	213.02	388.2
1998 年	5844	245.83	420.7
1999 年	6429	285.17	443.6
2000 年	7007	386.49	551.6
2001 年	8086	462.64	572.2
2002 年	9573	571.53	595.8
2003 年	8918	542.78	608.6
2004 年	11479	767.65	653.4
2005 年	14097	974.59	691.3
2006 年	16775	1214.82	724.2
2007 年	20343	1550.76	762.3

资料来源：《中国统计年鉴》各年度。

❶ 崔凤军 . 都市休闲与休闲都市［Z］. 杭州：杭州市旅游委员会，2003.

从表 2–13 可以看出，中国旅游人数 2007 年是 1995 年的 4.37 倍，总消费则为 9.83 倍，人均消费为 2.25 倍，说明旅游的大众性增强，世界旅游普遍如此（表 2–14）。

世界部分旅游城市客流量与客源构成（过夜旅游）　　表 2-14

城 市	年份	总数（百万）	国际	国内	城 市	年份	总数（百万）	国际	国内
伦 敦	1999 年	28.9	13.2	15.7	蒙特利尔	1998 年	6	2.1	3.9
拉斯韦加斯	1999 年	25.5	2.3	23.2	墨尔本	1997 年	5.8	0.9	4.9
洛杉矶	1999 年	23.8	6	17.8	马德里	1999 年	5.5	2.5	3
奥兰多	1999 年	23.1	3.5	19.6	阿姆斯特丹	1999 年	5.3	4.4	0.9
东 京	1994 年	22.3	2.3	20	都柏林	1999 年	4.4	3.2	1.2
纽 约	1999 年	18.4	6.6	11.8	柏 林	1999 年	4.2	1	3.2
芝加哥	1997 年	15.5	1.2	14.3	慕尼黑	2000 年	3.7	1.6	2.1
巴 黎	1999 年	14.5	9.5	4.9	旧金山	1996 年	3.5	—	—
Ile de France	1994 年	19.7	10.9	8.8	威尼斯	1996 年	3.5	—	—
亚特兰大	1998 年	17.1	0.6	16.5	曼彻斯特	1998 年	3.3	0.6	2.7
圣地亚哥	2000 年	15.2	0.9	14.3	巴塞罗那	1999 年	3.1	1.8	1.3
波士顿	1997 年	11.1	1.1	10	维也纳	1999 年	3.1	2.1	1.0
香 港	1996 年	11.7	11.7	0	布拉格	1998 年	—	2.1	—
华盛顿	1999 年	8.6	1.6	7	爱丁堡	1997 年	2.3	1	1.3
多伦多	2000 年	8.6	4.6	4	米 兰	1999 年	2.3	1	1.3
温哥华	1999 年	8.3	3.5	4.8	北 京	2000 年	—	2.38	—
悉 尼	1998 年	7.9	2.1	5.8	天 津	2000 年	—	0.32	—
新加坡	1997 年	7.2	7.2	0	上 海	2000 年	—	1.44	—
罗 马	1999 年	6.2	4	2.2	重 庆	2000 年	—	0.26	—

注：只记录停留在已注册过的酒店的游客，可比性并不严格。

资料来源：吴志强，吴承照．城市旅游规划原理［M］．北京：中国建筑工业出版社，2005：8.

按照美国心理学家马斯洛（A.Maslow）的需要层次理论，人类有五种基本需要：生理、安全、社交、尊重和自我实现（图 2–17）。人均寿命延长、退休年龄提前、工作时间缩短、带薪假期延长、弹性工作制、在家工作制，等等，使人们的闲暇大增、可支配收入增多，家务劳动也因社会化服务体系的健全而减少，更使都市旅游获得了“大众性”的

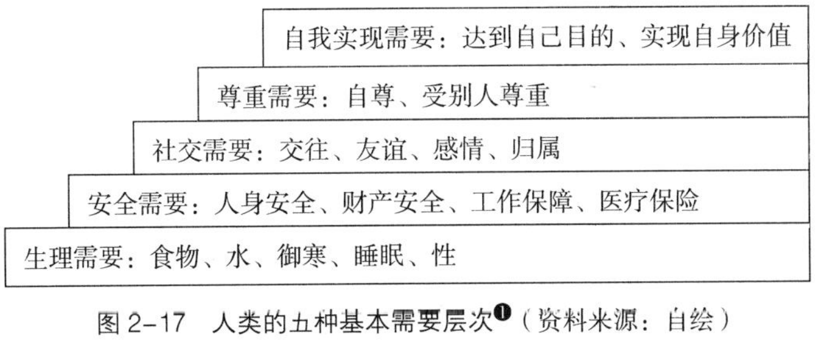

自我实现需要：达到自己目的、实现自身价值

尊重需要：自尊、受别人尊重

社交需要：交往、友谊、感情、归属

安全需要：人身安全、财产安全、工作保障、医疗保险

生理需要：食物、水、御寒、睡眠、性

图 2–17　人类的五种基本需要层次[1]（资料来源：自绘）

[1] 王利平，黄江明．现代企业管理基础［M］．北京：中国人民大学出版社，1994：193.

特征（表 2–15、表 2–16）。大部分城市居民会在闲暇时到户外进行会友、购物、娱乐、观光、茶话、休闲等活动。

中国居民消费水平对比 **表 2-15**

年 份	绝 对 数（元）*			城乡消费水平对比（农村居民 =1）
	全国居民	农村居民	城镇居民	
1978 年	184	138	405	2.9
1980 年	236	178	496	2.8
1985 年	437	347	802	2.3
1990 年	803	571	1686	3.0
1995 年	2236	1434	4874	3.4
1997 年	2834	1876	5796	3.1
1998 年	2972	1895	6217	3.3
1999 年	3138	1927	6796	3.5
2000 年	3397	3611	—	—
2001 年	3811	—	—	—
2003 年	4411	2103	7901	3.8
2004 年	4925	2301	8679	3.8
2005 年	5463	2560	9410	3.7
2006 年	6138	2847	10423	3.7
2007 年	7081	3265	11855	3.6

* 绝对数按当年价格计算，指数按可比价格计算。

资料来源：国家统计局 . 中国统计年鉴 2008［M］. 北京：中国统计出版社，2008.

中国城乡居民消费恩格尔系数 **表 2-16**

年 份	农村居民纯收入（元）	城镇居民人均收入（元）	农村居民恩格尔系数	城镇居民恩格尔系数
1978 年	133.6	343.4	67.7	57.5
1980 年	191.3	477.6	61.8	56.9
1985 年	397.6	739.1	57.8	53.3
1990 年	686.3	1510.2	58.8	54.3
1991 年	708.6	1700.6	57.6	53.8
1992 年	784.0	2026.6	57.6	52.9
1993 年	921.6	2577.4	58.1	50.1
1994 年	1221.0	3496.2	58.9	49.9
1995 年	1577.7	4283.0	58.6	49.9
1996 年	1926.1	4838.9	56.3	48.6
1997 年	2090.1	5160.3	55.1	46.4
1998 年	2162.0	5425.1	53.4	44.5
1999 年	2210.3	5854.0	52.6	41.9
2000 年	2253.4	6280.0	49.1	39.2
2001 年	2366.4	6859.6	47.7	37.9

资料来源：宁士敏 . 中国旅游消费研究［M］. 北京：北京大学出版社，2003.

世界旅游组织 1980 年发表的《马尼拉宣言》明确提出，旅游也是人类社会的基本需要之一。为了使旅游同其他社会基本需要协调发展，各国应将旅游纳入国家发展的内容之中，使旅游度假真正成为人人享有的权利。

2. 休闲性[1]

法国社会学家杜马兹迪埃在《走向休闲的社会》一书中提出，所谓休闲，就是个人从工作岗位、家庭、社会事务中解脱出来的时间，为了休息、消遣，或为了培养与谋生无关的智能，以及为了自发地参加社会活动和自由发挥创造力，是随心所欲自由活动的总称。休闲的本质特征是自主性、自由性、消遣性、参与性和体验性。

城市生活丰富多彩，观光娱乐相得益彰，休闲资源的利用程度高，休闲产业化程度高，休闲经济发达，催化、带动着相关产业的繁荣，提升了第三产业在国民经济中的比重和地位[2]（表 2–13、表 2–15），都市旅游获得休闲性产业特征。

美国学者约翰 · 麦克哈勒在《世界的事实和趋势》一书中说，原始社会中人的闲暇时间仅为整个生命的 16.6%，劳动时间为 33.3%；农业社会中人的闲暇时间为整个生命的 22.2%，劳动时间为 28.6%；工业社会中人的闲暇时间为整个生命的 38.6%，劳动时间为 10.4%。据统计，1970 年，日本人均一年工作 43.3 周 2251.6h；1983 年，一年工作 40.5 周 2103.9h；2000 年，一年工作 190 日（8h/ 日），日本人海外旅行时间超过 40 天以上[3]。在美国，居民每年的休闲、娱乐消费高达 3.4 万亿美元。

从表 2–16 不难看出，中国城镇居民消费的恩格尔系数自 1994 年以来小于 50，此后逐年递减，说明城镇居民生活必需品消费占居民收入的比例下降，“闲钱”增多，休闲、娱乐、购物需求增加，必然导致旅游消费增长。

3. 开放性

旅游的开放性缘于承载旅游活动的公共空间的开放性。

4. 参与性

公共活动强调参与，旅游者参与的目的是为了体验，即体验活动的惊险、刺激、愉悦、舒服，或者满足行为者的好奇心，兼具长见识、增才智的作用（图 2–18）。迪斯尼乐园之所以深受欢迎，是因为它迎合了我们心中的“米老鼠”——人皆有之的那种永不衰老的宝贵的童心（图 2–19）。

图 2–18　都市旅游活动的参与和体验（资料来源：自摄）

❶ 崔凤军 . 都市休闲与休闲都市［Z］. 杭州：杭州市旅游委员会，2003.

❷ Huining Xiao.Tourism Development［M］.Fredericton and Saint: University of New Bruswick，2003：10.

❸ 王余卿 . 进入 21 世纪的日本［J］. 科学技术与发展，1989（12）：47.

5. 多样性

图 2-19　人们心中的米老鼠
（资料来源：孙如枫摄）
（迪斯尼乐园可爱的“米老鼠”向游客款款走来）

都市旅游者出游的动机和目的各不相同，旅游需求各异，体现出都市旅游活动的多样性。

都市旅游的特征可以归纳为：①城市空间功能多样。购物、娱乐、会展、休闲等功能综合，城市场地真真实实、功能多样、情趣生动。城市公共空间的功能多样反映了不同层次的需求——步行者、骑车人、儿童、老人及行动不便者。②城市文化丰富多彩。城市文化的多元复合，造就了城市文化的多姿多彩。街头文化、社区文化、广场文化、庆典文化等无一不彰显城市文化的多样性。多元复合、特色突出的城市文化构成了都市旅游目的地的核心吸引力。③城市生活生动有趣。相对于乡村安宁、单调的生活环境与生活方式，城市生活的丰富多样，为都市旅游者所向往，吸引着外来游客，特别是乡村、近郊游客的到来。区县居民每来重庆主城，首选逛解放碑，正说明他们对多彩的大城市生活的向往。④城市景观特色突出。城市建筑现代与古代交融、色彩变幻多端，城市天际线、水际线等起伏变换，城市公共空间功能综合，雕塑小品应接不暇，表现出现代都市丰富的城市景观。⑤城市交通方便快速。与乡村坎坷的道路、极为不便的交通相比，城市公交、地铁、轻轨等穿梭不停，城市交通的便利也构成了都市旅游目的地的又一重要吸引力。

2.2.3　都市旅游的机制

都市旅游活动涉及主体、客体和主客化方面。都市旅游活动的主体是都市旅游者，游览心理、游览动机、游览期待、游览感受等方面属于都市旅游活动的主观方面，表现为主观心理；旅游环境（游览环境）属于都市旅游活动的客体，包括吃、住、行、游、购、娱、信息等物质要素，这些要素的组合结构及其关系构成旅游环境即都市旅游活动的客观方面；都市旅游活动是主观见之于客观的过程，即主客化方面，包括游览行为和游览结果。

游览行为是主体客体化、主观见之于客观、主观世界与客观世界相互影响、渗透、作用的动态过程；游览结果是旅游者与游览环境（物质环境、人文环境）之间，也就是主观与客观之间，相互影响、相互作用的结果，是经主体客体化过程产生的相互关系的总和（图 2-20）。

都市旅游的主观方面：即主观心理，包括游览心理、游览动机、游览期待、游览感受等方面，这些方面互相影响、互为因果、互相涵盖。游览期待引发游览动机，游览感受是游览动机和游览期待通过游览行为引发的结果。

都市旅游的客观方面：也就是旅游环境，包括物质环境和人文环境，由吃、住、行、游、购、娱、信息等要素的组合结构及其关系构成。

都市旅游的主客化方面：一是指游览行为，分为主动性游览行为和被动性游览行为。主动性游览行为如休闲、健身、娱乐、度假、观光、购物、参观等，是都市旅游主体受

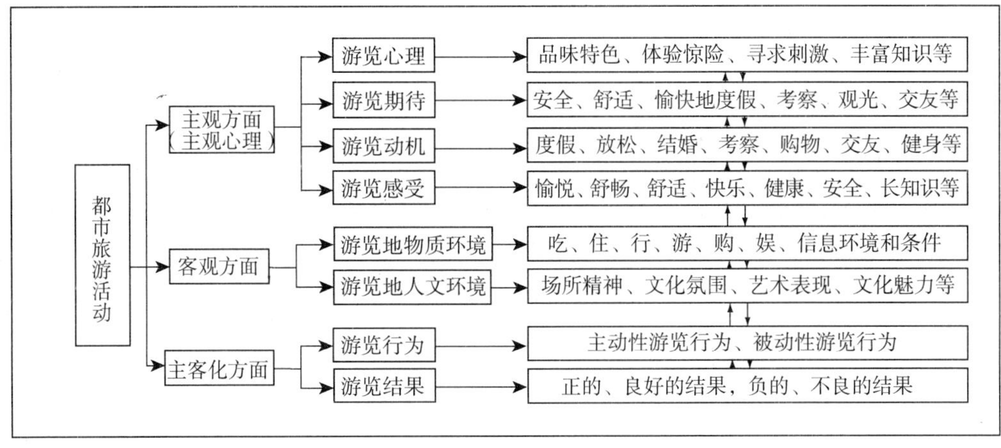

图 2-20　都市旅游活动机制分析（资料来源：自绘）

制于客观物质环境下的能动性活动。也就是都市旅游者可以挑选各自喜好、适合自身的环境开展都市旅游活动项目，表现为都市旅游活动的可选择性，要求城市公共空间及其功能的多样性。被动性游览行为如广场集会、庆典、仪式等，是都市旅游者受到操纵和指令，在特定环境下开展的

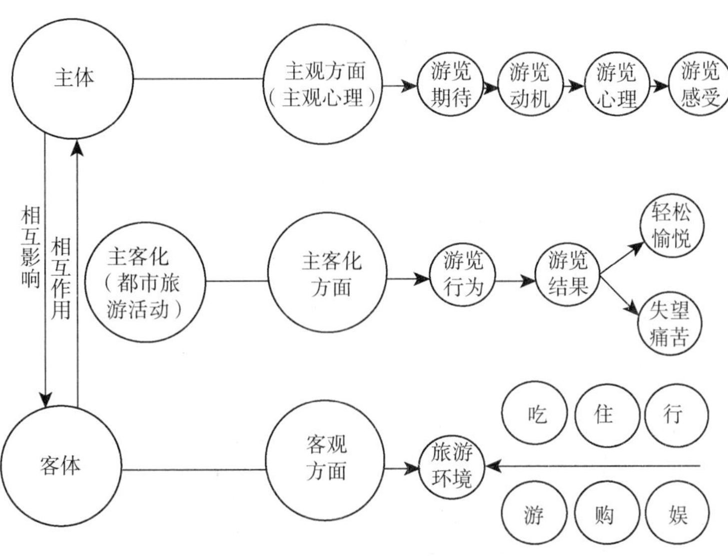

图 2-21　都市旅游要素关系图（资料来源：自绘）
（都市旅游活动是主体与客体间相互作用、相互影响之关系的总和）

公共活动，其行为受程序和纪律的约束，没有可选择性（或选择性较小）和随意性。二是指游览结果，是都市旅游主体（都市旅游者）与都市旅游客体（旅游环境）之间，相互影响、相互作用的关系总和。游览结果可能是正的、良好的，即实现了旅游者的预期，达到了旅游者的游览目的，给旅游者带来了愉悦、健康、轻松、满足等感受和体验，使旅游者达到了度假、休闲、健身、求知、增智、交友、洽商等目的；游览结果也可能是负的、不良的，即没有实现旅游者的预期，给旅游者造成了身心伤害、健康损害、物质财产损失、担心忧虑、精神紧张、疲惫不堪、失望等感受，没有使旅游者达到度假、休闲、放松、健身、交友、洽商等目的，旅游预期没有实现，旅游计划宣告失败（图 2-21）。

都市旅游的主观方面难于控制，原因是都市旅游者的需求多种多样，都市旅游者的预期和目的各不相同，从而导致都市旅游行为各取所需。但是，保证正的、良好的结果出现，避免负的、不良的结果发生，是都市旅游者的正常期待和共同预期，也是都市旅游目的地建设的最终目标。

2.3 都市旅游的条件

崔凤军博士在对巴黎、伦敦、纽约等休闲旅游发展水平最高的世界著名大城市作分析之后认为，上述都市的共同特征是：鲜明的城市形象、丰富的休闲资源、良好的生态环境、完善的休闲设施和场所、强烈的大众休闲意识和旺盛的居民休闲消费能力、与国际接轨的发达便捷的交通条件、完善配套的基础设施、发达的会展业和博物展览业、固定的艺术表演和节庆活动、浓郁的民俗氛围和畅通的信息渠道等。

综合起来，都市旅游必须具备以下四个基本条件。

2.3.1 完善配套的基础设施

基础设施（infrastructure），指为城市的物质生产和生活提供基本条件的、具有公共服务性质的设施的总称，是城市经济、社会、文化发展水平的标志。包括能源、交通、给水排水、供电、燃气、通信、生态环境、防灾等方面的设施。城市基础设施是城市运行的物质载体，也是都市旅游的前提条件（图 2–22）。

图 2–22 城市交通等基础设施是都市旅游的基础（资料来源：自摄）
（左图：重庆江北建新北路是重庆主城的交通动脉；右图：船是乌镇等水乡的主要交通工具）

2.3.2 个性鲜明的旅游产品

个性产生吸引力。都市旅游强调景区（点）的个性特征。都市旅游产品的开发与创新是实现都市旅游持续发展的不竭动力。上海的外滩、中山公园、东方明珠、城隍庙、南京路步行街，南京的夫子庙、中山陵园，杭州的西湖、灵隐寺、丝绸城，重庆的解放碑步行街、朝天门广场、滨江路、北城天街、金源地下不夜城、嘉陵广场、磁器口，新加坡的牛车水、圣淘沙公园，香港的浅水湾，威尼斯的水上古城等，代表着各地都市旅游产品的特色和形象（图 2–23、图 2–24）。

产品需要包装，都市旅游产品也是如此。杭州西湖博览会、重庆三峡国际旅游节等，就是对都市旅游产品的一种成功包装。通过节庆活动，为旅游注入更多的文化内涵，发掘

图 2-23 意大利的威尼斯以其水上城市的独特性招徕世界各地的旅游者（资料来源：孙如枫摄）
（威尼斯是一座令人憧憬、充满魅力的城市。最好可以不受时间和车的限制，在城市悠闲地散步，也应该去周围的小岛看一看，去真正接触由于热爱这座城市而生活在这儿的人们的生活）

图 2-24 都市旅游业发达的城市有其自己的特色旅游产品（资料来源：自摄）
（左图：绿意盎然的新加坡圣淘沙公园；右图：现代建筑文化景观丰富的香港维多利亚港湾）

更加丰富的本土文化积淀，传送更为丰富的旅游信息，招引更多的游客。此外，旅游产品的包装更讲究不断创新，时刻代表都市形象和特征。

城市形象的塑造是都市旅游目的地占领市场竞争高地的制胜法宝。印象良好、独特迷人、舒适便捷的城市形象传播，使其为潜在的旅游者所认知，从而激发其旅游动机，并最终实现出游计划。旅游研究表明，"形象是吸引旅游者最关键的因素之一，形象使旅游者产生一种追求感，进而驱动旅游者前往。"[1]新加坡和香港非常注重城市整体旅游形象的塑造，并提出了响亮的旅游形象口号（表 2-17）。

[1] 刘锋．旅游营销三十六计［Z］．首届中国旅游行业学习峰会系列材料，2004：7.

旅游形象口号实例 表 2-17

旅游地（国家、地区、城市）	旅游形象口号
西班牙	阳光下的一切
纽约	我爱纽约
宾夕法尼亚	美国从这里开始
Hershey, Pennsylvania	地球上最甜的地方
底特律（密歇根州）	再生的城市
波士顿（麻省）	两百年的城市
魁北克	感觉如此不同
阿鲁巴	我们唯一的事情就是为你服务
瑞士	世界的公园，瑞士，瑞士，还是瑞士
夏威夷	夏威夷是微笑的群岛，这里阳光灿烂
泰国	神奇的泰国
新加坡	无限的新加坡，无限的旅游业 尽情享受，难以忘怀 新亚洲—新加坡，新感觉
澳大利亚	令人心旷神怡的澳大利亚
佛罗里达州	佛罗里达，与众不同
香港	魅力香港，万象之都、动感之都、我们是香港
上海	新上海，新感受
桂林	桂林山水甲天下
平遥	华夏第一古县城
北京密云	山水大观与首都郊野公园——北京旅游卫星城
苏州、杭州	上有天堂，下有苏杭
深圳	畅游深圳，了解中国
海南	椰风海韵醉游人
宁夏	多姿多彩的塞外
重庆	激情重庆，壮美三峡

资料来源：刘锋．旅游营销三十六计［Z］．首届中国旅游行业学习峰会系列材料，2004：14.

2.3.3 功能齐全的公共空间

街道、广场、步行体系、车站、码头、机场、购物中心、餐饮娱乐中心和休闲场所等公共空间，是都市旅游行为发生的载体，需要不断完善、充实数量、提高质量、关注细部，处处体现人文关怀（图 2-25）。

城市内部交通和对外交通是连接这些场所的“路径”，也是实现都市旅游目的地可进入性的条件。到达场所的路径越便捷，场所的人流与活动越多（图 2-26）。

图 2-25　新加坡飞禽公园内充满人文关怀的设施（资料来源：自摄）
（左图：新颖别致、引人注目的导游图；中图：功德碑；右图：许愿井）

2.3.4　底蕴深厚的文化内涵

从都市旅游的发展历程可以看出，没有城市文化，就没有都市旅游。城市文化是都市旅游的内涵和灵魂❶。历史地段和文物建筑表达了城市历史的文脉（Context）❷，都市旅游者很喜欢到有文脉的地带活动，以实现人们的归属感或体验场所精神，需要城市规划师、建设管理者们给予关注并着力保护，以传承城市的历史文脉信息，打造都市旅游精品（图 2-27）。

图 2-26　交通便捷带来人流汇聚（资料来源：自摄）
（重庆观音桥商圈采用环道 + 下穿道疏解交通，实现人车分流）

第一，城市文化是都市旅游者的高级追求。无论是古罗马时期以建筑艺术欣赏为主的高贵旅游和宗教旅游，还是近代的参观博物馆、画廊、大型体育赛事、博览会等都市旅游活动，以及现代集都市休闲、都市购物、都市观光、都市康乐于一体的都市旅游，城市文化仍然是实现都市旅游者寻求精神愉悦之目标的保障，也是都市旅游者开展都

图 2-27　每一幢建筑代表一段历史（资料来源：孙如枫摄）
（意大利的佛罗伦萨是一座保存完好、韵味十足的古城）

❶ 黄天其．城市文化学讲义［Z］．重庆：重庆大学，2003：11.
❷ 赵和生．城市规划与城市发展［M］．南京：东南大学出版社，1999.

市旅游活动的精神动力。

第二，城市文化是都市旅游发展的不竭动力。没有文化内涵的城市很难成为都市旅游目的地，缺乏文化内涵的都市旅游很难实现持续发展。由家庭中的休闲场所、社区、车站、宾馆、度假游乐中心、娱乐场所等承载的休闲文化是都市休闲者活动的载体，可以使人们产生归属感的历史地段、古建筑和历史街区是都市旅游者的精神家园，往往令人乐而往之、流连忘返（图 2–28）。

图 2–28　都市旅游者的精神家园（资料来源：孙如枫摄）
（文化与旅游的结合可以造就旅游者的精神家园——爱丁堡地域特色突出的街头文艺表演）

为描述旅游者的心理特征，普洛格（1972 年）把旅游者分为两类，并阐述了安乐小康型旅游者和追新猎奇型旅游者在旅游行为上的差异（表 2–18）。英国工业地区这样的世界文化遗产将分享与中国长城、威尼斯同样的国际形象。联合国教科文组织（UNESCO）鼓励与工业相关的地区申报世界遗产。英国的利物浦经济中心和滨海地区，曼彻斯特、索福特、卡斯汉姆海军基地，派丁顿—布鲁斯特尔铁路，等等，已经成为重要的旅游区。重庆三峡、大足石刻是著名的世界文化遗产，奉节天坑地缝、南川金佛山、武隆芙蓉江国家地质公园也正在申报世界文化遗产，这标志着重庆旅游文化底蕴的深厚。

不同人格类型的旅游行为特点　　**表 2-18**

安乐小康型	追新猎奇型
喜欢熟悉的旅游地	喜欢人迹罕至的旅游地
喜欢熟悉的旅游活动	喜欢获得新鲜经历和享受新的喜悦
喜欢阳光明媚的娱乐场所	喜欢新奇的不寻常的旅游场所
活动量小	活动量大
喜欢乘车前往旅游地	喜欢坐飞机前往旅游地
喜欢设备齐全、家庭式的饭店、旅游商店	只求一般的饭店，不一定要现代化大饭店和专门吸引游客的商店
全部日程都要事先安排好	有基本的安排，留有较大的自主性、灵活性
喜欢熟悉的气氛、熟悉的娱乐项目，异国情调要少	喜欢与不同文化背景的人会晤、交谈

资料来源：刘锋 . 旅游营销三十六计［Z］. 首届中国旅游行业学习峰会系列材料，2004：8.

具有地域文化特色、个性鲜明的节庆或文艺活动，可以增进景区、景点对旅游者的亲和力、吸引力。

第三，城市文化建设是都市旅游发展的前提。都市旅游离不开城市文化，要发展都市旅游，必须大力建设城市文化。人们在城市文化建设中不仅要正确处理人与自然的关系，也要处理好人与人的关系，挖掘本土优秀文化，培育地域特色文化，增强城市文化的生命力、凝聚力。从本质上说，以前人们之所以没有处理好人与自然的关系，也是人类制度及观念本身的缺陷所造成的。因此，生态城市文化建设目标的提出，也对人类自身的发展模式进行了深刻反思。在这一理念的指导下，我们应该发展新的生态技术系统，建立新的社会生态文明，倡导和培育新的生态城市文化，推进都市旅游业可持续发展（图 2–29）。

图 2–29　城市文化建设的重要内容之一是生态城市文化建设（河南郑州）（资料来源：自摄）

2.4　都市旅游的相关经济学问题

像其他产业一样，都市旅游属于经济运行的范畴，普遍适用的经济规律贯穿其中。比如市场规律、价值规律、剩余价值规律、产品寿命周期规律等，在都市旅游业发展过程中会通过各种方式表现出来。但都市旅游作为以城市服务出售与购买为表现形式的产业，其运行必然表现出特殊的规律性。

2.4.1　都市旅游的经济学含义

经济学上，将同时具有“价值和使用价值”的人类劳动产品称为商品。在社会生产的各个部门（生产生产资料的第 I 部类和生产消费资料的第 II 部类）——也就是厂商和消费者（居民户）之间通过“买”和“卖”的交换行为，生产者出售商品的使用价值和所有权而获得价值补偿和物质替换，消费者通过支付货币购买商品而获得商品的使用价值和所有权。交易过程完成，标志商品使用权，甚至所有权的成功让渡与转移。

但是，服务是不同于物质商品这类经济物品的经济行为，其中凝结着一般人类劳动，具有价值；部分服务项目，比如宾馆的床位、公共汽车、餐馆的食品、商场的货物等，具有使用价值。服务提供者，所谓第三产业的各个行业和企业，出让的是服务，得到的是劳动报酬，以及资本、技术投入的回报；消费者通过支付“一定量” 的货币，而获得某项服务。服务提供者处于厂商的地位，通过流通与服务领域参与剩余价值的瓜分。消费者购买的服务没有所有权属问题，其购买因而含有“租用”的意义。“一定量”的货币，就是由从事该项服务所需的社会必要劳动时间决定、通过价值规律调节的“服务价格”。除技术和少量资本密集型服务外，劳动密集型服务很难获得垄断地位和垄断利润，价格机制在旅游这个完全竞争性市场中发挥重要的、自发调节旅游经济的作用：一是作为指示器反映都市旅游市场的供求状况；二是价格的变动可以调节都市旅游者的需求；三是价格的变动可以调节旅游企业的供给；四是价格可以使旅游资源配置达到最优状态。都市旅游业，是以出售城市服务为目的的经济产业。因此，经济学上的均衡价格理论、消费者行为理论、生产理论、分配理论等仍然适用（图 2-30）。

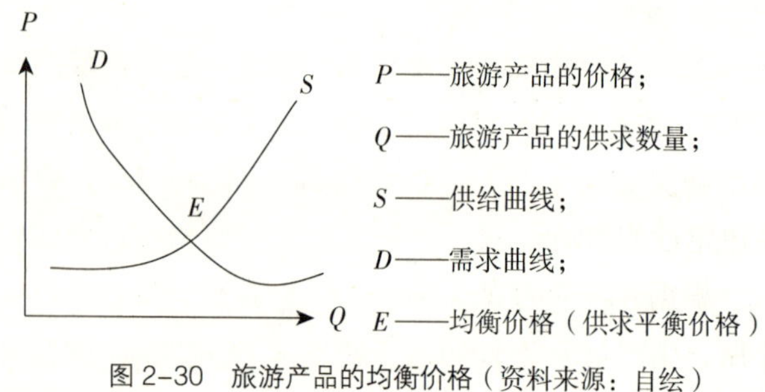

图 2-30　旅游产品的均衡价格（资料来源：自绘）

2.4.2　都市旅游的基本经济学特征

从经济学的角度看，都市旅游具有如下特征：

（1）都市旅游资源的稀缺性。都市旅游离不开都市旅游资源（资本、技术、人力、自然资源、文化资源等）。资源始终是有限的。相对于人类无穷的都市旅游欲望而言，为人们提供都市旅游产品所需要的资源总是不足的。经济学把这种资源的有限性称为稀缺性。都市旅游资源的稀缺性要求发挥市场在资源配置中的基础性作用，优化配置、合理使用资源，实现都市旅游经济的可持续发展。

（2）都市旅游产品为需求富有弹性产品。需求价格弹性（需求弹性），指价格变动的比率所引起的需求量变动的比率，即需求量变动对价格变动的反映程度。旅游产品需求量变动的比率大于价格变动的比率，故为需求富有弹性商品。“需求富有弹性的商品，其价格下降时，需求量（从而销售量）增加的幅度大于价格下降的幅度，总收益会增加”[1]。因此，都市旅游产品适用“薄利多销”和“规模经济”原则。

（3）都市旅游市场属于完全竞争市场。完全竞争是一种竞争不受任何阻碍和干扰的市场结构。都市旅游合乎完全竞争的条件：一是市场上有许多生产者与消费者。这些生产者与消费者的规模都很小，其任何单个的销售量或购买量所占市场份额微小，其行为无法影响市场价格。市场价格是由整个市场的供求关系决定的，单个都市旅游企业与都市旅游者只能是都市旅游市场价格的接受者而不是决定者。二是都市旅游市场上的产品是同质的，产品差别不明显。都市旅游目的地除城市地理位置、城市形态、城市文化等方面的不同外，城市空间结构的基本功能是大致相同的，比如富于人性化的空间、良好的生态环境、安全文明诚信的旅游形象等。同类都市旅游产品不存在本质的差别，旅游企业无法以自己产品

---

[1] 梁小民．西方经济学教程［M］．北京：中国统计出版社，1997：76.

的独特性来获取垄断地位。三是都市旅游资源完全流动。也就是每个厂商（旅游企业）都可以根据自己的意愿自由进入或退出都市旅游行业，参与市场竞争。四是旅游市场信息是畅通的。现代媒体和资讯业的发展，使都市旅游厂商与都市旅游者均可以获得完整而及时的市场供求信息，也就是信息对称，不存在供求以外的因素对旅游价格和旅游市场竞争产生决定性的影响。

根据经济学的观点，在完全竞争条件下，价格可以充分发挥其“看不见的手”的调节作用，生产与消费实现供求平衡，资源得到最优配置，提高生产要素的使用效率。旅游服务这类特殊商品的低平均成本决定了低价格并让消费者受益，激发着旅游者出行的热情，推动着都市旅游业更加大众化。但这只是一种理想情况，严格地说，都市旅游市场仅仅是一个接近于完全竞争的市场结构。

2.4.3 都市旅游的特殊规律

（1）都市旅游目的地距离衰减规律。吴必虎等人于 1992~1994 年间在上海、成都、西安、长春等城市进行的调查结果显示了中国城市居民出游客源市场在距离上的分配（表 2-19）。说明中国都市旅游者休闲出游市场随旅游目的地距离的增加而衰减；80% 的出游市场集中在距离城市 500km 的范围内。事实上，都市旅游者出行距离越远，所需付出的时间、费用、体力、舒适度代价越大。如此看来，处于城市区域内的都市旅游景区（点）对都市旅游者最具吸引力。有学者将其称为“空间的边沿效应”[1]——即人们在城市公共空间的活动烈度和频度，随着距公共空间中心的距离增加而降低。

中国城市居民出游市场与旅游目的地的距离关系　　表 2-19

出游距离（km）	<15	15~50	50~500	>500	500~1500	>1500
出游市场（%）	37	24	21	18	12	6

资料来源：刘锋．旅游营销三十六计［Z］．首届中国旅游行业学习峰会系列材料，2004：8.

旅游目的地距离一方面具有阻止性，另一方面具有激励性。当人们预期到距离遥远的目的地可以获得更多的见识和感受时，远距离旅游目的地成为激励人们旅游行为产生的因素，尤其在以观光为目的的旅游中，“距离产生美”的作用更大。

（2）都市旅游产品边际效用递增规律。边际效用，指每增加单位物品的消耗给消费者所带来的满意程度的增加量。普通经济物品的边际效用是递减的，但优良的都市旅游产品的边际效用却是递增的。也就是说，人们追求愉悦的心理，使人们对多数旅游产品，特别是优良旅游产品的消费兴趣有增无减。孩子们在迪斯尼乐园、金源方特科幻公园乐而忘返的现象说明了这一点。但人们求新、求异的本能，导致旅游者对一般同质景区故地重游的热情度降低。因此，旅游景区（点）不断推陈出新、花样翻新，实施产品升级换代、差别化、梯队产品战略，对于保持景区（点）的生命力来说，显得尤其重要。

（3）都市旅游产品替代规律。根据经济学上的产品寿命周期理论，任何产品都有成长、

[1] 黄天其．城市五境说［N］．中国市容报，1989-05-19.

成熟和衰退期，而且这一周期相对漫长，但都市旅游产品的这一更迭周期相对较短，都市旅游景区（点）和旅游服务等旅游产品的替代性相当强，旅游者可选择性增大。这就要求经营者实施特色经营策略，不断开发新产品、增加景区（点）的新功能、挖掘文化内涵、提升服务质量，才能在旅游市场竞争中立于不败之地。

（4）都市旅游产品供给创造需求规律。现实激发动机，供给创造需求。都市旅游产品的供给可以创造更多的需求。一方面，人们好玩、喜欢休闲娱乐的心理驱使着他们四处寻找出游的机会，这是都市旅游活动发生的主观方面。另一方面，新的游乐项目、新的旅游景区（点）面世，会反过来激发旅游者光顾的热情。重庆金源地下不夜城、金源方特科幻公园、君豪时代俱乐部建成开放，便以其恢弘的气势、完善的设施、周到的服务、繁多的项目，吸引着各阶层、各年龄段的人士趋之若骛、竞相消费。

（5）都市旅游物质载体建设中的纳什均衡现象。都市旅游的物质载体包括场所和路径，并拥有不同的主体。他们各有利益侧重，市场经济运行规律和价值规律在场所和路径的建设、管理和经营中自发地发挥作用，自发地调节着资源的配置和效率的发挥，但政府在这一过程中的作用不可低估。所以，政府、投资开发商和经营管理者之间必然会因利益角色的差异而出现矛盾。在城市空间结构的建构、优化过程中，个体理性与集体理性会发生冲突，个人追求利己行为的结果是——总体利益或利润最大化的结果不会出现——纳什均衡现象在场所与路径的建立和完善，也就是城市空间结构的优化过程中表现出来（表 2-20）。

都市旅游物质载体建设主体之间的利益矛盾　　表 2-20

政府 投资开发商 / 经营管理者	公益	赢利
公益	1\10	1\5
赢利	10\10	5\5

在西方经济学中，经济学家将市场经济的主体抽象为政府、厂商和居民户。三者在市场经济中的角色各不相同，决策出发点不一致。市场经济规律与政府行政管理行为相互博弈的结果（即价值规律与公平正义的交互作用结果）是纳什均衡，即个体战略最优，总体结果不是最优[1]。

政府代表公众利益，对城市空间结构建设和优化追求公益性、非赢利性，其积极性指数为 10；而政府对城市空间结构物质项目的赢利能力关心较少，其积极性指数为 5。但投资开发商和经营管理者对场所与路径构建的公益性关心较少，这是由于资本的本性使然，所以投资开发商的积极性指数为 1；由于资本有追求利润最大化目标的动机和本能，投资开发商和经营管理者对项目的赢利能力十分关心，其积极性指数为 10。在市场经济条件下，政府职能转变，城市建设若干项目采取市场化运作，即“经营城市”。与“囚犯两难”命题所不同的是，政府与投资开发商、经营管理者不是处于相互隔离、不能对话的状态，而是政府与投资开发商、经营管理者之间处于平等的法律主体地位，可以进行充分的对话、

[1] 梁小民．西方经济学教程［M］．北京：中国统计出版社，1997.

协商甚至妥协。政府通过出让部分公共利益给投资开发商以换取资本在城市建设项目建设中的投入，弥补公共财政预算之不足，对公益性关心的积极性或满意度下降为5；投资开发商则通过出让部分利润以满足政府对公共利益的要求，获得土地或项目的开发权。投资开发商和经营管理者对项目赢利前景的满意度下降为5。结果是：政府不可能实现公共利益的最大化，投资开发商也不可能实现利润最大化，最终结果是一个“纳什均衡”。

（6）都市旅游物质载体建设中的“动态耦合”效应。在事件发生的因果规律研究中，把由事件引发诸要素动态耦合产生的事件结果，称为“动态耦合效应”[1]。

将这一原理应用到城市空间结构的优化机制分析中，不难发现，都市旅游物质载体——城市空间结构的建构和优化过程受制于城市的经济社会发展状况、生产力发展水平、人口素质、自然环境、地理条件、精神文明程度、项目利益主体等要素，城市空间结构的优化是这些要素综合协调、动态耦合的结果。也就是说，都市旅游物质载体的建设中存在“动态耦合效应”。

政府在都市旅游物质载体的建设过程中，在协调各方利益、弥补市场失灵、实现资源配置最优化、提供公共物品、保障公平正义等方面，责无旁贷、不可替代。

---

[1] 汪忠满．40° N现象溯缘［D］．长沙：中南工业大学硕士学位论文，1994.

3

“宜游城市”及其空间结构

3.1 "宜游城市"

3.1.1 "宜居城市"

1. 人居环境

19 世纪的工业革命，带来了城市的迅猛发展，农业文明背景下的城市失去了往日的安宁与和谐，出现了交通拥挤、居住困难、环境恶化、治安变糟等所谓的"城市病"，人们开始强调"对人性的尊重"[1]，人类的居住环境逐渐受到关注。1933 年的《雅典宪章》定义城市发展受地理、经济、政治和社会因素的影响，城市与周围地区是一个不可分割的整体。20 世纪 50 年代 Team10 建议按照城市、城镇、村庄、住宅的不同特性去研究人类的居住问题（《杜恩宣言》），表达出归属感与人际结合等强烈的人文主义倾向。1964 年的《威尼斯宪章》规定"保护文物建筑，务必要使它传之永久"，把文物建筑的历史信息、人文信息和艺术信息传递下去。1972 年的《斯德哥尔摩人类环境宣言》提出了人权、发展与保护等原则。人类有权在一种能够过尊严和福利的生活环境中，享有自由、平等和充足的生活条件的基本权利，并且负有保护和改善这一代和将来的世世代代的环境的庄严责任。1977 年的《马丘比丘宪章》要求建筑是"创造人们在其中生活的空间"，"强调的不再是孤立的建筑而是城市组织结构的连续性"，城市规划由"功能分区"向"功能综合"转变。1981 年的《建筑师华沙宣言》讨论了人、建筑与环境之间的关系，进一步强调了对人性的尊重，强调了人的社会性特征。要求人类聚居地必须为自由、尊严、平等和社会公正提供一个环境。聚居地的规划应该有市民参与，反映多方面的需求和权利，同时应重视与自然界和谐地平衡发展。改进所有人的生活质量应当是每个聚居地建设纲要的目标。1996 年联合国第二次人类住区会议（"人居二"）以"人人有适当住房"和"城市化世界中的可持续人类住区发展"为主题，提出"可持续人类住区的建设把经济发展、社会发展和环境保护结合在一起，充分尊重包括发展权在内的各项人权的基本自由，并且提供一种达成以道德与精神的远见建立起来的更加稳定与和平的世界手段。民主，尊重人权，社会各个部门透明的、代议制的、且负有责任的政府和行政机关以及民间团体的有效参与都是实现可持续发展不可缺少的基础。""科学和技术对建立可持续的人类住区和维持其所依赖的生态系统具有重要作用。人类住区的可持续性要求按照各国条件，使资源的地区分布或其他适当的分布能保持平衡，要求促进经济与社会发展，促进人的健康与教育，保持生物多样性和可持续地使用其组成部分；维护文化的多样性，并按照能够充分维持人类未来世世代代之生命和幸福的标准，保持空气、水、森林、植被和土壤的质量。""人居二"还提出了"为所有人、特别是易受伤害或处境不利的群体，获得与大自然及其文化遗产、精神和文化价值相协调的健康、安全和富于成效的生活提供平等机会，这将能确保经济和社会的发展以及环境的保护，从而促进国家可持续发展目标的实现。"

人类对"城市综合症"的不停思考和有益探索，终于使人们清醒地意识到人与自然和

[1] 赵和生．城市规划与城市发展［M］．南京：东南大学出版社，1999：46-52.

图 3-1　新加坡——绿色充盈的生态城市
（资料来源：自摄）
（新加坡以良好的人居环境著称，素有花园城市之美誉）

图 3-2　上海世博园规划模型
（资料来源：自摄）
（宏大的上海世博园，将成为让生活更美好的城市公共空间）

谐相处、共生共荣的重要意义。因此，坚持以人为本、关注弱势群体、维护公平正义的人文主义思想与可持续发展理念在城市规划中大行其道，铭刻着历史符号的历史地段、古建筑、历史街区受到特别关注，传承历史信息的文脉得到珍惜，人居环境的概念逐渐深入人心，生态城市[1]、森林城市[2]成为众多城市建设的目标。2010 年上海世博会的主题便是“城市，让生活更美好”，这是城市规划“工具理性走向主体理性的全面复归”，也是人类在对其自身发展模式深刻反思之后，提出的建设以“3R”（Reduce，Reuse，Recycle）为目标的新的生态技术系统，即生态城市建设理念。

2.“宜居城市”

“宜居城市”，可以简单地理解为适宜居住的城市。吴良镛先生对此有专著论述。该理念要求关注城市人类住区的空间环境，建设生态平衡、环境优美、文明礼貌、诚信和谐、公平正义、就业充分、生活富裕、健康快乐的城市住区（图 3-1）。具体来说，“宜居城市”有以下几个特征：

首先，生态平衡、环境优美。宜居城市首先要求保护生物多样性、文化多元性，保持人与自然的和睦相处、和谐共生，减少污染和废弃物的排放，提倡废弃物再利用，循环利用资源，维持自然平衡和生态平衡。这是可持续发展理念在人类住区建设中的具体体现，也是全面、协调、可持续的科学发展观在城市规划、建设中的实践。以“城市，让生活更美好”为主题的上海世博会，为世界各城市搭建交流平台，堪称一次探讨人类城市生活的盛会，一曲创新和融合的交响乐，一场人类文明的精彩对话（图 3-2）。

国外在城市规划中重视环境保护比较早。美国 1878 年就制定了《城市森林法》，要求把森林引入城市。因此，在规划上对城市公园、绿地的建设有严格的要求，凡规划确定的绿化用地，不论土地权属，一律不得改变用途。建房过程中，必须严格保护原土地上的植物和动物物种，尽可能地移栽或异地补栽植物。为增加公共绿地，芝加哥、匹兹堡等城市政府出资收购部分私人土地，改建为公共休闲场所。1959 年，William White 在美国发起了

[1] 黄光宇．山地城镇规划建设与环境生态［M］// 全国首届山地城镇规划与建设学术讲座会文选辑．北京：科学出版社，1994.

[2] 孙海涛．用自然观念孕育城市森林［N］．人民日报，2004-11-24（5）.

一场“绿脉（Green Ways）”运动，通过研究政府和一些关键的非政府组织正在进行的规划建议，“找到最明显的差距，或是理想的绿色空间和绿脉网络缺少大联系，我们的规划是去弥补这种差距。”❶这为改善美国生态环境作出了贡献。马武定先生认为，作为计划经济时代具体落实国民经济计划的技术手段和工具的城市规划，其主体性突出地表现为工具理性和技术手段，目标和内容是建构城市的物质环境；随着市场经济体制的逐步确立，城市规划转向物质环境、制度环境和文化环境的建构，即在建构物质环境的同时，“城市规划应在公共政策和意识形态的领域内为城市社会提供公共物品，维护公共利益，协调人际关系，保护弱势群体，谋求公平和正义，应在体现人的生存和社会价值等方面发挥更多的作用。”❷

图 3–3　幽雅与富裕生活的写照（资料来源：孙如枫摄）
（佛罗伦萨小酒吧里柔和的灯光笼罩着市民的幸福与祥和）

其次，文明礼貌、和谐诚信。和谐社会的基本内容包括社会各阶层和谐、民族和谐、人与自然和谐、社会与自然和谐、城市与环境和谐、建筑与人和谐。同时，还要实现代内和谐与代际和谐。诚实守信、文明礼貌是和谐社会的表现。构建“宜居城市”的基本目标之一就是在经济发展、就业充分、分配均衡、机会平等的基础上，建设遵纪守法、诚实守信、邻里和睦的社会，张扬文明礼貌，为各类群体提供愉悦舒畅之生存环境。

再次，公平正义、就业充分。这既是构建和谐社会的前提，也是经济、社会、资源、环境与人口全面、协调、可持续发展的保证。显然，一个显失公平、失业率高、贫富分化严重的社会显露或隐藏着诸多不和谐因素，甚至潜藏着社会危机。

最后，生活富裕、健康快乐。丰衣足食是人类生存的基础，健康快乐是人类幸福的源泉，也是良好人居环境的特征和人类社会进化的目标（图 3–3）。

人居环境的概念逐渐深入人心，上海、广州等地相继提出了“宜居城市”的建设目标。美国建筑设计师杰拉尔德 · A · 波特菲尔德等认为，“凯文 · 林奇的道路、边缘、区域、节点、地标与轴线设计、分级系统、过渡性要素、控制性特征、围合感的概念联合起来应用，就构成了我们所需要的建筑单元和设计工具，借助它们我们可以创造适宜居住且充满活力的社区。”❸因此，“宜居城市”理念侧重于城市居住、工作、生活、交通等物质环境的构建和相关城市功能的完善，对人们在游憩、交往等方面的巨大需求则考虑不够。

---

❶（美）朱利叶斯 · G · 法布士，S · 蓝莘 . 美国马萨诸塞大学风景园林及绿脉规划的成就（1970–）[J]. 付晓渝，刘晓明译 . 中国园林，2005（6）：1.

❷ 马武定 . 城市规划本质的回归 [J]. 城市规划学刊，2005（1）：18.

❸（美）杰拉尔德 · A · 波特菲尔德，肯尼斯 · B · 霍尔 · Jr 著 . 社区规划简明手册 [M]. 张晓军，潘芳译 . 北京：中国建筑工业出版社，2003：20.

3.1.2 “宜游城市”

在人们发现当今城市空间给人际交往和邻里关系和睦带来困难时，开始关注城市空间交往功能的塑造，城市空间的休闲品质因此受到人们的尊重。杰拉尔德 ·A· 波特菲尔德等人在《社区规划简明手册》一书中称，公共地段和开放空间是我们休闲、放松的地方。公共开放空间的重要性历来不容置疑，但“近年来这些空间作为文明要素的重要角色似乎被忘记或忽视了”[1]。人们在城市公共空间展开的都市旅游活动属于自发性、社会性的户外活动，其频率、烈度和持续时间的长短取决于城市公共空间吸引力的大小，也就是“人情味” 的多寡（图 3–4）。

图 3–4 富于人情味的公共空间（资料来源：自摄）
（重庆观音桥步行街可容千人的坐憩设施和自动饮水机）

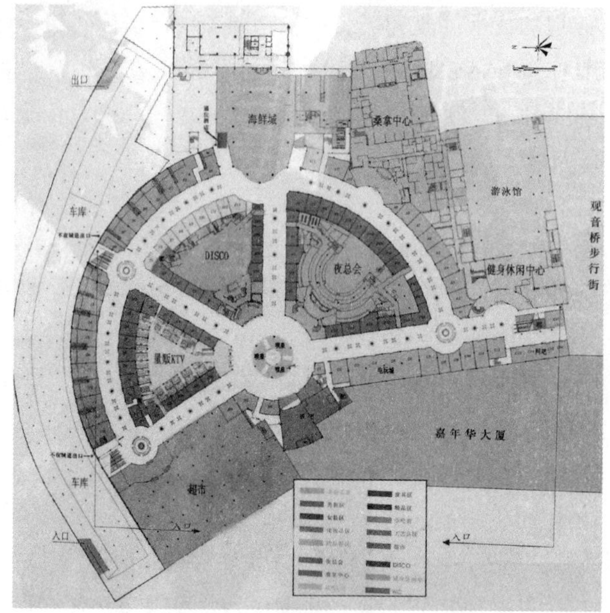

图 3–5 重庆著名的大型娱乐中心——金源地下不夜城
（资料来源：自摄）
（金源地下不夜城拥有 DISCO、健身房、游泳、KTV、电玩、餐饮等功能）

都市旅游业的发展与人们“有闲”分不开，其繁荣度与城市空间（尤其是公共空间）的宜人品质成正相关。首先要弄清空闲与休闲的区别。空闲是以时间和经验为基础的，是一种基于从繁琐事务中解脱出来的时间剩余，属于时间和美学导向；休闲是以活动和空间为基础的，追求愉悦、健康和快乐，是一种空间和功能导向。都市旅游大多是在公众空闲的前提下开展的都市休闲、购物、娱乐、观展等活动，涉及城市公共空间和休闲载体的建设、管理等问题，即“宜游城市” 建设问题。

所谓“宜游城市”，可以简单地理解为适宜游览的城市。人们的都市旅游活动多种多样，如购物、观光、休闲、健身、娱乐、会展等。因此，从功能和广义的角度讲，**“宜游城市”是指拥有功能完善、设施齐全（图 3–5）、以人为本、人皆可达、行之自由、富含文化的公共空间及其组合关系明晰的城市**。对此，可从两个方面来理解，一是城市交通、开放空间（路径与场所）等承载都市旅游活动的物质性要素，同时涉及场所精神、城市文化、公共政策和城市管理制度等非物质性要素；二是城市空间的组合及其相互关系，也就是

❶ （美）杰拉尔德 ·A· 波特菲尔德，肯尼斯 ·B· 霍尔 ·Jr 著 . 社区规划简明手册［M］. 张晓军，潘芳译 . 北京：中国建筑工业出版社，2003：163.

城市环境构成要素（物质的、非物质的）的相互关系，即城市空间结构。“宜游城市”建设既包括城市公共空间品质的提高，也涉及城市空间结构的优化，也就是城市公共空间和谐关系的构建。

3.1.3 “宜居城市”与“宜游城市”

从理论上讲，“宜游”是“宜居”的功能组成部分，都是自然与人文的融合，但它们的功能组成部分不尽相同。自然、人文环境好，名人前往定居，增强了“宜居性”。人文氛围增强城市的“宜居性”，带来建筑文化的提升。比如，周庄、乌镇、苏州等地人文内涵丰富，江南出才子，书香门第多，处处展示儒雅文明、诚信礼仪。而游览的目的则是多样性的，都市旅游吸引点可以是市井生活、城市景观、休闲设施、购物场所和会议展览等。都市旅游者不以到该城市定居为目的，并不希望受到贵宾待遇，也不希望当地市民为其“让道”，干扰居民正常生活。

“宜居城市”主要关注城市空间——私密空间、公共空间物质环境的构建，规划设计时侧重于生活便捷和功能配套，追求社会和生态目标；“宜游城市”在关注视觉美观、游憩交往功能完善的同时，重视公共空间的文化内涵、场所精神、公共政策和城市管理，追求美学、生态和社会等综合目标，要求按照全面、协调、可持续的科学发展观，建设生态、和谐、节约型城市。

原始意义上的“宜居城市”与“宜游城市”之间缺乏一致性。“宜居”不一定“宜游”，“宜游”也不一定“宜居”。按照“宜居”、“宜游”的内涵，可以将城市分为四类：“宜居不宜游”（如一般中小城镇）、“宜游不宜居”（如香港等居住拥挤的城市）、“不宜居也不宜游”（如工业城市、破落的城市中心区等）、“宜居宜游”（如新加坡、多数欧洲城镇等）。**理想的“宜游城市”，应该是“宜居宜游城市”**。一个本地人都不喜欢的城市肯定不是“宜居城市”，很难成为真正意义上的“宜游城市”（Tourable City，图 3-6）。

新加坡提出要“把新加坡建设成为新加坡人自己也喜欢的城市”[1]，这实际上是把“宜

图 3-6 欧洲城市多为典型的“宜居宜游城市”（英格兰巴斯）（资料来源：汪隽琪摄）
（蔚蓝色的天空、涌动在城市中的绿脉、通畅的交通、人性充溢的城市空间、文脉清晰的城市形态、符合人性尺度的建筑、和睦相处的建筑色彩……无不展现欧洲城市的宜居、宜游魅力）

[1] 把新加坡建设成为新加坡人自己也喜欢的城市［N］. 联合早报，2005-08-23（8）.

游城市”作为城市建设、发展的目标。

可以定义：**“宜游城市”是既适宜居住又适宜旅游、观光的城市，是城市经济、社会、环境、资源与人口全面、协调、可持续发展的综合表现。**“宜游城市”应是城市规划、建设、管理的目标（表 3–1）。

“宜居城市”与“宜游城市”的区别和联系 **表 3-1**

—	“宜居城市”	“宜游城市”
共同特征	生态平衡、环境优美；文明礼貌、诚信和谐；生产发达、就业充分；生活富裕、健康快乐；民主法治、公平正义；交通便捷、生活方便	
个性特征	交通畅达、入学方便、购物便捷、生活方便、邻里和睦、人际和谐	生态良好、功能完善、景观连续、交通便捷、行之自由、人皆可达、富含文化
追求目标	追求生活便捷和功能配套等社会和生态目标	追求公共空间的文化内涵、场所精神、公共政策和城市管理等美学、生态和社会等综合目标
关　系	“宜居城市”是“宜游城市”的基础，“宜游城市”是指适宜居住、适宜休闲游览的城市，是城市经济、社会、环境、资源和人口协调发展的综合表现	

据此，“宜游城市”的初步判定可从经济发展水平、社会发展水平、文化发展水平、空间环境状况、城市人口素质和旅游服务系统等六个方面来进行（表 3–2）。

“宜游城市”的判定标准 **表 3-2**

经济发展水平	社会发展水平	文化发展水平	空间环境状况	城市人口素质	旅游服务系统
生产发达、就业充分；供需两旺、生活富裕	民主法治、公平正义；安全和谐、保障普及；管理有序、安居乐业	文化多元、地域特色；场所精神、富含文化；教科发达、健康时尚	生态良好、功能完善；景观连续、交通便捷；行之自由、人皆可达	文明礼仪、尊老爱幼；讲究秩序、崇尚科学；诚实守信、奋发图强	信息服务、接待服务、救援服务不断完善，向特色化、个性化、人性化和无缝连接服务发展，特别要发展针对高中低不同收入、不同活动能力和不同文化背景游客的适异性服务系统

3.2　城市规划中的空间结构问题

在城市规划学上，城市空间结构指城市要素在空间范围内的分布和联结状态，是城市经济结构、社会结构的空间投影，是城市经济社会存在和发展的空间形式。城市空间结构多表现为城市密度、城市布局和城市形态三种形式。

从都市旅游视角来看，城市空间结构主要涉及城市形态（城市空间结构的整体形式，是城市内部密度和空间布局的综合反映，是城市三维形状和外瞻的表现。可以简化理解为由场所与路径构成的空间元素的组织形式之集合），并可从宏观、中观、微观三个层面来理解：

城市空间结构在宏观上表现为“面”。抵达城市的机场、车站、码头等公共场所与都市旅游目的地的连接，构成城市空间的宏观结构。指示明确、快速方便应是城市空间结构宏观层面的要义。西安咸阳机场距离市区太远，游客自机场到市区需要乘车近 1 个小时，显得单调、枯燥。

城市空间结构在中观上表现为“片”。城市形态及其内部结构，即场所与路径组合形成的片区，对城市“宜游性”影响甚大。城市内部各旅游景区（点）之间路径清晰、形成环线至关重要(图 3-7)。但是,很多大城市的都市旅游景区(点)没在市区且不能形成环线，游客必须走回头路，都市旅游目的地吸引力受到影响。重庆南滨路，餐饮发达、人气旺盛，但文化氛围不浓,场所精神不明显,缺乏精彩景点,烟雨公园内有一个舞台但没有观众席位，使得观众有观望的场所而没有自身立足的空间；占道停车，影响交通；没有形成环线空间结构，显得景观单调，来访者只能在南滨路上往返，游兴降低。

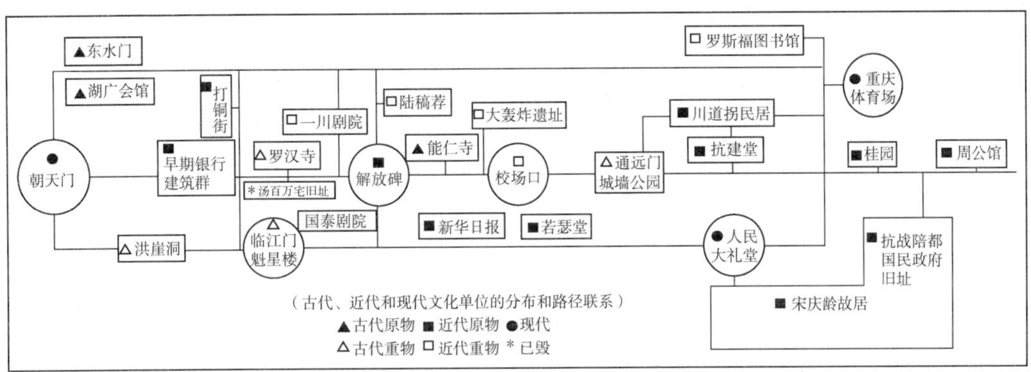

图 3-7　重庆渝中半岛空间文化结构简图❶（资料来源：黄瓴绘）

城市空间结构微观上表现为“点”。城市内部各旅游景区(点)的“人皆可达、行之自由”，是公共空间的基本要义。重庆朝天门除作为码头外，还是古时地方官吏迎接圣旨钦差的地方。朝天门广场建成之后，提供了眺望两江景观、与友人聚会的场所，但其历史文化内涵淡化了。广场上的人们在下雨天或烈日下无处荫蔽；由于没有很好地挖掘、体现朝天门的历史文化而使这一景点文化品位降低；广场与车站之间缺乏有效、明晰的连接，外地人在附近的长途汽车站、公车站下车后，不知如何离开或到达对面的广场；内容丰富的规划展览馆，与广场缺乏空间的有机联系（图 3-8）；广场餐饮点布局杂乱，档次低；广场前的建

图 3-8　重庆规划展览馆与上海规划展示馆（资料来源：自摄）
（左图：位于朝天门广场地下层的重庆规划展览馆与朝天门广场；右图：位于人民公园的上海规划展示馆）

❶ 黄瓴，赵万民，许剑峰．城市文化地图与城市文化规划［J］．规划师．2008（8）：71.

筑群景观杂乱；停车难也是该地区的一大问题。诸多微观空间结构上的缺陷，亟待补救和克服。

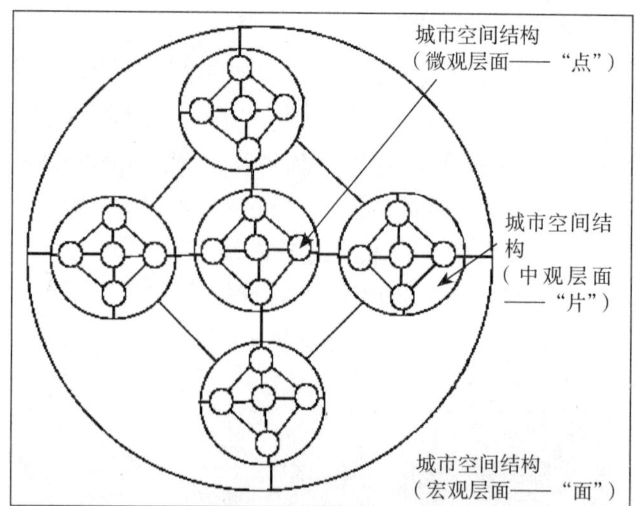

图 3–9 城市空间结构的三个层面（资料来源：自绘）

如果说，在宏观层面的城市空间结构是一个“面”，则这个“面”是由城市空间结构微观层面上的“点”的簇群所构成的城市空间结构中观层面上的若干“片”所组成；如果把宏观层面的城市空间结构当做一个大系统，该大系统则由城市空间结构中观、微观层面上的若干子系统构成；也可以把宏观层面的城市空间结构看做一个网络，城市空间结构中观层面上的“片”是网络上的分支，城市空间结构微观层面上的“点”就是整个网络上可以分为大小、主次的结点（图 3–9）。

适宜旅游的城市空间结构，应当不使旅游者陷入困境。纽约中央公园、自由女神等景区（点）在景观、交通、服务设施等要素组织上保持空间的连续性和完整性，体现出“宜游性”。有些火爆的旅游点，如参观纽约自由女神像，也需要排队，那是游客情愿的，但是不能导致困苦和危险。总的来说需要在三个层面上建设、改善、优化城市空间结构，不断提高城市空间及其结构的“宜游性”。

在判别上，判断一座城市是否“宜游”，应分别在城市空间结构宏观、中观、微观层面上逐一考核、综合评价。表 3–3 从城市空间结构各层面上总结了都市旅游空间结构“宜游性”的判断标准。

都市旅游空间结构“宜游性”的判断标准 **表 3-3**

城市空间结构层面	功能	景观、景点	安全性	文化	场所精神	人文关怀	可达性	游览线路
宏观	功能配套完善	景观丰富、景点连续	可靠	城市文化浓厚	文化影响力大	文明礼仪	强（水、陆、空）	路径清晰
中观	多功能综合	景观丰富	可靠	地域文化特色	主题文化	周到细致	人皆可达	旅游环线
微观	功能特色突出	景观富有特色	可靠	特色文化赋予	场所中心	愉悦舒适	行之自由	舒适亲切

在原则上，应坚持“景点连续、景观丰富、景区安全、场所精神、以人为本”等“宜游城市”空间结构优化原则。

在思路上，应按“空间游览路线结构”—“空间景观结构”—“空间环境结构”循序渐进、重点设计。涉及空间语言学，包含语言的功能、美学和逻辑结构原理。

在方法上，在满足功能要求的前提下，要以"不使旅游者困惑"为目标，科学规划城市空间结构，精心设计城市空间，巧妙塑造主景，科学搭配副景，突出空间场所中心，彰显空间场所精神，关注空间结构网络结点，体现人人向往的情怀。一要准确定位空间功能，包括休闲、集会、健身、会展、体验、娱乐、购物、集散等，确定空间的功能属性（单一或综合）、体量、风貌、造价、服务与保障设施标准等。二要关注空间结构要素之间的有机联系，巧妙组织空间，加强空间资源的整合与联系，连"点"成"片"，连"片"成"面"，即旅游环线的构建。德国慕尼黑步行街很好地做到了这一点，各个景点均由完整的步行体系安详连接。三要彰显地域文化，赋予空间文化内涵，强化空间细部塑造，实现城市空间结构"整体大于部分之和"。北京大栅栏是一个富有文化底蕴的历史街区，改造成为步行街之后，民居建筑、酒肆杂耍、工艺美术……无一不体现出深厚的文化韵味和悠久的文化传统。原来的北京城不存在人车矛盾，后来通过环形地铁的建造，有效地连接各都市旅游景点，形成旅游环线。重庆是山地城市，历史地段由历史形成，但交通联系缺乏有机统一，空间结构在"起承转合"上存在严重缺陷。烈士陵园入口处景观凌乱，与古镇磁器口没有转换空间和有机联系。研究表明，步行体系中约每 500m 应设有步道，尽量丰富步行空间，有适当的转折和美好的对景，体现曲径通幽的诗境。如英格兰 Bath 温泉城的街道空间，富有人情味，教堂成为空间的中心，体现让游客产生归属感的场所精神（图 3-10）。又如天津劝业场步行街，两端分别与大厦和西开教堂形成良好的对景；保存完好的历史建筑张扬着"十里洋场"悠久的建筑文化，形成丰富的街道景观；八个"十"字路口对外保持良好的联系，并形成可供都市旅游者选择的二次空间组合（图 3-11）。四要推敲空间结构，事实上，通过城市空间结构分析，可以得出一些十分有趣的结论，提出有用的优化方案。比如重庆观音桥步行街与嘉陵公园的紧密连接，形成公共空间的绿色环境，算是成功之举。通过新建立交和步行道，实现了重庆大礼堂与三峡博物馆之间的有机连接，减少了机动车辆对景点的干扰。

弗朗西斯 · 蒂巴尔兹认为："大多数人应承担起作为城市的一个居住者和使用者的责任，

图 3-10　英格兰巴斯温泉城的街道空间（资料来源：汪隽琪摄）
（英格兰巴斯以温 7 著称，街道空间富有人情味，教堂成为空间的中心，体现让游客产生归属感的场所精神）

对景一：西开教堂

对景二：商住大夏

十字口之一：劝业场路口

劝业场路口的二次空间

图 3-11　天津劝业场步行街道空间（资料来源：自摄）

（天津劝业场步行街两端拥有良好的对景；保存完好的历史建筑张扬着建筑文化，形成丰富的街道景观；八个“十”字路口，保持着良好的对外连接，并形成可供都市旅游者选择的二次空间组合）

不应仅仅把兴趣放在创造诸如商业生存能力、游客吸引力、居住适宜性、可持续发展性、绿色化等关于城市的流行名词上，还应大声疾呼‘我们想要整个城市的更好的生活质量’，并且有责任去实现这个目标。”❶为此，研究城市空间，塑造城市空间，优化城市空间结构，做到“城市，让生活更美好”，建设“宜游城市”，是城市工作者的重任，也是城市规划学应当研究的重要课题。关于改善城市空间及其结构“宜游性”的规划设计方法，将在第 6 章专题论述。

3.2.1　城市空间结构研究的意义

追求整个城市更好的生活质量，是我们建设广义上的“宜游城市”的终极目标。承载人们开展各类活动的城市空间，尤其是为都市旅游活动展开提供载体的城市公共空间，需要给予特别关注和刻意塑造。由场所与路径构成的城市空间结构，直接影响、决定着人们开展各类活动（特别是都市旅游活动）的频率和效率，研究城市空间结构因而成为构建“宜游城市”的必要课题。

❶（英）弗朗西斯 · 蒂巴尔兹著 . 营造亲和城市——城镇公共环境的改善［M］. 鲍莉，贺颖译 . 北京：知识产权出版社，中国水利水电出版社，2005：3.

首先，城市空间结构决定着城市的“宜游性”。人性的尺度、宜人的环境、厚重的文化、简约的风土、便利的交通，构成理想的“宜游城市”空间结构。沈从文笔下的边城——湖南省花垣县茶洞镇，因为地处湘、赣、渝三省市交界而繁荣，更因为爱情悲剧人物“翠翠”的遭遇传说而闻名，其对面是重庆市秀山县的洪安镇，两镇之间有一条静静流淌的河流，是居民洗衣、淘菜、游憩的好地方；廊桥和拉拉渡船，紧密联系着两岸居民的生产和生活，并构成了边城古镇、翠翠岛、三不管岛等旅游景区和景点的良好通达性（图 3-12）。

图 3-12　城市空间的场所精神及其之间的紧密联系（资料来源：自摄）
（老城、廊桥、清河、游船、石板街、洗衣女和拉拉渡船，成就边城城镇空间的丰富场所精神）

其次，城市空间及其结构影响着城市空间的“舒适性”。城市空间的相互关系即城市空间结构。很显然，多个城市空间之间的关系对人们在城市空间中体验的“舒适性”有重要影响和作用（图 3-13）。图 3-14 是英国伦敦吉尔福德镇的街道空间，经由火车、高速公路可以很快抵达该镇，真正体现“人皆可达、行之自由”。漫步在石板铺装的街道，你可以看到街道两旁古色古香的建筑、街上悠闲的游人、脚踩高跷兜售小吃的女人、无忧无虑的女童，让你饱览古朴的民风和简约、恬静的生活。这样的体验对旅游者来说，应是舒坦、轻松和愉快的感觉。

最后，城市空间结构影响着城市公共空间功能的“渗透性”。城市公共空间的塑造目的，在于满足人们都市旅游活动的需要，应在其功能赋予、空间设计、园林绿化和路径连接等方面颇费心思。事实上，城市公共空间在功能作用的发挥上是相互影响、相互渗透、相互作用的。城市空间功能与结构的关系可用图 3-15 来说明。图 3-16 是重庆市鸿恩寺公园的

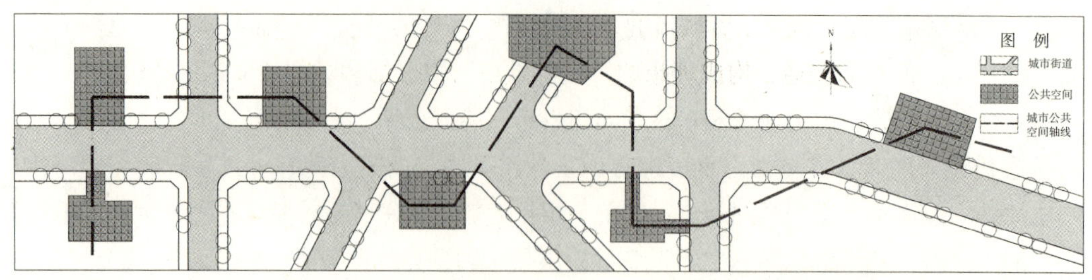

图 3–13　城市空间之间的关系构成城市空间结构（资料来源：自绘）
（城市公共空间之间功能互补、富含人文、有机联系、紧密衔接，形成优良的城市空间结构）

图 3–14　城市空间结构影响着城市空间的“舒适性”（资料来源：汪隽琪摄）
（英国伦敦 Guildford 镇的街道空间。石板铺装的街道、两旁古色古香的建筑、街上悠闲的游人、脚踩高跷兜售小吃的女人、无忧无虑的女童，让你饱览英伦古朴的民风和简约、恬静的生活）

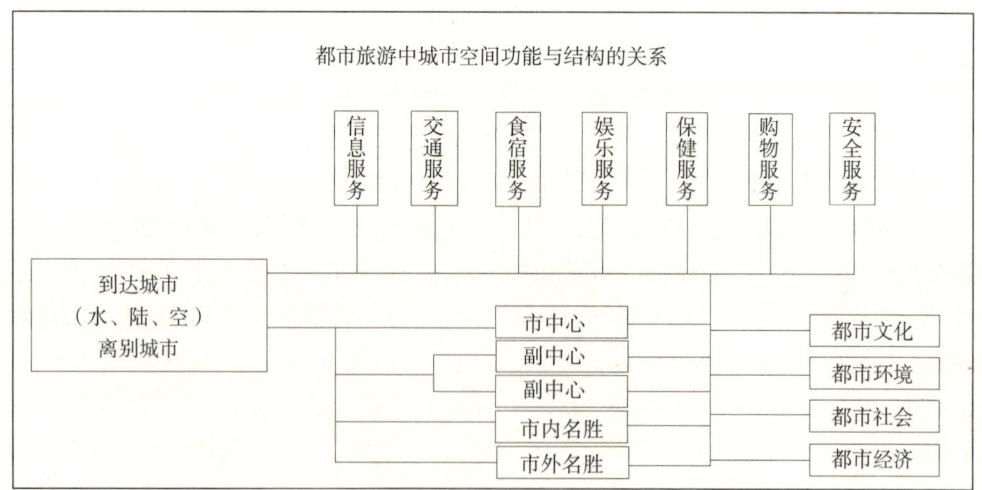

图 3–15　城市空间功能与结构的关系（资料来源：黄天其绘）
（城市空间结构由城市空间功能来定义。同时，城市空间结构影响着城市空间功能的相互渗透）

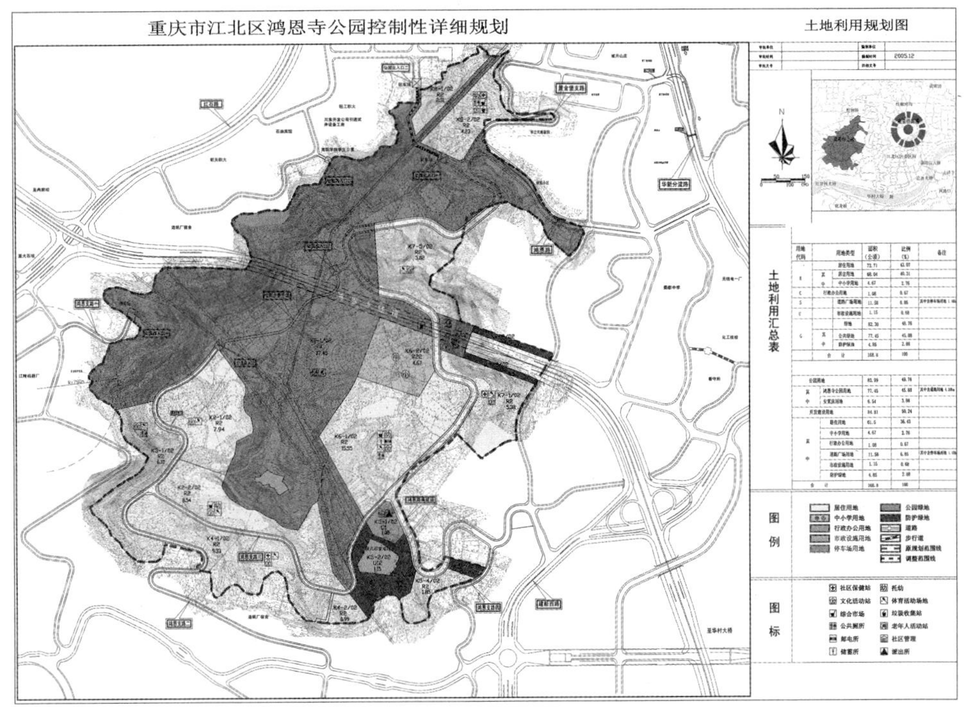

图 3-16 重庆市鸿恩寺公园的土地利用规划图（资料来源：重庆市江北区政府）
（公园可进入性良好，在功能上与观音桥商圈相互补充，形成 $3km^2$ 的观音桥游憩商业区）

土地利用规划图。整个公园用地近 $80hm^2$，属于城市绿地公园。有六个出入口与周边地区相通，可进入性强，在功能上与观音桥、北滨路相互补充和渗透，形成面积约 $3km^2$ 的观音桥游憩商业区。

3.2.2 城市空间结构系统的构成

城市空间结构系统由场所与路径构成，场所包括街道、广场、公园、步行街、娱乐中心、滨水区等；路径是连接场所的通道，包括车行道和步行道。场所与路径形成城市空间的相互关系，这种关系在功能结构和形态上表现为城市空间结构。从都市旅游角度看，城市空间结构系统的构成要素包括都市核心旅游价值要素、城市空间自然和人工复合景观结构、城市空间人文景观结构、城市用地及其三维空间布局结构、城市交通和道路网络结构、城市服务设施系统布局结构等（图 3-17）。

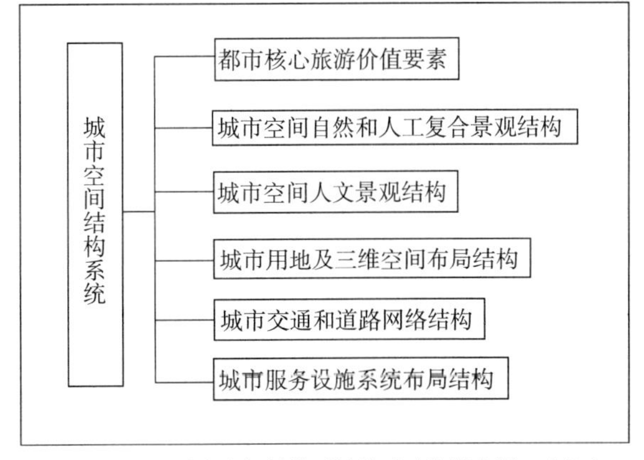

图 3-17 城市空间结构系统构成（资料来源：自绘）

1. 都市核心旅游价值要素

北京国际城市发展研究院的“城市竞争力研究”提出了城市价值体系是由核心竞争力及综合竞争力支持系统构成，其中“城市魅力系统”是其重要的支持系统。该指标体系包括城市品牌认知度、城市形象影响力、城市文化凝聚力和城市游客满意度四个指标。由此，城市核心旅游价值要素包括城市品牌、城市形象、城市文化和城市"宜游度"四个方面。

1）城市品牌

品牌的核心价值代表产品或服务带给受众的最大和最根本的利益。一个城市的品牌核心价值不仅反映了这座城市在商业竞争、社会存在的理由，而且更重要的是它代表了这个城市能够为全体社会成员带来最大的利益，对目标受众而言则包含了自身利益的最大化，对投资者而言则意味着投资的最大回报。品牌的核心价值是一个城市的灵魂，环境、资源、文化、历史、经济和人本身都是构成和决定一个城市品牌价值的要素，这些要素结合起来最终决定了品牌的本质。

城市品牌之于都市旅游者，反映城市旅游服务给都市旅游者带来的最大和根本的利益。城市品牌是旅游目的地城市对旅游者产生吸引力的核心价值要素。城市品牌塑造要差异化、特色化、个性化。城市品牌存在的价值是它在市场上的独特定位、特色和不可替代的个性、保持与竞争对手的差异。品牌塑造必须突显品牌气质，可以通过宣传营销促销手段对城市品牌进行科学塑造和传播，以提高公众对城市品牌的认知度，增加城市品牌的号召力。城市品牌的分类见表 3-4。

城市品牌的分类 **表 3-4**

品牌类型	特　征	代　表
历史因素型	城市在历史上曾经扮演过非常突出的角色，对内留下很深刻的烙印，对外产生很深远的影响，城市的这种历史角色就可能成为城市的品牌	像古都、名邑、圣地等，如"世界四大古都之一"西安、"九朝古都"洛阳、"六朝古都"南京。其中以红色革命历史扬名、美名的最为典型的如瑞金市、井冈山市、遵义市、延安市等
文化底蕴型	城市品牌的产生有其形成的历史与现实的基础。文化对人的价值取向、道德规范、行为方式，进一步又对经济发展和社会变迁都产生巨大影响。如果城市的文化特色十分显著，那么这个城市的品牌就可能以城市文化为底蕴	"时尚之都"的巴黎，"动感之都"的香港
人文风情型	城市是人的城市，外界对某个城市的认识除了自然风光和建筑之外，就是对人的印象，而人从来就是社会的人。作为社会群体的人，必然会由于长期接触和积累而形成一定的习惯和风俗，也即人文风情。外界对某一城市的评价和印象，人文风情就成了很重要的内容。所以，人文风情也是形成城市品牌的基本要素之一	有人称大连为"浪漫之都"，试图反映大连人外向、洒脱的情趣和风格。拉萨市、吐鲁番市、呼伦贝尔市、包头市（鹿城）、延吉市、丽江市等都是具有独特民族风情的著名城市
地理特征型	因特殊的地理位置而形成的特色，如沿江、沿海城市等。城市本来就是一个空间概念，因而空间地理特征不论是对城市的发展或形象的构成都至关重要，所以城市品牌的形成同这一城市的地理特征必然关联甚大	昆明被公众称为"春城"，哈尔滨被称为"冰城"，重庆被称为"山城"，苏州被称为"水城"、"中国威尼斯"等，就是由城市的地理特征决定的
独特资源型或独特产业型	由于物产或产业而形成的特色，像商埠、特区、工业基地以及特殊商品产地等，尤以矿产城、石油城、煤城、科技城、旅游城为多。由于旅游资源丰富、独特，旅游业特别出名和强大的影响力更使所在地区"更名改姓"，借"名"造"牌"，如黄山市、张家界市、五指山市、都江堰市、武夷山市、井冈山市、葫芦岛市、敦煌市、香格里拉县等都因独特的旅游资源而改名、命名、扬名	如"瓷都"景德镇，"山水甲天下"桂林，"天涯海角"三亚，"食品城"漯河，"汽车之都"长春，"汽车城"十堰，"石油城"大庆、克拉玛依、东营，"煤城"大同、平顶山，秦皇岛市也因"北戴河"而著名，泰安市也与"泰山"齐名

续表

品牌类型	特　征	代　表
名人型	一是城市直接以名人名字命名，以纪念名人、扬名城市。二是虽然没有直接以人名命名，但城市因出现一些名人或名人与城市有着千丝万缕的关系而使城市扬名，一提到城市就会与这些名人相联系或一提到名人就会与城市相联系。如韶山市因是伟人毛泽东的家乡而出名	如华盛顿市、胡志明市、前苏联的列宁格勒，我国也有尚志市、志丹县、靖宇县等
综合型	文化、地理、产业等的综合。如北京既是政治中心，又是历史文化中心，也是旅游、科技、人才产业集中地，打"首都"牌来综合塑造城市品牌，就是一种综合。重庆也具有综合性，地理特征——山城，历史——陪都，革命型——红岩精神，产业型——嘉陵摩托、长安汽车，重要地位——直辖市	北京、上海、天津、重庆、大连等

资料来源：李文同．城市品牌塑造及其类型分析［OL］．中国营销评论网，2007-05-25.

2）城市形象

城市形象包括外部形象、内在形象。城市外部形象，指公众对一座城市的总体布局、构筑要件、组合配套等外部形态进行综合评价所形成的印象。城市外部形象的表现特征带有浓厚的展示作用和攻关目的，公众往往也因为评价的直观性、主观性和局限性而容易接受这一形象引导。而一座城市的个性化形象，可对公众产生强烈的吸引力甚至心理震撼。如云南丽江、山西平遥、安徽寿县，就以一种浓郁的古典美显示着它们的个性，而深圳、青岛、大连则以海滨城市的现代美张扬着它们的特色。城市形象的魅力在于个性化、差异化。这种魅力对内部公众产生的自豪感和对外部公众产生的吸引力，往往相互渗透和传递，产生出一种形象动力。

构成城市外部形象的抽象要素是点、线、面，具体表现形态是道路、楼宇、河道、桥梁、绿地、广场、标志性建筑等。这些单体建筑通过组合，共同构成一座城市的整体形象。而具有个性化形象特征的城市因布局合理、组合得当、造型优美、配套完善，就显示出整体美、和谐美。

3）城市文化

城市文化体系包括城市历史、现实定位、城市核心价值、城市科技教育文化要素、城市个性、市民风俗、产业亮点、特产、语言特点、旅游特色、城市符号、城市形象等方面。城市文化是都市旅游的内涵。城市的道路、楼宇、广场、园林、广告、路名、店牌无时无刻不在传递着文化信息，显露着这座城市的"精、气、神"。如扬州的瘦西湖、汶河北路，南京的夫子庙、新街口商业区，上海的外滩、浦东新区景观等，就显透着各自城市的文化内涵，甚至成为一个地域的文化缩影。杭州、苏州等城市，以其厚重的文化、江南水乡著称，外部形象表现为精细、时尚和温馨。

塑造城市品牌，必须着力发掘文化要素。包括清理城市的历史资源、把握城市的现实、提炼城市的核心价值、珍重科技教育文化要素、展示民俗民风、保护城市特产、确定城市符号（如市徽、城标、标志性建筑以及市树、市花等）、提升城市形象等方面，唱响城市文化主旋律，凝聚城市精、气、神。

每个城市都要突出自己的优势和独特性，充分展示城市的个性和特色，从自然环境、历史文化、建筑风貌、产业体系、产品包装、城市管理和公共服务等方面提炼出城市品牌，而贯穿其中的主线和灵魂是城市文化。在城市风格“同质化”时代，开发和运用城市文化资源成为城市从差异化竞争中脱颖而出的关键。

4）城市“宜游性”

广义上的“宜游城市”指宜居、宜游城市。城市的“宜游性”包括功能完善、设施齐全、以人为本、人皆可达、行之自由、富含文化的公共空间及其组合关系明晰。人皆可达、行之自由，指交通便利、游览方便、安全舒适，是城市“宜游性”的交通保障；功能完善、设施齐全是城市居住、工作、交通、游憩等功能的基本定义；以人为本要求我们在营造城市、塑造城市公共空间时始终关注人的需求和人造物质环境的人性化；城市文化是都市旅游的基本内涵，只有当城市空间涵养地域特色文化时，才有恒久的吸引力和生命力。

吴良镛教授认为，近年各地“奇形怪状”的建筑物拔地而起，造成材料浪费、营运成本高、安全性不够，同时损坏了地域文化特色❶。城市建设追求新、高、特，实际上损害了公共利益，违背了建筑“实用、经济、安全、美观”的基本原则，与创造城市的“宜游性”背道而驰。

2. 城市空间自然和人工复合景观结构

城市建设无处不留下人工的痕迹，城市是自然与人工复合的产物（图 3–18），城市空间的塑造离不开自然景观、人工景观和自然人工复合景观。城市森林公园里的森林、山脉、河流、星空、雪景等属于自然景观，城市公园、步行街、绿地、街道、滨水区、车站、码头、机场等公共空间的小品、雕塑、设施，属于人工景观，其绿化属于自然与人工复合景观（图 3–19）。

人们在城市空间内布置的自然物或人工物，在三维向度上表现出来的相互关系，即景观结构。都市旅游要求城市公共空间的景观结构呈现视觉和行为上的连续性，以创造旅游者游览的新鲜感、舒适性和便捷性，也就是城市的“宜游性”。

图 3–18　城市是自然与人工复合的产物（广安）
（资料来源：自摄）
（城市是建筑物、构筑物、道路、公园、绿地等自然与人工复合的产物）

图 3–19　城市公园的自然与人工复合景观结构
（资料来源：自摄）
（公园内的雕塑、小品、花坛、步游道和景观设施属于人工产物，绿化属于自然与人工产物）

❶ 殷丽娟，刘国政．城市建筑切莫追高求特［J］．内参选编，2007（21）：5–6.

3. 城市空间人文景观结构

人文景观是指人类所创造的景观，这是古代人类社会活动的历史遗迹和现代人类社会活动的产物。人文景观结构就是人文景观之间构成的相互关系之总和。通俗表述就是将历史景观与自然景物和人工环境，从功能美学上进行合理的保护、开发与改造利用的成果。它主要是通过文物、古迹、诗文、碑刻这些历史景观，人工筑台、堆山、垒石、人工水景、绿化等这些可以改造的自然景观，以及人工设施景观的建筑物、构筑物、道路、广场和城市设施等元素来反映。人文景观的作用是处于环境中而不是孤立存在的。经过规划、改造和建设的城市景观，尤其是人文景观，是否为现代城市中的普通市民所认识和鉴赏，这是城市景观能否在保护的基础上作为资源利用与开发的基础。展现在人们面前的人文景观随着人们活动的展开而变幻，要建设“宜游城市”，建设富有特色的人文景观并使景观之间相互呼应，以形成协调和谐、富于变幻、层次多样、令人愉悦的人文景观结构。

近年来雕塑已成为城市景观的重要组成部分，是提高城市文化品位、营造浓厚文化氛围的重要标志，但要注意雕塑与自然景观、社会景观的环境相呼应与配合。

在人文景观结构建设方面，一要从城市的整体性来考虑。从城市规划的角度认识和分析城市的文化价值、艺术价值、经济价值和情感价值。二要关注系列变化。在处理空间和布局重点上创造出独特的风格，也就是人文景观的系列变化处理。三要注意街道空间的塑造，包括树木、绿篱、花卉、绿地等植物景观和灯柱、花池、座椅、亭台楼阁等城市基础设施与现有建筑物等街市面貌的设计和布置，形成空间的连续画面和良好的街道景观。

4. 城市用地及三维空间布局结构

城市用地及三维空间布局结构也是城市空间结构系统的构成要素。按照城市用地的条件，可以分为平原、台地、丘陵、山地、河谷等形态。在不同用地条件下建设的城市，应具有不同风格、不同风貌和不同形态，以形成不同的城市空间布局结构。根据城市用地条件的不同，利用高差起伏、临江滨水、依山傍水等自然条件，在城市规划和设计时对城市用地进行二维布局，对城市三维空间进行合理的、艺术的安排，以形成富有魅力的城市空间结构（图 3–20、图 3–21）。

功能决定结构，结构体现功能。城市用地及三维空间结构是城市空间结构体系的最重要构成要素，对城市空间功能的发挥具有举足轻重的意义和作用。

5. 城市交通和道路网络结构

城市交通和道路网络结构是城市空间结构的骨架。在城市规划上，往往把交通作为首先考虑的问题，确保顺畅的路网结构确定之后，规划师再作地块功能的划分。台北都市区的交通道路网络由“快速干道 + 捷运”组成，由此疏解都市区的对外交通（图 3–22）。台北地铁捷运系统很发达，将主城各区高效连接，大运量交通为城市通勤交通的高峰运输作出了贡献。

我们在考虑机动车辆畅通的同时，存在忽略人们步行交通的倾向。事实上，城市越大、越繁华，人们步行的困难度越大，这是一个不争的事实。

柯林 · 布哈南爵士（Sir Colin Buchanan）在《城市交通》（Traffic in Towns，1963）一书中说：“一个人可以四处走走看看的自由是判断一个城区文明质量的极有用的指针。”

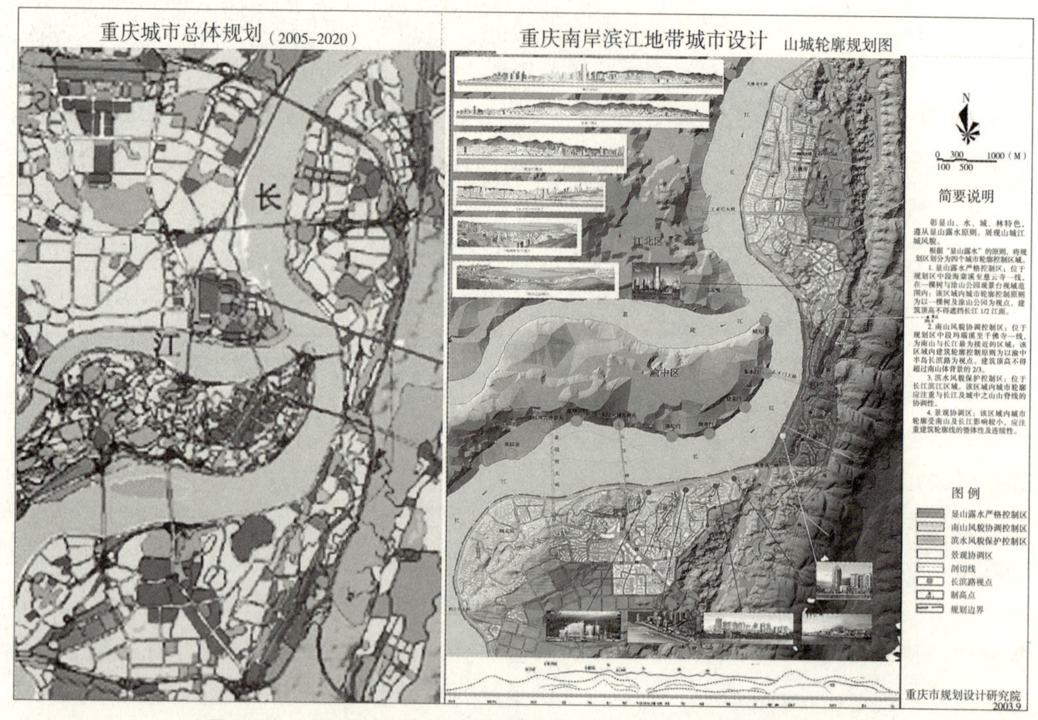

图 3-20 城市用地及三维空间布局结构（资料来源：重庆市规划局）

（左图：城市土地利用规划图，即总体规划图，标明城市用地的二维空间布局，即控制各地块的功能配置和资源分配；右图：城市设计，标明城市用地的三维空间布局，控制城市风貌和景观结构）

图 3-21 人们在某些城市空间“行之不自由”（资料来源：自摄）

（人车混流对行人构成威胁；人行道狭窄拥挤或障碍重重——路桩、电线杆、护柱、垃圾箱、广告设施、部分或整个停在人行道上的小车、绿化设施和损坏的路面、泥潭、垃圾、碎石、甚至大坑，时刻影响着人们的安全）

为此，人车分流、步行空间无障碍化等措施的采取，很有必要。“成功的街道层面的城市环境表现在行人的‘可渗透性’上，即它允许或鼓励行人向各个方向走动。带拱廊、通道和庭院的建筑形式吸引人们穿越其间，无论是路过还是近距离观赏都令人感到有趣。”❶

所以，从城市公共空间功能作用的发挥来看，可以通过一些强制措施，比如改变城市

❶（英）弗朗西斯 · 蒂巴尔兹著 . 营造亲和城市——城镇公共环境的改善［M］. 鲍莉，贺颖译 . 北京：知识产权出版社，中国水利水电出版社，2005：50.

的外形结构，通过步行化和交通管理计划（包括缩窄马路，减少四周空间）使得机动车辆无法穿越我们不想见到它们的地方，通过提供服务型的交通，如电瓶车、自动扶梯、自动步道等，把空荡乏味的市中心交还给行人，让城市中心区恢复活力。

城市次级道路和支路的网络化，对于增强城市内部和公共空间的活力，具有不可忽视的作用，应是城市交通和道路网络结构的重要组成部分，绿荫化、人性化、无障碍化更为重要。比如，在道路绿化隔离带种植乔木，造就林荫人行道或自行车道（平原城市），鼓励市民步行或骑摩托车代步出行，作用明显。

图 3-22　城市交通和道路网络结构（资料来源：自摄）
（台北都市区的快速通道由"主干道 + 捷运"组成，捷运、城市铁路等大运量交通，有效疏解了特大城市的通勤交通和缓解中心区的通达性问题）

6. 城市服务设施系统布局结构

城市服务设施系统包括交通运输系统、餐饮服务系统、住宿接待系统、休闲娱乐系统、购物商贸系统、信息服务系统等方面。

这些公共服务系统有专门的设施或设备，在城市空间上形成布局结构，这种布局结构是城市功能发挥、城市肌体运转的基本保障（图 3-23）。

尤其应该指出的是，公共服务信息系统对都市旅游尤其重要。对都市旅游者所需要的吃、住、行、游、购、娱等方面的信息引导往往通过各类公共服务信息平台来实现，包括电子导航系统、视觉识别系统（引导标识系统）、盲人引导系统、旅游交通图、旅游手册等。

图 3-23　重庆观音桥商圈的三面翻巨幅广告
（资料来源：自摄）
（重庆观音桥 $5748m^2$ 的外墙体三面翻广告，创造了世界吉尼斯纪录）

在视觉识别系统方面，形成标准规范、醒目完整的标识系统很有必要。在制作道路标识系统时，应一并考虑旅游景区（点）的指示。广泛采用标识牌、电了牌等形式，完善导游（览）、导停（车）、导（如）厕标识系统，向旅游者提供指路、导游（览）、导停（车）、导购（物）、导餐（饮）、导娱（乐）、导（如）厕等信息。视觉识别系统应采用国家标准，中英文对照。在人流聚散的繁华地带和旅游景区，要设置电子触摸屏等导游系统。

政府通过统一制作《旅游交通图》、《旅游画册》、DVD 光盘等宣传品，强化旅游宣传，完善城市公共信息系统。上述公共信息应在车站、码头、机场、宾馆、饭店、大型购物中心等公共场所、人流集散地免费或有偿向游客投放。

注重宣传促销，与主流媒体配合，提高城市的认知度、享誉度，为发展都市旅游，积聚人气、增加消费，推动城市经济、社会、环境、资源与人口的全面、协调、可持续发展。城市主题形象鲜明、提炼精辟，对扩大城市影响、提高城市认知度和美誉度，具有相当重要的作用。因此，整体考虑城市服务系统设施布局时，应首先策划城市的 CIS 系统，提炼、凝聚城市的精、气、神。

3.3 “宜游城市”对城市空间结构的要求

从城市规划与设计的视角来看，“宜游城市”对空间结构的要求可以具体化为以下四个方面。

3.3.1 根据都市旅游资源的空间分布有序组织

根据“宜游城市”空间结构的“六大特征”，即“景点连续、景观丰富、景区安全、场所精神、以人为本、特色鲜明”，“宜游城市”建设首先要求城市规划和设计环节研究都市旅游资源的空间分布，并用心进行有序组织。

1. 旅游资源列表

首先，对城区内各类旅游资源开展普查，按照自然旅游资源、人文旅游资源等分类方法进行归类。国家旅游局在《旅游资源分类、调查与评价》国家标准中提出旅游资源分类系统，该系统包括 8 个主类、47 个亚类、232 个基本类型，其中基本类型是基本的旅游资源单位。

其次，按照旅游资源质量评价方法，对区域旅游资源禀赋进行评价（表 3–5）。

景区（点）资源质量分级评价标准 **表 3-5**

分级	评 价 标 准	评分值
一级	国家级景点；有特别突出的特色	9~10
二级	省（市）级景点；在重庆地区特色突出，在全国有一定影响	7~8
三级	区（县）级景点；有观赏价值，特色突出，但规模较小的景点；或特色较突出，规模较大的景点	5~6
四级	景点有一定特色和观赏价值，景点规模不大，有一定开发价值	3~4
五级	景点特色不突出，规模较小，开发价值不大	1~2

资料来源：重庆市江北区旅游业发展规划（2003-2020）[Z]. 西南师范大学旅游学院，2003.

都市旅游景区（点）评价可以采用国家旅游局提出的《旅游资源评价标准》中的旅游

资源共有因子综合评价的方法，即根据各景区（点）旅游资源要素价值和开发潜力进行综合评价，并且给予"附加值"赋分。其中，资源要素价值包括观赏游憩使用价值等5个评价因子；开发价值包括知名度和影响力等4个评价因子，具体评价标准见表3–6。

景区（点）旅游资源评价赋分标准　　表3-6

评价项目	评价因子	总分	分级赋分			
			一级	二级	三级	四级
资源要素价值（70分）	观赏游憩使用价值	25	20~25	13~19	6~12	1~5
	历史文化科学艺术价值	15	13~15	9~12	4~8	1~3
	珍稀奇特程度	10	8~10	5~7	3~4	1~2
	规模、丰度与几率	15	13~15	9~12	4~8	1~3
	完整性	5	4~5	3	2	1
开发价值（30分）	知名度和影响力	10	8~10	5~7	3~4	1~2
	美誉度	10	8~10	5~7	3~4	1~2
	市场前景	5	4~5	3	2	1
	适游期和使用范围	5	4~5	3	2	1

资料来源：重庆市江北区旅游业发展规划（2003–2020）[Z].西南师范大学旅游学院，2003.

此外，附加值赋分包括三方面：名誉称号3~5分；可进入性按存在问题程度赋予–4~–2分；污染与环境保护按存在问题严重程度赋予–5~–3分，已有工程保护措施的赋予3分。

最后，对都市区旅游资源进行评分以后，便可以根据评价总分进行分级和对各景区进行综合评价并列表（Inventorying）。其中，分值不小于80分为一级景区；分值不小于60~79分为二级景区；分值不小于40~59分为三级景区；分值不小于20~39分为四级景区；分值在20分以下为等外级景区。

2. 精心设计旅游线路

按照"宜游城市""景点连续、景观丰富"的原则，精心整合旅游资源，精心设计旅游线路。对于城市来说，旅游线路设计做到"线路多样、主题丰富"很重要，这是满足各类消费群体需求的保证，同时是形成都市旅游多样性和吸引力的前提（表3–7）。

重庆主城都市旅游的多线路、多主题　　表3-7

名称	主题	线路
宗教游	佛教、道教、儒家等宗教寺庙和教堂访问	华岩寺（九龙坡）—罗汉寺（解放碑）—天主教堂（江北城）—僧官寺（江北铁山坪）—老君洞（南山）
古塔游	古塔风貌探访	白塔（南坪）—文峰塔（江北溉澜溪）—碧津塔（渝北）
两江游	长江、嘉陵江夜景观赏与桥都风情体验	朝天门—黄花园大桥—嘉陵江大桥（含渝澳大桥）—华村大桥—石门大桥；朝天门—长江大桥—菜园坝大桥—鹅公岩大桥
红色游	缅怀先烈、勤奋上进	曾家岩—红岩村—白公馆—渣滓洞—中美合作所
博物馆游	体验历史、不忘兴衰	规划展览馆—湖广会馆—洪崖洞—三峡博物馆—重庆科技馆—重庆大剧院
古驿道游	步游山城、体验巨变	石板坡—人民公园—解放碑—通远门—人民大礼堂
现代休闲游	都市休闲、体验生活	南滨路—朝天门广场—解放碑—观音桥金源地下不夜城—金源方特科幻公园—北滨路

资料来源：根据重庆旅游的相关资料整理。

就重庆的“博物馆游”而言，旅游者可以在规划展览馆了解重庆市的总体规划，在湖广会馆了解巴渝民风和先祖的来历，在洪崖洞领略山城建筑吊脚楼的古韵风采，在三峡博物馆深入体察巴渝儿女创业的历史和浓郁的文化底蕴，在重庆科技馆体验现代科技日新月异的神奇魅力，在大剧院领略现代歌剧、影视演出的独特感染力。此线文化内涵丰富、空间连续、便捷可达，属重庆都市旅游精品线路。

3.3.2 都市旅游交通线路的安全、舒适和便捷

旅游景区的通达性依托交通线路实现，交通线路即连接场所的路径，包括车行道、步游道、自行车道、江海湖、轨道和城市铁路等，交通方式包括机动车辆、步行、自行车、船舶、轨道交通及换乘设施。在旅游交通线路及交通方式的组织上，必须讲究安全性、舒适性和便捷性。

首先，安全性是旅游交通线路设计、组织的基本定义，要求旅游交通线路、交通方式在静态或动态运行过程中，必须安全可靠、平稳快速，以实现旅游者的平安迁徙和移动。从都市旅游交通方式来看，机动车交通具有机动灵活、舒适便捷、经济适用等特点，不足是运量小、安全性相对不高；轨道交通具有安全快速、运量大等特点，但是因线路固定而灵活性不够、投资巨大（表 3–8）；船舶运输最为安全、舒适，但运行速度不快、线路可选择性差；虽然步行方式比较缓慢，但是灵活性强、选择性好、安全经济，而且具有很好的健身作用。

地铁与轻轨 **表 3-8**

	地　铁	轻　轨
轨道	地下	地上
运能	3 万人次以上 / 单向高峰小时	1 万 ~1.5 万人次以上 / 单向高峰小时
车身	B 型车身长 19m，宽 2.8m，6 辆车编为 1 列，每列载客 1440 人，单向高峰小时运送客人 4.32 万人次	1 型轻轨车厢，截面尺寸头宽 C=32.1mm，截面尺寸头高 D =17.48mm，回转半径 I =23.3mm
特点	最小平曲线半径 300m，最大纵坡 3%，造价 5 亿元 /km~6 亿元 /km	转弯半径小（最小平曲线半径 100m）、爬坡能力强、造价相对低（1.5 亿元 /km~3 亿元 /km），最大纵坡 6%

资料来源：根据重庆旅游的相关资料整理。

其次，随着人们物质文化生活水平的提高，都市旅游者更加强调交通方式的舒适性。道路状况，以及交通工具外观、内部座椅的设计、文化环境的营造、饮水设施、卫生间的设立、小环境温度等，直接影响交通出行的舒适性。

最后，社会生活的节奏不断加快，人们的压力增加，耐心变差，效率观念增强，都市旅游者对交通方式的便捷性要求增加，在游客的预期中，交通速度可谓“越快越好”。实现城市交通的安全、舒适和快捷，是游客的主观预期，也是城市规划、设计、建设的努力方向。

3.3.3 都市旅游空间重点突出、特色鲜明

都市旅游空间一般是街道、广场、公园、博物馆、滨水区等公共空间，按照“宜游城市”

空间结构特征，“场所精神、以人为本、特色鲜明”是赋予城市公共空间吸引力、生命力的原始动力。

按照城市景观构造原理，城市建筑风貌、城市雕塑、城市建筑天际线、水际线等景观，应用铺垫、暗示、对比、引导和再现等手法，将城市景观组合成三维向度的景观集群。这就要求突出都市旅游空间重点，形成高低起伏的城市景观韵律，向都市旅游者展示丰富多彩、变化多端的城市自然、建筑和人文景观。重点突出是为了形成城市景观的韵律感、高潮感和变动性，奏响城市主旋律。而都市旅游空间鲜明的特色是为了彰显城市个性、张扬城市文化、弘扬地域经典，是形成城市空间场所精神的“本原”，体现以人为本的人文关怀。

从图 3-24 可以看出，重庆山水都市游的主要景点各具主题、重点突出、特色鲜明，而且景点连续、通达性好，沿途景观变化丰富，体现了都市旅游空间丰富的层次性、体验性和文化内涵。

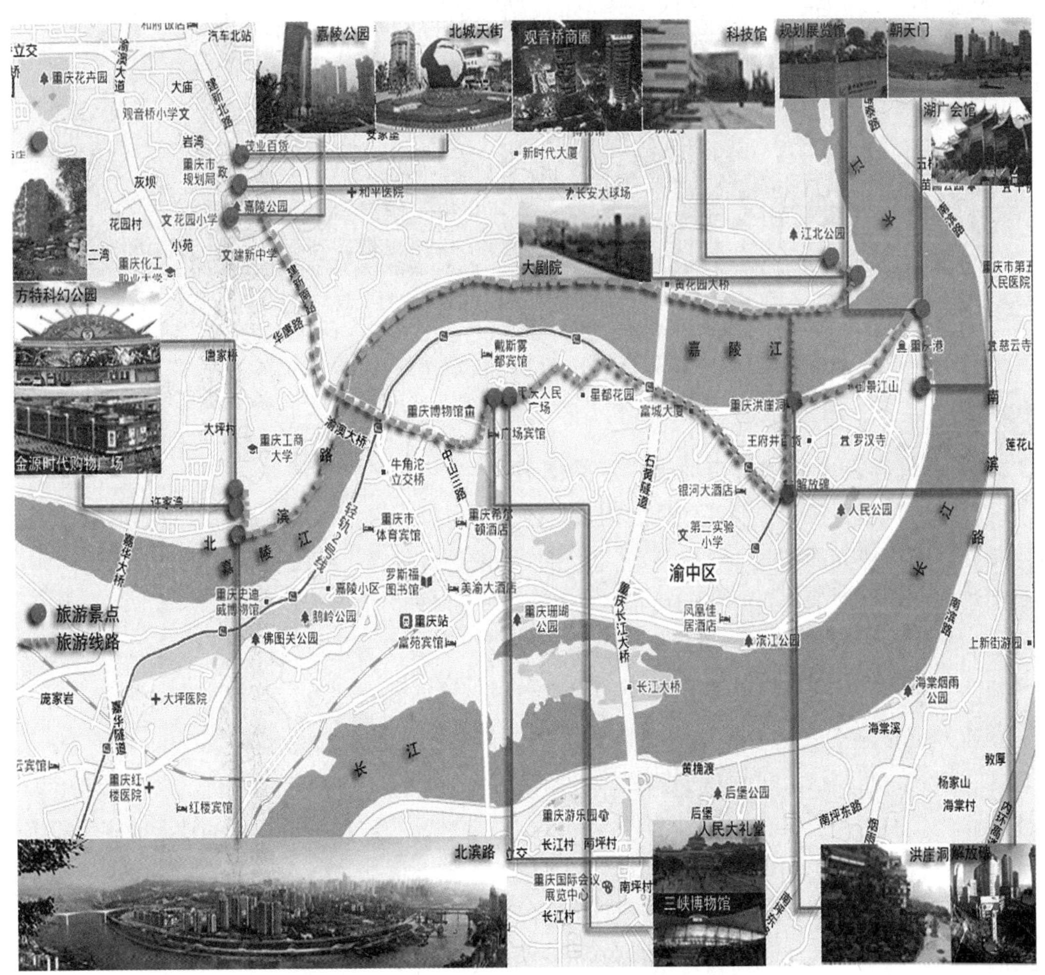

图 3-24　重庆山水都市游主题线路（资料来源：自绘）

（重庆山水都市游景点各具主题、重点突出、特色鲜明，且景点连续、通达性好，沿途景观变化丰富，体现了都市旅游空间丰富的层次性、体验性和文化内涵，是重庆都市旅游的精品线路）

重庆山水都市游主题线路及各景点的旅游主题：湖广会馆（移民文化体验）—解放碑（中国著名商业街，现代购物体验）—人民广场（民族特色建筑观赏）、三峡博物馆（巴渝文化熏陶）—观音桥商圈（中国著名商业街，现代购物体验、都市休闲娱乐—金源地下不夜城）—金源方特科幻公园（现代科技体验、大型购物中心体验—大型购物中心）—江北城（在建中的重庆中央商务区，如大剧院、科技馆和中央商务办公体验）。

在都市旅游空间建设方面，历史地段和古建筑、城市广场、特色建筑、制高观景点是突出城市特色的重要元素，如果加以巧妙利用，可以彰显地域特色文化，增强城市的吸引力和“宜游性”（图 3–25）。

图 3–25　呼和浩特市的伊斯兰风情街（资料来源：自摄）

（呼和浩特市建有回民街、蒙古街和伊斯兰街等风情街，构成民族特色各具的城市景观。街道节点处理也独具匠心，自格调统一的街巷大门可以透视街道空间的夜景，构成一幅生动的画面）

3.3.4　展现丰富多彩的都市风光和空间情趣

城市空间重点突出、特色鲜明、组合有序，可以形成高潮涌现、起伏有致的城市景观。这是展现都市风光的基础，也是城市“宜游性”的外在表达，在关注城市景观营造的同时，必须重视都市风光的展现和空间情趣的塑造。现代建筑、历史地段、传统街巷、现代中心、地下商城和桥梁隧道等是展现都市风采的基本载体。城市的乐趣之一在于其多样性。不同的地区有着不同特点的行为活动、空间尺度和城市机能。有些地方繁忙而充满活力，而另一些地方则是静谧安逸。复杂的高密度区域、开放的纪念性区域，软质空间、硬质空间，老区、新区，高层区、低层区，购物区、商务区，娱乐区、休闲区，等等，各具形态，功能多样。我们必须充分认识这种多样性，以此来定义具有连贯一致特征的地段。通常这种地段边界模糊，它们相互叠加与覆盖，形成表现丰富、魅力变幻的环境特点。

任何场地的品质必须真真实实、功能多样，防止城市空间成为虚假信念或舞台般布景的品质，提倡用心创造和照料好城市空间，更需关注城市公共空间。

增强城市公共空间的情趣非常重要（图 3–26）。城市公共空间要反映不同层次的需求——步行者、骑车人、儿童、老人及行动不便者，更需要不同专业——规划师、景观师、

图 3–26　城市公共空间的情趣（资料来源：自摄）
（小桥、流水、水车、游鱼、树林，在重庆嘉陵公园为都市旅游者增添了生机和情趣。树立"场所最重要"观念，重新审视什么是人们享用城市空间时最紧要的东西，关注城市公共空间的情趣，是规划师、景观师、建筑设计师等专业人员的共同任务，需要各个方面的团结与合作）

雕塑师、建筑师、工程师之间的通力合作，以营造连贯一致、生动有趣、备受青睐的城市空间。

都市旅游空间是"宜游城市"的载体，都市旅游空间结构的重建与优化，是"宜游城市"建设的基本任务，需要规划师、建筑师、景观师、工程师等相关专业的精诚团结与通力合作。树立"场所最重要"观念，重新审视什么是人们享用城市空间时最紧要的东西，关注城市公共空间的情趣，综合考虑城市空间的规模、尺度和功能，努力营造高品质的城市公共空间，"将公共领域的物质环境设计成有机的、色彩丰富的、人性尺度的、具有吸引力的环境已成为城市设计师的首要任务。"❶

3.4 "宜游城市"的空间品质与结构特征

3.4.1 "宜游城市"的空间品质及其结构

丹麦建筑师扬・盖尔认为，公共空间中的户外活动可以划分为必要性活动、自发性活动和社会性活动❷。都市旅游属于人们在公共空间中开展的户外活动，以自发性、社会性活动为主，"从北京街头的鞋匠到阿姆斯特丹大量的人流，造就了生动有趣的活动环境。"❸

❶（英）弗朗西斯・蒂巴尔兹著．营造亲和城市——城镇公共环境的改善［M］．鲍莉，贺颖译．北京：知识产权出版社，中国水利水电出版社，2005：12.

❷（丹麦）扬・盖尔著．交往与空间［M］．何人可译．北京：中国建筑工业出版社，2002：13.

❸（英）弗朗西斯・蒂巴尔兹著．营造亲和城市——城镇公共环境的改善［M］．鲍莉，贺颖译．北京：知识产权出版社，中国水利水电出版社，2005：28.

因此，都市旅游与外部环境（场所、天气、文化氛围）的质量有密切关系：一是只有当户外物质条件（场所、连接场所的路径等）和非物质条件（天气、场所的文化氛围、空间的安全感等）具有吸引力（亲和性）时，才会诱发都市旅游活动产生；二是户外环境质量越高，都市旅游活动的数量、频率越增加，时间越延长。

都市旅游对城市空间品质及其结构的具体要求有四个方面。

1. 功能齐全、连续有序的公共空间

开放空间给人的感觉是看起来在竖向要素之间没有边界，有人认为开放空间是积极的、有用的、刻意规划的、具有功能需要的，也有人认为开放空间是消极的、无用的、缺乏建设的、有害的。在郊区，开放空间常常被看做仅仅满足建筑间距要求的最小标准而剩余的空间，或者是在互不相容的用途之间设置的缓冲空间，往往会被当做边角废料而弃之，“通常被理解为获得某种调整权利的一种手段。”❶事实上，公共空间是我们休闲放松的开放场所，是都市旅游活动展开的物质载体，是城市规划、城市设计中最脆弱的因素。因此，决不能把公共开放空间视为参考因素或作为设计的剩余产品。杰拉尔德 ·A· 波特菲尔德断言，“如果观察者能把开放空间理解为全局的一部分，并把它看成是提升全局中其他组成部分之间关系的要素，那就说明这个设计是非常成功的。”❷之于都市旅游，城市公共空间设计时，尤其需要关注四个方面：一是景观连续。将一系列突现或隐含的城市空间及其自然和人文环境元素按照视觉连续进行合理安排，将个别、独立的空间和空间序列与时间延续因素按照暗示、对比、引导等系列空间处理手法，进行有机整合，从整体上控制韵律的变化，才能形成可以满足都市旅游者需求（生理的、心理的）的、有秩序、有变化、有主题的空间集群（图 3-27）。二是“公私”兼顾。空间既要有便于人们交往与交流的公共性，又要有方便人们“幽会”、亲密接触的私密性、半私密性，是场所生成亲和力的基础。现代旧城改造过程中将居民院落拆毁，建起高楼和充满诗情画意的人工草坪，但剥夺了孩子们院内嬉戏、踢球等基本的户外生活权利，邻里和睦关系难以维持。三是生态良好。在可持续发展观念深入人心的今天，人们已经开始重视城市和城市空间的生态性表达，并催生了大量生态型城市公共空间。中国

图 3-27　空间景观的连续性——陆家嘴一角（资料来源：自摄）
（建筑、绿地、水体和道路等，空间景观表现出良好的视角连续性）

❶（美）杰拉尔德 ·A· 波特菲尔德，肯尼斯 ·B· 霍尔 ·Jr 著 . 社区规划简明手册［M］. 张晓军，潘芳译 . 北京：中国建筑工业出版社，2003：18.

❷ 同上。

林业科学研究院的彭镇华教授倡导的"把森林引进城市"[1]，是值得倡导的新型生态城市建设理念。四是功能齐全。城市公共空间要产生引人入胜、流连忘返的效果，公共空间及其环境的功能应该是多样、齐全的，体现休闲、购物、美食、文娱、健身、交往等多元功能。一个功能综合的公共空间就是一个受人追捧的热闹场所，也是一个魅力涌现的都市旅游景点。

2. 交通便捷、可达性强的旅游线路

交通系统担负组织人流、物流的作用，具有流动性。也是连接城市公共开放空间的路径，丰富而静态的公共开放空间因交通的有序疏解而充满魅力与活力。英国学者弗朗西斯 · 蒂巴尔兹认为，人们活动的场所最为重要，应该具有人性的尺度、行之自由、人皆可达、亲切明晰等特征。"城市交通是由出行起点和吸引点构成的人或物空间位置移动的行为。"[2]都市旅游要求城市交通便捷、安全、舒适、高效。现代人压力增大、耐性降低，效率观念和时间观念已经变得十分强烈，人们更加注重城市"良好的流通性、可达性和便捷的联系"[3]，即强化城市交通建设。

3. 富含文化、舒适安全的旅游环境

城市公共空间不但包括物质要素，还包括精神要素，也就是场所精神。城市公共空间的文化内涵是支持人们活动、使其产生归属感的精神要素，从而形成特定的场所精神。城市文化是都市旅游的内涵，场所精神使场所表现出永不枯竭的亲和力、吸引力。友善、文明、礼仪是场所精神风貌的展示，也是人文关怀的具体表现。导停（车）、导游（览）、导（如）厕、导购（物）等信息便捷、明晰、经济，旅游线路标识明确，商场明码实价、服务周到，会使游人真正感到轻松、愉快。空间安全是都市旅游的前提，也是城市公共空间必须提供的基本功能定义。

4. 法制严明、管理有序的和谐环境

法制是社会、经济运行的保障，也是城市得以正常运转的前提。规范人们行为与活动的法律制度是保障社会公平正义的准则，建立健全法律制度，司法公正，执法严明，强化城市管理，维持城市有序运转，既是保持城市经济、社会持续、健康发展的需要，也是都市旅游业发展的宏观环境保障。

和谐宜居宜游之城是人们向往的天堂，人与人、人与自然、人与社会之间的和谐需要和谐城乡空间承载。像温哥华、墨尔本、多伦多、维也纳等世界公认的宜居城市，也是游客向往的和谐宜游之城，因为都市旅游者在此看到和感受到的是富足、祥和、美丽、宁静和安逸，也是真正的宜游城市。和谐是宜居城市的最高境界，也是宜游城市的基本内涵，同时也是构建宜游城市的切入点。

3.4.2 "宜游城市"的空间结构特征

都市旅游活动的展开以城市空间为载体，城市空间结构的生成包括场所与路径等物质

[1] 孙海涛 . 用自然观念孕育城市森林［N］. 人民日报，2004-11-24（5）.
[2] 赵和生 . 城市规划与城市发展［M］. 南京：东南大学出版社，1999：145.
[3]（英）克利夫 · 芒福汀著 . 绿色尺度［M］. 陈贞，高文艳译 . 北京：中国建筑工业出版社，2002：110.

要素，即街道、广场、步行体系、公园、绿地、购物中心、娱乐中心、休闲中心等公共开放空间；还包括场所精神等非物质要素，主要指场所的文化内涵，也包括制度和管理措施等。只有富含文化的场所才能赋予都市旅游景区（点）的个性特征，只有由个性张扬的景区（点）构成的城市才是“宜游城市”，也就是充满生机与活力的都市旅游目的地。“宜游城市”空间结构有“**六大特征**”：

特征 1　景点连续。城市公共空间的营造一定要讲究结构关系上的连续性，购物、餐饮、娱乐、休闲、观光等功能结构之间必须连续、有机统一、路径清晰，有完整的步行体系和便捷、高效的出入交通体系与管制措施，游览景点不应支离破碎、令旅游者疲于奔命，也就是充分体现“行之自由、人皆可达”❶。

特征 2　景观丰富。大尺度的建筑天际轮廓线、水际线、道路线型、建筑色彩、灯饰夜景，小尺度的雕塑小品、绿荫水体、吧台餐桌等，必须富有特色，景观丰富，清晰明确，尺度人性化，富有人情味，景观功能多样化，体现景观丰富、功能综合。

特征 3　景区安全。必须保证在城市空间内开展活动的都市旅游者的人身和财产安全，这也是城市空间和环境营造的基本要义。

特征 4　场所精神。场所必须成为都市旅游者开展都市旅游活动的精神家园，场所富含文化底蕴尤其必要。表现休闲、大众、参与性的城市文化需要彰显建筑文化、构建公共环境文化、塑造景观文化、挖掘休闲与交往文化。

特征 5　以人为本。以人为中心的城市规划与设计成果，必然充满人情味，包括人性的尺度、富有生机的公共空间、充满活力的和谐环境、多重选择的体验项目等，要求处处闪烁人文主义的光芒。

特征 6　特色鲜明。城市特色是对旅游者产生吸引力的重要因素。城市特色表现为其内部环境氛围的整体性和相对于其他城市的差异性。差异产生吸引力，保护和彰显城市特色是“宜游城市”建设的重要课题。城市文化是形成城市特色的重要元素。

3.5　“宜游城市”空间的塑造

城市空间结构包括城市物质环境、制度环境和文化环境。其中物质环境包括居住环境、工作环境、交通环境、游憩环境，可以归结为场所和路径。开展都市旅游活动的物质环境主要涉及城市交通环境和游憩环境等城市公共空间。城市的公共政策和管理等制度环境为“秩序、公共卫生和安全”提供保障，城市文化赋予城市公共空间场所精神。物质、制度和文化三个方面成为构成城市空间品质的“三要素”，“宜游城市”空间品质由“三要素”及其耦合关系决定（图 3-28）。

❶（英）弗朗西斯·蒂巴尔兹著．营造亲和城市——城镇公共环境的改善［M］．鲍莉，贺颖译．北京：知识产权出版社，中国水利水电出版社，2005：28.

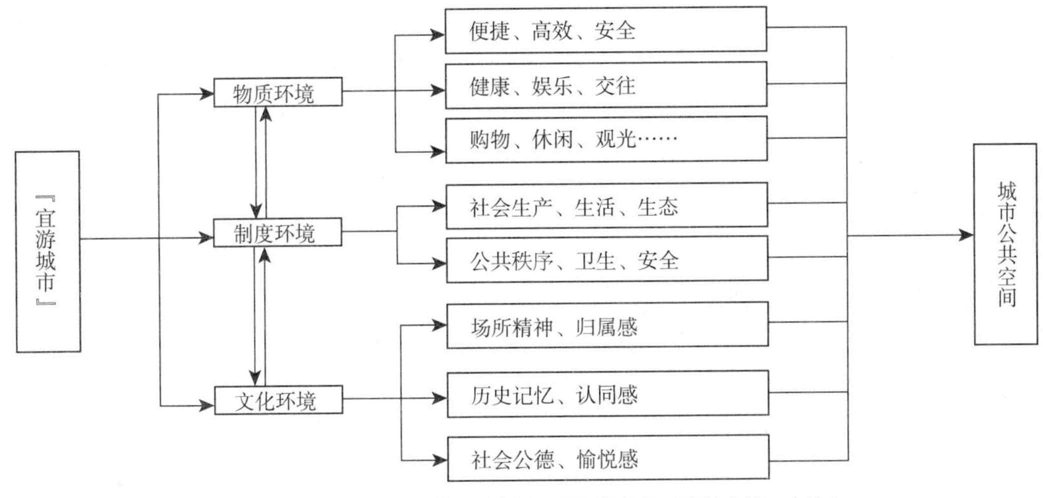

图 3-28 "宜游城市"的公共空间品质及其结构（资料来源：自绘）
（"宜游城市"空间品质由物质环境、制度环境和文化环境"三要素"及其耦合关系决定）

3.5.1 公共空间的物质环境塑造

在城市公共空间的塑造过程中，从物质环境角度看，"在所有地块中应该用尽可能多的方法来服务于社会的各年龄和各阶层人群。年老的、年轻的、好动的、喜静的、男的、女的、富有的、贫穷的在每个公园环境中都应该有自己喜欢的东西。"[1]换言之，公共空间应该具有连续性、可进入性、可见性和大众性，同时还要有可选择性，也就是功能层次的多样性。

（1）连续性。包括视觉的连续和路径的连续。首先，都市旅游活动展开的物质载体之间必须保持视觉上的连续性。从山下的市区看，图 3-29 中的山顶森林公园、半山腰的休闲绿地、山下的广场等公共空间在视觉上保持很好的连续性，即或是在城区快速通道上以每小时 40km 的速度去观赏和品味，从看到公园和开放空间中所得到的愉悦感，所形成的很好的韵律感和优美的景观远胜于从等量的商业空间和小品中得到的信息量。其次是空间

图 3-29 城市公共空间的物质环境塑造（资料来源：自摄、自绘）
（自空中拍摄的新加坡城市局部鸟瞰。山顶的公园、山腰的游乐场、市中心的广场等公共空间具有很好的连续性、可进入性、可见性、大众性和可选择性，为人们提供了丰富的都市旅游景观）

[1]（美）杰拉尔德 · A · 波特菲尔德，肯尼斯 · B · 霍尔 · Jr 著 . 社区规划简明手册［M］. 张晓军，潘芳译 . 北京：中国建筑工业出版社，2003：167.

上的连续。相对于都市旅游者来说，山顶公园、山腰休闲场所、山下的城市广场和购物中心等公共空间，其间具有很好的空间连续性。但城市公共空间之间应该形成序列规律，并形成集散道路，以打断连续发展的韵律感，这些公共空间在服务当地邻里组团的同时，还形成集散道路沿线优美的城市景观。

（2）可进入性。在城市游览空间中不宜出现明示或暗示禁止入内的场合（英文叫空间的 Permeability）。一条步行街两边的店铺是开放的，不应出现政府机关、公司总部之类的排他性建筑（少量的或可容许）。出现这种情况时，游客会受到心理损伤，或减少对该地的亲切感和认同。日本现代建筑的先行者——槙文彦的 Linkage Theory 也精辟地阐述了这一原理❶。

图 3–29 中，不论是公共空间之间，还是这些公共空间与其他城市空间之间，交通都十分便捷，通过公园下面的城市主干道和集散道路而拥有很好的可达性。山头公园成为城市的视觉焦点，位于城市主要道路的外缘，这在视觉和可达性上是十分理想的，因为山头公园可以很自然地成为整个城市的地标。

（3）可见性。按照杰拉尔德 ·A· 波特菲尔德的说法，"公园和开放空间应该被明显地放置，以便使我们在日常的路线中可以全天看到它。当我们去围绕高速路和大道的商业空间中繁忙地购物时，我们至少应该对它们来说暴露无遗。"❷图 3–29 中的山头公园、主干道旁的大型广场等公共空间，不论是从干道，还是从集散道路，都具有很好的可见性。图 3–30 显示，城市绿地、羽毛球场、游船码头等被置于陆家嘴城市空间结构中的明显位置，清晰地暴露于旅游者的视野，无论是住区邻里单位和办公大楼的人群，还是外来的都市旅游者，都可以十分便捷地抵达该公共空间。

图 3–30　城市公共开放空间应明显（陆家嘴局部）（资料来源：自摄）
（鸟瞰陆家嘴局部，反映城市开放空间与周边环境的明显暴露关系）

❶（澳）泰勒著．槙文彦的建筑——空间 · 秩序和建造［M］．马琴译．北京：中国建筑工业出版社，2007：18.

❷（美）杰拉尔德 ·A· 波特菲尔德，肯尼斯 ·B· 霍尔 ·Jr 著．社区规划简明手册［M］．张晓军，潘芳译．北京：中国建筑工业出版社，2003：168.

（4）可选择性。由于都市旅游者需求的多样性，承载都市旅游的城市公共空间在功能上应该具有多样性和可选择性。也就是让各种群体与个体都能在城市公共空间找到他们需要的东西。如图 3-29 中，大型集会、庆典活动一般在广场举行，健身休闲和城市观光活动选择山顶公园，半山腰的游乐场则深受儿童的欢迎。

在重庆观音桥步行街，有金源地下不夜城提供全套休闲、健身、娱乐场所，有嘉陵公园为人们提供休闲、漫步、放松的亲绿空间，有百货商场、餐饮中心为游客提供购物、就餐环境，是一个功能齐全、可选择性很强、深受游客追捧的都市旅游景区，并因此成为“中国著名商业街”（图 3-31）。

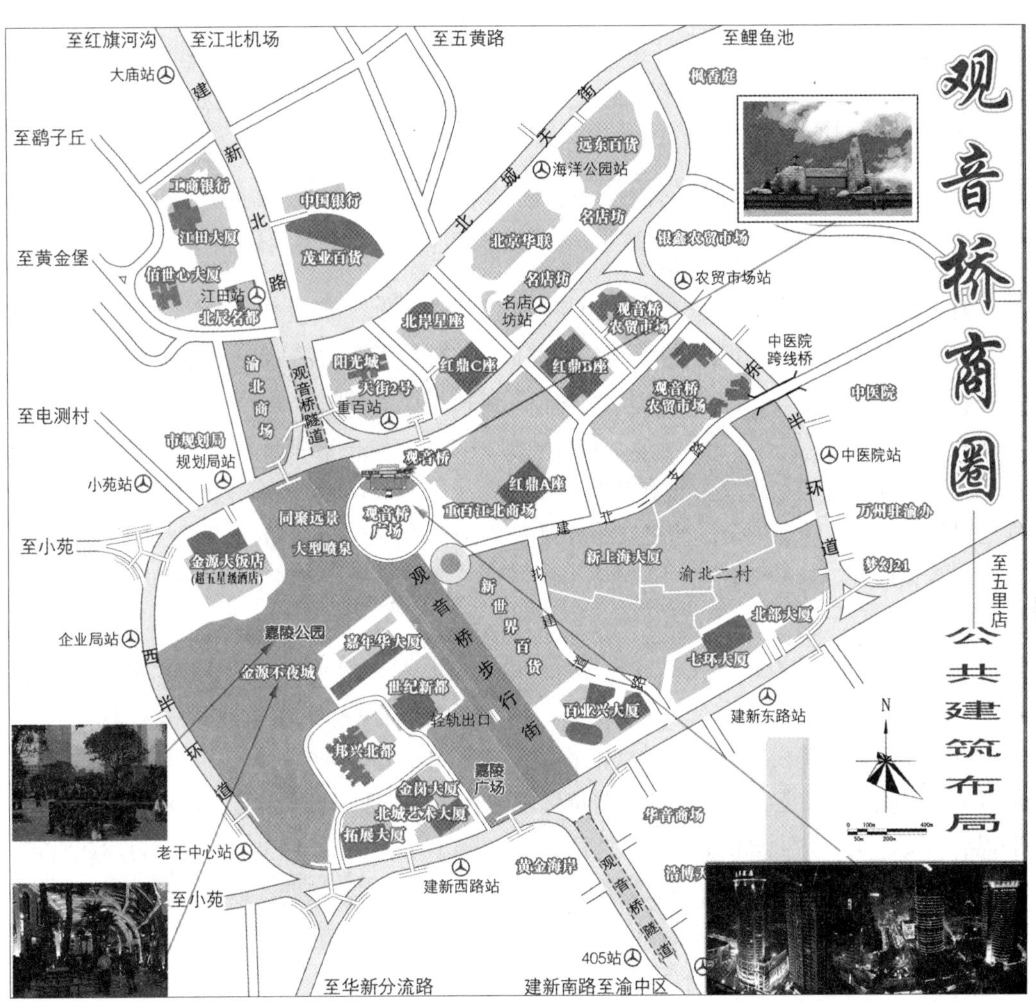

图 3-31　观音桥商圈公共设施布置平面图（资料来源：重庆市江北区政府）

（重庆观音桥商圈布置有公园、地下娱乐中心、购物街、步行街、广场、五星级饭店、浪漫金街、UME 影院、书城、餐饮等公共设施，功能综合、交通便利、可达性强，是一个物质环境良好的公共空间和旅游胜地）

3.5.2　公共空间的制度环境塑造

从制度环境角度看，城市公共空间的塑造应注重法律制度建设和公共政策的完善。同时，文明礼仪的道德规范提倡，对公共空间塑造具有提升作用。

城市公共空间环境的塑造离不开城市管理，管理是为了发展。联合国开发计划署（UNDP）提出的人类发展指数（Human Development Index，HDI），包括三个基本要素：人均收入、人均预期寿命和教育状况。表 3–9 说明中国经济近 27 年来高速增长，但居民整体性福利和生活质量（HDI）的世界排名反而有下降趋势。

中国人均 GDP 和人类发展指数相关数字一览 **表 3-9**

年份	人均 GDP（美元）	HDI	人均 GDP 排名（位次）	HDI 排名（位次）
1975 年	230	0.523	113	60
1980 年	410	0.557	119	72
1985 年	820	0.593	113	76
1990 年	1310	0.627	124	85
1995 年	2510	0.683	105	85
2000 年	3870	0.721	96	68
2002 年	4580	0.745	87	71

资料来源：诸大建，刘冬华 . 从城市经营到城市服务——基于公共管理理论变革的视角［J］. 城市规划学刊，2005（6）：40.

西方经济学新制度学派代表人物道格拉斯 · 诺斯说：“制度是一个社会的游戏规则，是为决定人们的相互关系而人为设定的一些制约。由制度所建立起来的，是人们在政治、社会或经济方面发生交换的激励结构。”[1]制度包括正规的规则和非正规的规则。正规的规则主要指政治（以司法为主）规则、经济规则和合约。政治规则是政治团体的等级结构，包括其基本决策结构、议事程序和规则。经济规则是用来界定产权的。政治规则与经济规则之间相互影响、动态均衡。非正规的规则主要指来自于文化遗产的那些社会习俗、传统、行为规范和准则。这些非正式约束或无形的制度，也就是道德规范，对人们的行为方式影响十分重要。

为对追求个人利益最大化的行为进行约束，需要有一系列被制定出来的规则和程序，这就是法律制度和政策安排。大环境需要法律制度的健全和公共政策的完善，微观、中观层次也是如此。市场机制要发挥有效配置资源的作用是需要条件的，关键是要有足够的平等竞争。因此，在缺乏这种条件的一些特殊领域和场合，由市场来配置资源就会缺乏效率，出现“市场失灵”。在城市开放空间这样的公共物品供给上，由于这类物品不具有消费的排他性，只要建成投用，谁都可以使用或消费，难以实行“谁消费、谁付钱”的市场原则，经济人对城市公共空间这类公共物品建造的积极性缺乏，“政府干预”成为必然。

20 世纪 80 年代，流行的“管理主义”，追求“3E”目标：经济（Economy）、效率（Efficiency）和效能（Effectiveness）。后来的“新公共服务理论”认为公共管理应具有合理、合法性，即以民主宪政为基础，追求公民福利、社会公正、公共利益和社会责任等多元价值；以理性的工具，经济高效地供给公共物品（包括有形的和无形的）。因此，政府对城市的公共管理，就是以民主理论和人本主义为理论基础的“新公共服务”，“可以将公共精神和

[1] 周为民 . 当代西方经济思潮 · 五个当代讲稿选编［M］. 北京：中共中央党校出版社，2000：372.

市场精神这一对看似不可并存的矛盾体加以协调，以市场手段促进公共利益的最大化。"❶

同济大学诸大建教授认为城市管理是面向城市人类发展的管理，明确提出的"城市服务"理念，在"宜游城市"这种公共服务要求更强烈的环境建设中值得借鉴。城市服务是指"以城市人类发展为目标，以提供良好服务为主线，以政府—市场、政府—公民的双重伙伴关系为基础的管理。"❷

健全的制度与良好的运行机制，就是公共政策的制定和实施，可以在满足个人理性的前提下来达到集体理性。只有健全的法律制度和完善的政策措施，才能保持社会稳定、经济发展、环保生态，维护公平、正义，保证秩序、卫生和安全。

3.5.3 公共空间的文化环境塑造

作家余秋雨在《行者无疆》中写道："热情是城市之血，轩昂是城市之骨。"❸余先生所讲的城市之血肉，其实就是城市的精、气、神。"宜游城市"的建设离不开城市文化的发展，离不开新型社会生态文明的构建。

要建设"宜游城市"，必须大力建设城市文化，尤其是新型生态技术系统完美的城市文化。"宜游城市"的文化建设应该注重挖掘历史、强化规划、建设社区、持续发展等"四个方面"。

（1）挖掘历史资源，培育特色文化。城市发展是一个有机生长过程，每一座城市都拥有自己的历史和文化，没有记忆的城市很可怕。"狭窄的巷道、隐秘的庭院和风景如画的广场，位于罗纳河南岸的日内瓦老城区，还很好地保留有15~18世纪时的建筑风格，石子铺成的街道，窄窄弯弯地向前延伸着，仿佛是一只默默伸出的手臂，要把你带向上一个世纪的童话中。"❹与欧洲城市相比，我们的城市正变得越来越没有性格、没有灵魂，千城一面，失去生气。有人戏称为"失魂落魄"。培育城市特色文化、张扬城市个性，成为城市，特别是"宜游城市"建设的重任。为此，必须体现"三个重视"：

首先，要重视历史地段和古建筑的保护❺。《雅典宪章》要求，城市发展过程中应保留有历史价值的建筑物，以传承、记忆城市发展过程的历史信息。挖掘保护凝聚历史信息、记忆地域文化发展轨迹、体现空间场所精神和市民归属感的不可再生历史资源，保护城市发展的历史符号，对于城市特色文化建设意义重大。

其次，要重视文化整合包装和载体建设。文化的整合、包装需要载体，商业步行街、广场、宾馆、景区（点）、大型购物中心、中心商业区（传统CBD）、社区、新闻媒体、市民群体、交通、书刊、音像制品等，都是城市文化建设的物质载体。应充分利用这些物质载体，在规划、设计、建设中给予密切注意，挖掘、展示城市特色文化，使城市具有鲜明的文化个性，

❶ 诸大建，刘冬华．从城市经营到城市服务——基于公共管理理论变革的视角［J］．城市规划学刊，2005（6）：38.

❷ 诸大建，刘冬华．从城市经营到城市服务——基于公共管理理论变革的视角［J］．城市规划学刊，2005（6）：39.

❸ 余秋雨．行者无疆［M］．北京：华艺出版社，2001：206.

❹ 雷发林．日内瓦，瑞士的法国［J］．旅游，2004（7）：30.

❺ 汪忠满．西部大开发中要注意保护文物建筑和历史地段［J］．嘉兴学院学报，2003（2）：76.

让都市旅游者感受到浓郁的特色文化氛围。

最后，要重视民俗与生态的紧密结合。就重庆来说，两江四岸是宝贵的山水园林资源，应该加以充分利用。车水马龙、人气旺盛的南、北滨江路表现的是重庆城绝伦的夜景、丰富的饮食、豪放的民风等地域文化特征。

正在实施内侧开发的嘉陵江北滨路的建设目标是“动感北滨，休闲乐园”。刚刚出炉的“北滨地段形象设计”，捧出了一个“山水环绕，滨江绿城”的城市形象[❶]。重庆市江北区滨江地段岸线总长9300m，面积约7km^2。该地段是近期重庆都市发展的核心区。“城、水、山、绿”是北滨地段设计的四个主题。以“城”为题，突出现代城市建筑景观，发掘城市的场所个性和特点，延续历史地段的文脉肌理；以“水”为题，强化嘉陵江在城市景观格局中的主导地位，利用江面的曲折盘旋，组织多维视线景观，增加亲水岸线和空间；以“山”为题，体现山地城市风貌，营造现代山水园林城区；以“绿”为题，延续和加强数条垂直于嘉陵江的冲沟走廊、道路绿地、防护绿带的连接作用，结合滨江绿化景观带，构筑簇群城市格局（图3-32）。这一设计方案体现了“只有当人之情与山水之情融合在一起的时候，才能建立自觉地尊重自然、‘天人合一’的生态规划观，因而也才有山水园林城市特色的艺术创造”[❷]这一规划理念。同时，还应该在民俗风情、本土文化发掘方面下工夫，把北滨路建设成为真正能够代表重庆文化的长廊，给都市旅游者提供一个巨大的、颇具吸引力的观光、休闲、娱乐、餐饮空间。

图3-32　北滨路板块规划效果图（重庆市江北区）（资料来源：重庆市江北区政府）
（“城、水、山、绿”是北滨地段设计的四个主题，目标是把北滨路建设成为彰显重庆地域文化的长廊，给都市旅游者提供一个体量巨大、功能综合、魅力永驻、活力无穷的都市旅游区）

（2）强化规划建设，凝聚文化个性。城市建设与都市旅游目的地建设的目标表现出高度的一致性，其规划、建设过程中尤其要注意彰显建筑文化、建构公共环境文化、挖掘休闲与交往文化这三个方面。

建筑是城市跳动的音符，是凝固的音乐。建筑除应满足基本或特殊的功能需要外，还应表现城市特色文化。所以，在城市规划、建筑设计中要注意表达鲜明的文化特色与个性。

❶ 胡萌．北滨地段形象设计出炉［N］．重庆日报，2004-04-09（6）．
❷ 黄光宇．山地城市［M］．北京：中国建筑工业出版社，2002：114.

建筑外形、体量、色彩、风格的统一与协调是城市风貌形成特色的基本要求。绿化、雕塑、地标和灯饰夜景也是城市景观文化的表现元素。

公共环境文化是由若干建筑、小品、桥梁、道路等组成的环境艺术。关注公共环境文化建设的理念如今更加深入人心，街头绿化、小品建设、桥梁灯饰、广场文化、道路绿化、护坡美化等方面更加受到人们的普遍关注，更加丰富了都市旅游景点（图 3–33、图 3–34）。

城市休闲文化主要表现出休闲性、大众性、参与性等特征[1]。表现的形式和载体多种

图 3–33　公共环境文化的塑造——兵马俑展厅前的广场（资料来源：自摄）
（高大的秦制城墙，城门作为展厅的大门，配合简洁的绿化，成为游客聚散的良好公共环境）

图 3–34　公共环境文化的塑造——西安大雁塔公园（资料来源：自摄）
（收录唐诗的古典灯柱、地面铺装古钱币、坐憩设施、古典韵味浓郁的雕塑、红墙、大雁塔、古树、绿茵、仿古建筑、款款走来的和尚、撑着小花伞的游人……共同营造出内涵深远的公共环境文化氛围）

[1] 黄天其 . 城市文化学讲义［Z］. 重庆大学建筑城规学院，2003.

多样，比如歌舞、千人长跑运动、滨江戏水、逛街、聚会等。城市休闲文化建设中尤其要注意其健康性。把玩麻将、扑克牌作为一种赌博的方式实在是不可取。在人类生活当中，交往可以说是生活的必须，同时也是饱含文化内涵的。交往可以分为必要性交往、可选择性交往、不可选择性交往、随机交往、固定交往等形式[1]。交往具有建立良好人际关系、更好地认同社会环境、解除寂寞、学习知识、通过交涉达到某种目的等功能。只要是交往，必然涉及交往文化。城市交往文化特别强调警惕、含蓄地保卫自己，以防止受骗上当。都市旅游与交往和交往文化密不可分，要求我们在交往文化建设中注意公共空间、私密性空间的区分和建设，也要注意礼仪、文明、庄重、健康的提倡，同时严格禁止黄色产业、浅黄色产业以及诈骗、抢劫等黑色文化和灰色文化的滋生与蔓延，提高城市的诚信度。很多城市注重每一个细节，保证都市旅游者的人身和财产安全。太原市区的街头景象，茂密林荫下宽敞的机动车道和人行道，给步行者带来温馨和安详；西安火车站的治安报警亭和其中坚守岗位的民警，总是给游人带来安全感（图 3–35）。

图 3–35　公共空间的安全性是都市旅游活动的保障（资料来源：自摄）
（太原街头宽敞的林荫步道展示着亲和力强的街区休闲文化；西安火车站广场的治安亭和坚守岗位的民警，总是带给都市旅游者踏实、安全的感觉，这在“宜游城市”建设中值得借鉴）

（3）加强社区建设，拓展文化空间。我国城市住区开发理念的发展大约经历了两个阶段。一是以前流行的小区即中心式的公寓，体现的是一种平均居住的观念和计划经济痕迹。因为城市用地紧张，要求附属设施配套，技术标准较低，户型和空间景观单调，色彩单一，绿地集中而且有限，居住空间狭小，生活环境品质低下，可选择性差。但那时的住区，给老人和孩子提供了相对丰富的交往空间。

至 20 世纪 80 年代后期，住区设计理念逐渐表现出新的特点：一是市场经济体制逐步

[1] 黄天其．城市文化学讲义［Z］．重庆大学建筑城规学院，2003.

建立，社会经济快速进步，人们收入增加，人民生活开始走向富裕之道，对居住质量的要求开始提高。住房商品化、产业化。二是设计标准放开，允许差距拉大。三是建立良好的人居环境理念逐渐深入人心，人们开始关注居住环境，居民对住区的可选择性增强❶。四是生态理念、可持续发展观普遍引入住区规划、设计和建设之中。五是人文理念深入人心，更加强调社区文化建设。社会学观念植入住区建设，更加注重社区的文化氛围和社区生活的便捷性、安全性和舒适性。六是现代物业管理手段的利用，强化了社区建设、公共空间、居住环境、文化活动、人身与财产的安全等方面。

“把旅游搬进社区”的口号在业界人士中已经开始传播，也是现代都市旅游发展的重要方面（图 3-36、图 3-37）。

图 3-36 恬静的休闲场所——山西平遥古城（资料来源：自摄）
（平遥古城简约、古朴的樱花屋酒吧为游客提供了恬静的休闲场所，给人悠然自得、忘乎所以的超越感觉）

图 3-37 滨河地区亲水空间的营造表达了人们对街区、社区文化建设的关注（资料来源：自摄）
（天津海河滨河区充满人文关怀的步游道、人性尺度的建筑、别致的大钟、生机盎然的绿色、碧绿的河水、巨大的亲水空间……无一不彰显规划建设者对街区人文的关怀和科学发展理念）

❶ 赵万民. 山地人居环境理论［Z］. 重庆大学建筑城规学院，2001.

（4）坚持可持续发展，增强文化生命力。可持续发展的旅游业是20世纪90年代会议、报告的聚焦点，很大程度上集中在乡村与自然地区的环境可持续发展上。世界旅游组织“21世纪旅游和旅游业议程——面向环境可持续设计”（Hanna，1999）中的第7条指出：“以可持续为核心的旅游产品设计，建议政府部门、国家和地区贸易组织，‘应该考虑以旅游作为工具来再造都市和工业环境’。”[1]

环境与发展的《Rio宣言》开始实施若干都市旅游原则。在第7章“鼓励人类可持续发展居住中”，讨论了在2010年以前，世界多数人口将住在城市，都市地区的可持续管理就显得尤其重要。“每个城市应当把适合提倡环境之声与文化之觉这样的旅游业发展计划作为实现城市和乡村可持续发展的战略，实现都市地区发展的途径多元化，减少地区之间发展的不平衡”[2]（图3-38、图3-39）。科学发展观，强调“发展”这一要务，核心是“以人为本”，要求是全面、协调、可持续，方法是“五个统筹”，也是统揽城市文化建设的重要理念。

图3-38 河南开封清明上河园真实再现了北宋汴京的生态与繁华（资料来源：自摄）
（将生态与人文融合而成的清明上河园，生动再现了古代中国“天人合一”的生态理念，尽显代内公平、代际公平的可持续发展思想，“现实之福不可不享享之必报，将来之福贻于子孙不可不培培之则昌”的理念）

图3-39 清明上河园中巍峨的建筑与牵骆驼的阿拉伯人雕塑（资料来源：自摄）

❶ Brian Goodall.Tourism and Regional Development［J］.Built Environment，1987（2）.
❷ 同上。

4

国（境）外“宜游城市”空间结构特征

4.1　新加坡——生态轴线完整

旅游是新加坡的支柱产业。政府采取有力措施刺激旅游业的发展，尤其是在城市建设方面，政府十分注重“宜居宜游”多重功能的体现。2001 年新加坡接待外国游客 751.9 万人次。2001 年，GDP1534.55 亿新元，财政收入 315 亿新元，人均国内生产总值 37433 新元，2005 年 GDP1943 亿新元。政府注意改善人民的居住条件，全国 86% 的居民搬入政府统建的公共组屋。识字率 92.5%（15 岁以上）。人均寿命 77.1 岁。每万人拥有 14 名医生和 3530 条家用电话线。新加坡政府倡导“把新加坡建设成为新加坡人自己也喜欢的城市”，努力构建东南亚富有魅力的城市和都市旅游目的地，被联合国评为最适合人类居住的国家之一。新加坡在“宜游城市”建设方面体现出规划先行、绿色生态、景观丰富、要素齐全等特点。

4.1.1　先行制定科学规划，保证生态优先

新加坡 40 年的发展，规划起了决定性的作用。建国之初，新加坡政府聘请联合国专家，历时四年高起点编制全国概念性规划，作为城市发展的主要参考文件，并以此为总纲，制定了总体规划和控制性详细规划。概念性规划确立了以中心区为主体的星座结构、组团发展的空间布局，包含绿色系统、山水系统和名胜古迹保护等规划。五大区、组团和小区布局合理，就业、交通、商业、休闲、居住等功能齐全。科学的规划造就了一流的人居环境。规划法、土地征用法和租金限制法等三个法令保证了总体规划的实施，主要用于控制私人房地产开发，授权政府及其代理人为了公共建设、居民住宅、商业和工业用途以固定价格征用私人土地，保证城市公共建设用地。总体规划明确规定新加坡每一块土地的性质和用途，每五年修编一次，全国预留 1/4 的土地不开发，以保证持续发展（图 4-1）。

新加坡十分重视生态建设与环境保护，城市生态轴线完整，是一个以充满绿色著称的“花园城市”。城区绿岛、森林公园、植物园与城周绿带、城郊森林、新加坡河与海湾水体交融，构成全方位的生态绿化格局，形成良好的人居环境。新加坡很早开始关注把森林引进城市，城市森林覆盖率达到 60%。特别是，新加坡的人行天桥、高架桥两侧栽种花草等的立体绿

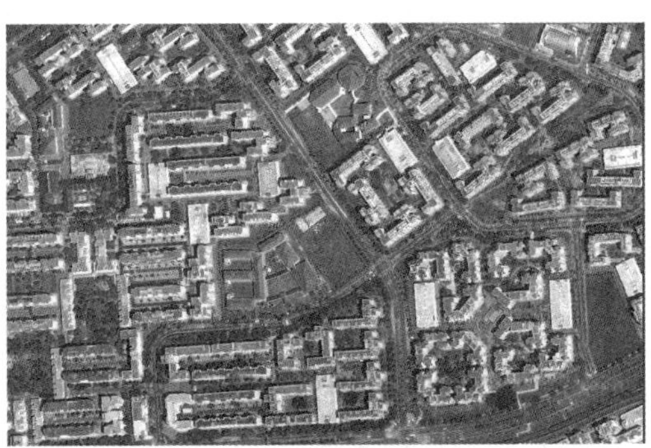

图 4-1　新加坡的有序规划（资料来源：Google 卫星图 http：//www.meet99.com/map）
（左图：新加坡东部的卫星地图，东侧为樟宜机场；右图：新加坡核心城区的居住区卫星图）

化做法，很值得我们效仿（图 4-2~ 图 4-4），同时，新加坡的屋顶基本上进行了绿化，建筑总是处在绿色掩映之中。

图 4-2　新加坡密集的路网和充盈的绿色（资料来源：因特网，Google 卫星图）
（新加坡路网密集，交通便捷，绿地率高，是世界著名的生态宜居之城，亦称“花园城市”）

图 4-3　新加坡的立体交通、高速公路和大面积绿化（资料来源：因特网，Google 卫星图）

图 4-4　进行绿化、美化处理过的新加坡大桥、人行天桥（资料来源：自摄）
（绿色、鲜花簇拥着新加坡河大桥、姿态各异的人行天桥，使整座城市充盈着盎然的生机）

4.1.2 拥有丰富的城市景观，旅游要素齐全

新加坡都市旅游景区（点）配套完善，自成体系。有新加坡河、伊丽莎白公园、花芭山公园、飞禽公园、夜间动物园、圣淘沙岛和植物园等自然景区，牛车水等人文景区，金融中心都市风貌展示区等。每一个景区都有其个性与特色，并体现多元文化特征（图 4-5、图 4-6）。新加坡的各类市政设施在追求坚固、实用、美观的同时，讲究人性化、个性化，表现出统一中的多样性，营造了丰富生动的城市街道景观。此可从其公车站、电话亭、果皮箱的设置略见一斑（图 4-7、图 4-8）。

图 4-5 华人南洋创业时期的居住区——新加坡牛车水（资料来源：自摄）
（左图：华人早年在牛车水经营的缝纫店；右图：保存完整的牛车水历史街区）

图 4-6 新加坡旅游交通与主要旅游景区（点）分布图（资料来源：因特网）
[新加坡十分关注交通便捷、景点连续、信息丰富、文明安全、整洁卫生等方面，努力完善“宜游城市”要素。左图：境内铁路、地铁、高速公路、快速路密布；右图：主要景区（点）分布]

图 4-7 新加坡街头多姿多彩的公车站（资料来源：自摄）
（新加坡的公车站形态各异、美观大方、坚固实用，简约的外形、变换的色彩、物境交融、充足的坐憩设施和信息丰富的站牌，为游客提供便利交通的同时，也展示着丰富的城市景观）

一是法制严明，管理有序。新加坡全城不设置户外广告和招牌，路牌标识整齐规范，沿街建筑立面不设立阳台，整个城市整洁美观。在制度安排上，新加坡法治严明，严格规范市民行为，保障城市的文明安全、清洁卫生。政府对高空抛物、随地吐痰、乱扔垃圾、高声喧哗、噪声污染、家装涂料气味污染、破坏生态环境等行为，处罚很严厉。新加坡也是一个无毒品国家。

图 4-8 新加坡街头的公用电话亭（资料来源：自摄）

二是交通便捷，景点连续，可达性强。新加坡对外交通为航空和海运，是世界的重要转口港及联系亚、欧、非、大洋洲的航空中心。各国的 64 家航空公司每周提供超过 3300 班次的定期飞行服务，航线连接世界 50 个国家的 145 个城市。2000 年客运量 2860 万人次，空运货物 168 万吨。樟宜机场连续多年被评为世界最佳机场。新加坡岛内交通四通八达，高速路、地铁、大巴等城市公交系统完善，保持景点连续和很强的可达性。在新加坡 682.7km^2 的范围内，有地铁 91km，设站 48 个，1999 年轻轨建成，与地铁相连；公路总长 3109km，其中高速公路 111.6km，机动车辆 69.28 万辆。景点之间的连续性非常强，有公交、地铁等多种交通方式连接，游览十分方便。

新加坡很少出现交通堵塞现象。以国土面积的 15% 用于道路建设，道路系统完善；路标指示清楚、红绿灯设置科学，多数公交车装有全球卫星定位系统；行人和车辆自觉遵守交通规则，虽无交通警察站道值勤，交通也畅通。

三是文明安全，信息丰富。新加坡健全的法制保证了公共秩序的安全、有序，无毒品、无黄赌、无暴力。大街上的红绿灯，配置音响提示（车辆通行时敲击声音缓慢，人群通过时声音急促），方便盲人出行。

在机场、码头、宾馆、饭店、车站、景区（点），一律设立有游客咨询中心，以及各种文字版本的旅游指南、游览手册、导游图、城市交通图等免费资料；街道旁、公车站简洁明确的标识，都会给游客带来丰富的信息和极大的方便（图 4-9）。

图 4-9 新加坡随处可见的旅游咨询台和自由取用的旅游指南（资料来源：自摄）

（新加坡机场、港口、饭店、购物中心等公共场所均设置信息台，免费提供种类齐全、语种多样的旅游地图、导游册和 DM 宣传单，给外来游客提供了对称、丰富、准确的相关旅游信息）

人们显得很文明，排队乘车、坐电梯，左下右上，井然有序，没有拥挤现象。

四是景点众多，文化多元。新加坡的景点各具特色，富于个性。从主题观光景点、自然公园、邻近外岛，到著名地标、博物院和宗教寺庙，功能互补，特色各异。每一个景区（点）有一个主题，每一个旅游点蕴涵着特定的场所精神。比如新加坡华人移民最早聚居和工作的地方——牛车水（Chinatown），原貌馆里华人到南洋做工时的居所、厨房、炊具、卧室等等，保存完好，向游客展示着华人当初生活的困苦、创业的艰辛，以及昔日牛车水地区的繁华，让游客感同身受。

据规划，环绕滨海湾的三个绿地公园将于近期建成，并有方便的步道连接。[1]

4.2 美国——景观轴线明晰

在美国，纽约、洛杉矶、芝加哥、旧金山等城市具有世界性的影响，城市现代化水平高、设施配套、功能齐全、建筑精良、环境优美。在“宜游城市”空间结构建设方面，最大的特点是景观丰富（图 4–10、图 4–11）、景观轴线明晰（图 4–12、图 4–13）。

图 4–10 美国纽约海滨的城市轮廓（资料来源：江北区政府考察团）
（纽约港的蓝天、碧海，衬托着金融中心林立的高楼景观和优美的城市天际线、水际线轮廓）

图 4–11 美国圣迭戈海滨的城市轮廓（资料来源：江北区政府考察团）
[由美国纽约海滨与圣迭戈（San Diego）海滨城市建筑天际轮廓线与水际线的对比，可以发现它们在高低错落，建筑体量、色彩、外形等方面有充分的交流和对话，构造出一幅和谐生动、韵律涌动的城市景观，是城市风貌的展示区和重要的旅游景点]

[1] 张嘉玲．五年后三大公园环绕滨海湾［N］．联合早报，2005-08-24（1）．

图 4-12　纽约曼哈顿地区的路网与城市景观轴线（资料来源：因特网）

（纽约路网综合运用"环形 + 放射性 + 方格"，形成路网密集、有机连接的交通体系。百老汇、华尔街、帝国大厦、格林威治村、中央公园、联合国总部大厦、大都会艺术博物馆、大都会歌剧院等名胜集中于此）

图4 13　纽约华尔街风貌图（资料来源：上图：因特网；下图：江北区政府考察团）

（作为金融中心，将南端设置为公园绿地，车行道从地块内部绕行，并设置大桥、滨河路与城市快速干道的大型互通，对交通疏解、公共空间塑造和街区繁荣有巨大的作用）

4.2.1 以科学规划调控城市景观

美国重视城市规划已有上百年的传统，已形成较为完善的体系，在城市建设和发展中起着极为重要的调控和引导作用[1]（图 4–14~ 图 4–16）。

图 4–14 纽约金融区林立的高楼与组织有序的交通（右下）（资料来源：江北区政府考察团）

（纽约“干道＋次级道路”形成的路网结构，建筑物和公共空间为网上节点，有效连接各功能地块和公共空间，实现了空间点阵的集约性、空间结构的高效性和旅游景区 / 点的可达性）

图 4–15 美国芝加哥城市形态（资料来源：江北区政府考察团）

（芝加哥城市高低错落有致，色彩明快协调，外形变化多样的建筑，通畅的道路和完善的功能，构成一幅鲜活生动、富有情趣的城市景观图，为都市旅游活动的开展提供了良好的载体。芝加哥城市体现出良好的“宜居宜游性”，归功于城市规划的科学引导和城市管理的严密控制）

❶ 杜和平 . 美国城市规划建设的经验教训和启示［J］. 当代党员，2005（12）：32–33.

其一，规划机构齐全。从联邦政府、州政府到各县市镇，均设立城市规划机构：联邦政府设立“住房和城市发展部”（HUD），议会设有城市规划委员会，行政部门设有规划局、规划办公室等。美国的规划协会（APA）在城市规划、建设中也发挥重要作用。

其二，规划刚性十足。美国城市规划的强制性和权威性很强，规划制定和执行极为严格，多数城市都有50年以上的总体规划，具体规划也做得十分详细，须经议会批准方可实施。规划一旦确定，很难随意改变。目前，许多城市还在执行20世纪20年代制定的规划。也正因为如此，才有芝加哥、纽约等这样整齐有序的城市。芝加哥市内保存着早期传统式的西欧古建筑，又有巍峨壮观的现代摩天大楼。市区沿着宽阔壮丽的大道连绵数十公里，规划布局井井有条，建筑纵横整齐、视线走廊通透，可以在市内任何街道远眺芝加哥河或密歇根湖。现在的城市是1871年大火之后重建的，新城区各种形状新奇、色彩各异的高层建筑和仅次于纽约的摩天大楼使其成为一座建筑艺术博物馆（图4-16）。

图4-16　芝加哥科学严谨的规划（资料来源：因特网 http：//www.meet99.com/map）
（芝加哥是美国第三大城市、中西部地区最大城市，最重要的铁路、航空枢纽，同时也是美国主要的金融、文化、制造业、期货和商品交易中心之一，具有世界影响力）

值得一提的是，美国的《城市成长管理法》（Growth Management Act，GMA）[1]，对促进城市有机生长起到了十分重要的作用：

（1）抵制城市蔓延；

（2）内涵式发展；

（3）保持交通、居住、公共开放空间的可能性；

[1] 吕斌，张忠国．美国城市成长管理政策研究及其借鉴［J］．城市规划，2005（3）：44-48.

（4）城市规划制度措施应付用地，按计划持续发展。

其三，规划民主参与。美国在制定城市规划过程中，一般都会以问卷调查等形式邀请市民一起讨论，集思广益。同时还要与各种协会和非政府组织达成一致意见，受长官意志干扰较少。美国在规划编制过程中，不单纯考虑城市的空间布局，更多地体现经济、社会、文化等发展政策和发展目标，因而规划编制水平较高。

华盛顿州注册建筑师事务所的詹姆斯·道森（James Daoson）在介绍新西雅图规划时认为，小的集中住区应满足现状特点；城市生长在设有服务设施的地方；城市生长于交通发达的地方；城市生长支撑城市文化格局。詹姆斯·道森还认为，在西雅图 Urban Village Strategy 中，市民参与方面非常有特色。西雅图设 5 个城市中心，24 个都市村庄（公寓），商业密度低，1994~2001 年住宅增多，创造了更多的就业机会，70% 的新住宅建于城市中心或村内，实现了都市转换。《城市成长管理法》发布后开发商可以开发市中心，效果很好[1]。

由于西雅图市山地较多，跨山跨水很麻烦，更需要高效率的交通体系，为此设立快速公车线路（专线三条）、区间铁路连接和轨道交通系统。

其四，规划理念先进。注重城市形态和天际线、水际线、视线通廊的合理规划布局。“芝加哥市、纽约市、檀香山市的城市规划特别强调：建筑是城市的心脏，水是城市的血液，道路是城市的脉搏，绿化是城市的肺叶（图 4-12）。”[2]

其五，规划内容科学。美国注重城市功能定位，以突出个性、张扬特色。比如，芝加哥是以工业为主导的城市；檀香山是以旅游为特色的城市。规划内容涵盖城市经济发展、土地利用、交通运输、环境建设、旧城改造、历史保护、社区与住宅建设、文化艺术及多样性等。善于吸纳新技术和新理念，特别是城市规划的数字化管理已进入全方位实施阶段，美国的城市用地基本上都已经建立了地理信息系统（GIS），城市规划决策大多建立在多重量化分析的基础上，从而保证了城市规划编制、执行的科学性。在产业布局方面，为防止城市产业空心化，美国规划坚持传统工业与现代工业、传统服务业与现代服务业并举的发展思路。在交通方面，规划注重城市道路交通规划的合理布局，强调以人为本，而不是以车为本；强调高密度路网和公共交通优先，反对宽马路、大车道。在中央商务区布局方面，强调高密度布局、单体建筑的造型设计和主立面景观建设，强调街道和商业门面的协调与统一。

4.2.2 以优质环境塑造城市景观

美国城市规划、建设中历来有重视环境保护的传统。1878 年制定、实施《城市森林法》，要求将森林引进城市。美国森林面积约 44 亿英亩，覆盖率达 33%。在规划、建设中对城市公园、绿地、绿脉有严格的规定（图 4-17）。通过精心细致的城市设计，对古建筑和历

[1] 詹姆斯·道森（华盛顿州注册建筑师事务所）. 新西雅图规划介绍［Z］. 重庆大学建筑城规学院，2002.

[2] 王元楷 . 学习借鉴美国城市规划经验　加快推进江北都市新区建设［J］. 工作通报（重庆江北），2005（17）：3.

图 4-17　纽约地区的方格路网与绿脉（资料来源：http：//www.meet99.com/map）

（纽约地区方格结构的路网有效疏解了交通，绿心、绿楔、绿脉和绿带，筑就了城市生态景观。右图的长方形绿地，是位于市区中心、有“纽约绿洲”之称的中央公园，周围是众多高楼大厦，南北长 4km，东西宽 800m，占地面积达 $320hm^2$，有茂密的树林、湖泊和草坪，甚至还有农场和牧场。在这样一个寸土寸金的大都市开辟出这样一个公园，无疑是一大创举。而且，公园的地下还建造了公路，既不影响车辆过境，又不打扰都市旅游者和本地市民的宁静）

史地段实施强力保护，塑造城市特色，延续历史文脉。

每个城市都建有展示其发展历史的展览馆、博物馆供人参观，政府对古建筑和历史文化古迹的保护、修缮提供专门的费用。如圣何塞市在旧城重建中，为保护一座 1920 年修建的宾馆，花巨资将其平移了 200 多米。美国《城市成长管理法》（GMA）规定：人口密度达到一定水平再扩建城市，城外必须修建度假地。由于度假中心为满足休闲需求而设立，应具备山地环境、气候不错、路途适当等条件。度假中心可以设立划艇、钓鱼、滑雪、登山、攀岩等体育项目和休闲设施。

崇尚自然，酷爱户外休闲运动的西雅图居民，有着令人艳羡的良好环境，在美国境内难觅这样得天独厚的天然景致，登山、划船、泛舟、健行、跑步、骑单车、野外露营，甚至是攀岩，都能找到适合的场地。詹姆斯 · 道森在讲座中称，西雅图建在 7 座小丘上，环山面水，西环路缺阳光，人们不得不外出到有阳光的度假村，度假村便相继建起。当时 GMA 未规定什么样的度假村可建，西雅图开发商用两年的时间搞起了自给自足的综合项目，成为短期旅游目的地。接着开始酝酿建设大型度假村——Mountain Star。大型度假村的好处是，可以有效组织利用市政设施、资金和水资源，能保证大面积的开放空间如钓鱼、保水环境，谋求最佳的经济效益。州、县活动可以进大型度假村。Mountain Star 度假村成功的关键有三点：潮湿气流成雨，雨林和沙漠兼备；度假村用地在干道旁，有山、有云，几公里远处有山峰群，受到严格的保护；设施完备。Mountain Star 后来成为最好的登山乐园。

Mountain Star 是一片长 8km、宽 3km 的山地。政府首先开展自然环境调查评估。从河流开始，进行百年一遇洪水预测，划定可建筑区；规划徒步旅游步道；对湿地予以保护，实行水生物、鱼类回游道不阻断；保护文化遗产，建立营地和印第安人住区；大于 40% 的坡度不能开发，治理滑坡和采矿区；建立 10 个永久性地表监测站；调查植被种类、现状道路，具历史价值的建、构筑物；建筑对环境影响无法弥补的方案无法通过；地理环境、水资源、动植物生长环境、空气、交通、文化、土地、采光、山里的星光、灯光控制、娱乐公共服务设施、居住效益与环境分析等方面，由公众提出意见，根据环境测试通过设计方案。

环境评估之后，进入建筑阶段。环境保护措施会使公众以为是负责的态度，认为投资可行，所以意义重大。“设计结合自然”，各区都有环境预测，社会补偿如居民安置措施，扩大学校用地，建急救中心、营地和印第安人渔业管理等部门。同时，美国政府对旧城改造也很重视。政府在旧城改造过程中十分注重发挥规划的先导作用，通过制定特殊政策和财政补贴等方式，引导民间资本、社会资本和私人资本参与旧城改造。有钢都之称的匹兹堡，工业污染严重，生态环境遭到严重破坏。二战后通过城市规划大调整，大力调整产业结构，成功地实现了从传统的钢铁工业向生物医药、IT 产业转型。如今的匹兹堡林木葱郁，绿草茵茵，游鱼重现河流，一派盎然生机。

4.2.3 以理性管理维护城市景观

美国的民主政治与法制建设成就有目共睹，科技、经济发展迅速，2001 年国内生产总值(GDP)102081 亿美元(按时价计算),人均国内生产总值 35843 美元(按时价计算)。同时，政府对城市的管理充满人文关怀。

一是社会保障体系完善。美国建立有全套完整的社会保障机制，比如医疗救助、失业救济、养老保险、教育基金、住宅援助等，高度关注居民的生存权，保障老人、孩子和失业人员等弱势群体的基本生存条件。在洛杉矶，政府专门在市政厅旁边辟出地块，供居无定所的乞丐们栖身，并每周定期发放救济金。这对市容有很大影响，但从一个侧面反映了美国政府对人性的关注。体现了“人居二” 提出的“为所有人、特别是弱势群体提供平等机会”的原则。美国的许多城市建有无障碍公共空间（图 4-18）。进入西雅图这个无障碍

图 4-18　西雅图市巨大的无障碍公共空间（资料来源：因特网）
（在西雅图，爱斯基摩体育场和紧邻的公园，是无障碍公共空间）

城市，最先让人感动的，就是在城市的每个角落都不会忽视弱势群体。残障人士或是行动不便的老人，都可以得到妥善的照顾和体贴的对待，一样可以抬头挺胸愉快地在城市游走。细心和善的公车司机，总是挡住上下车的乘客，要老人家从容上下车；司机会操作电动升降机协助使用轮椅的残障乘客，还会替他们系上安全带。除了老人和残障人士，还有原住民、同性恋以及从世界各地来的异国民族人们，在西雅图都能轻松共处，没有种族和肤色的区别，更没有性别上的歧视，体现人们相互尊重及人与人之间的平等关系。

美国推行公众参与公共安全管理的做法值得称道。布什总统在一次演讲中指出：“……我们应当继续加强市民与地方执法机构的合作，设法鼓励更多的自愿者参与公共安全事务和应急预案机制。”（President George W. Bush，May 9，2003）

二是努力提高城市感知度。“研究表明，居民可能认为旅游既有积极的也有消极的环境影响。消极的环境影响包括自然和历史文化资源的破坏、空气污染、噪声、垃圾增多、交通拥挤等；积极的环境影响感知主要涉及资源的保护、社区形象的提高、社区生态系统的平衡等”[1]（表 4-1）。华盛顿、纽约、芝加哥、洛杉矶等大城市注重产业结构调整和综合实力的提升，通过保持城市生态平衡、刺激消费以实现社会总供给与社会总需求的平衡，实现充分就业、城市文化多元共存以及严格城市管理等途径，改善“人居环境”，建设“宜游城市”。美国许多大城市一直引领着世界时代生活新潮流，是充满活力、时髦流行的城市（图 4-19）。

旅游地居民旅游经济、社会文化和环境影响感知内容 **表 4-1**

—	经济影响	社会文化影响	环境影响
正面感知	税收增加；收入增加；生活水平提高；就业机会增加；基础设施条件改善；商业和投资机会增加	社区自豪感；种族和文化认同；休闲游憩机会增加；文化交流和文化学习；社区的基础设施水平提高；对社区和游客的容忍度增加	提高了社区形象；自然环境得以改善；维护了社区生态系统平衡；保护和保存了古建筑等历史遗产
负面感知	外汇损漏；生活成本增加；物资与服务短缺	文化商品化；社区生活紧张；赌博、酗酒、犯罪等现象；传播文化和价值观受到冲击	交通拥挤；人口拥挤；破坏野生动物生存栖息环境、污染增加（噪声、垃圾等）

资料来源：赵玉宗等 . 国外旅游地居民感知和态度研究综述［J］. 旅游学刊，2005（4）：86.

图 4-19 美国纽约街头的流光溢彩（资料来源：江北区政府考察团）
（美国纽约街头的流光溢彩引领着世界时代生活新潮流，堪称充满活力、时髦流行的城市）

[1] 赵玉宗等 . 国外旅游地居民感知和态度研究综述［J］. 旅游学刊，2005（4）：86.

在美国的城市规划和建设中，也有一些值得反思的方面。一是城市"摊大饼"式的蔓延造成资源，尤其是土地资源的浪费和生态环境的不可逆性破坏。20世纪后期，美国开始面临城市蔓延问题，不断形成面积辽阔、规模庞大的大城市连绵带。洛杉矶的城市结构是中心大城市和围绕其四周的数十个小城镇，"其漫无边际的铺陈所带来的资源浪费已开始受到一些专家的质疑"[1]。芝加哥从1985年到2000年的15年间，城市用地规模扩大了40%，城市人口从270万增加到290万，增加不过5%，大量低层、低密度建筑沿公路向城区外带形发展，导致大片森林、农田、空地被挤占，城市运行效率降低。二是城区中心空洞化。规划时过分强调居住区与工作区的分离，有机集中度降低，城市大规模向郊区拓展，结果居住区离市中心越来越远，通勤人数大量增加。从20世纪70年代开始，美国郊区人口开始超过市中心城区人口。许多城市老城区破败，设施陈旧，经济衰退，商业服务、文化教育、休闲娱乐等公共资源利用效率降低。三是交通拥堵问题突出。由于美国的郊区化现象，住区远离工作地，通勤增加，小汽车剧增，几乎是平均每人拥有机动车1辆，公共交通发展不平衡，致使城市交通拥塞成为一大难题，能源消耗增加，经济成本上升。四是城市公共开放空间减少。"第一次世界大战的出现终止了把开放空间融入城市结构的进一步重大尝试。这个凄凉时期出现的是实用主义和实用性，它不会关注如此'微不足道'的内容（诸如美感、氛围和庄严等），纯洁的时代过去了，雄伟的步行林荫路变成了城市快速路。"[2]杰拉尔德 · A · 波特菲尔德倍感忧虑，"在涌向郊区的大潮中，我们牺牲了社区的统一性要素，它已为人类出色地服务了上千年，它们是发展的根本……社区开放空间已从与……交通和建筑这两个要素具有同等地位的状态中消失了，或者成为它们的附属品。"

美国人已经开始对这种高能耗的车轮文明进行深刻反思，呼吁城市规划工作重新强调城市的功能性，提高城市居住密度，同时大力发展和完善公共交通体系，以实现整个社会的可持续发展。

4.3　欧洲——文化轴线与步行体系融合

在欧洲，英国、法国、意大利等国的城市历史悠久，多数具有世界影响力，素有严格保护文物古迹的传统，城市文化底蕴深厚，城市空间结构文化轴线与步行体系高度融合、韵味十足。

4.3.1　英国：通过园林运动与文物保护构建文化轴线

英国的服务业从业人口占其就业总人口的77.5%，产值占国内生产总值的63%以上。旅游业是英国最重要的经济部门之一，年产值700多亿英镑，旅游收入占世界旅游收入的5%左右。与以风光旅游为主的国家不同，英国的王室文化和博物馆文化是旅游业的最大

[1] 曹卫国. 美国反思城市无序蔓延强调发挥城市功能——国外城市规划与建筑设计专题调研[J]. 内参选编，2007（5）：13.

[2]（美）杰拉尔德 · A · 波特菲尔德，肯尼亚 · B · 霍尔 · Jr 著. 社区规划简明手册［M］. 张晓军，潘芳译. 北京：中国建筑工业出版社，2003：164-165.

看点。主要旅游点有伦敦、爱丁堡、加的夫、布赖顿、格林尼治、斯特拉福、牛津、剑桥等。政府通过特意保护伦敦塔桥、伦敦大本钟、大英博物馆等享誉全球的古建筑，以及声势浩大的园林运动，构建内涵丰富的旅游文化轴线（图 4-20~ 图 4-22）。

图 4-20　英国历史悠久的古建筑（牛津大学）（资料来源：汪隽琪摄）

（左图：英国牛津大学的街道空间；右图：历史悠久的牛津大学教学楼）

图 4-21　白金汉宫及其前面的广场（资料来源：因特网）

（有 300 余年历史的白金汉宫，彰显昔日英王的尊严，前有中央竖立着维多利亚镀金雕像纪念碑的广场）

图 4-22　英国伦敦古朴的街头彰显丰富多彩的街头文化（资料来源：汪隽琪摄）

（古老的建筑、独特的风貌、多彩的文化、悠闲的游人，构成伦敦活力涌动的景象，彰显欧洲人注重历史地段、文化遗产和生态环境保护，及综合规划、建设和管理城市的优良传统）

1. 园林运动造就生态文化轴线

18 世纪 30 年代，抛弃欧洲传统的园林设计手法，将中国传统的模仿自然山水的造园手法与浪漫主义造园思想融合，在英国出现了风靡一时的“英华庭园”（Anglo-Chinese garden）[❶]。效仿连绵的小山、弯曲的小河、散布的树丛，追求自然、变化、惊奇、隐藏和田园的情调，强调蛇形的曲线美，有意识地保存自然起伏地形，创造“如画的园林”（Picturesque garden）[❷]。经过 19 世纪的自然主义运动和城市公园运动，逐渐形成了规模较大的植物园、动物园，为城市空间结构生态文化轴线的构建作出了贡献。

2. 文物保护形成建筑文化轴线

通过在建筑群中间置方形广场，赋予建筑整齐而富丽的外貌，即伦敦广场（London Square）建设，运用完整的步行体系，将公园、广场、商店、银行、住宅等集约组合，营造出色的环境景观轴线，为公众游憩或社交提供了富有情趣的公共空间。正是英国人对文物古迹持之以恒的精心呵护，才造就了英国城市空间结构中类似伦敦里琴大街（Regent Street）、大本钟、伦敦塔桥那样的建筑文化轴线[❸]（图 4-23、图 4-24）。比如，自从 1859 年投入使用后，英国政府每隔五年就要对大本钟实施维护，包括清洗钟体、替换大本钟的报时轮系和运转轮系等。

3. 颁行政策支持旅游业发展

Brian Goodall 认为，旅游在政府都市旅游经济、社会和环境政策中没有突出表现[❹]。旅

图 4-23　大本钟文化轴线及其在伦敦的位置（资料来源：左图：汪隽琪摄；右图：因特网）

（1859 年，由本杰明 · 霍尔爵士监制的大本钟，即威斯敏斯特宫（Palace of Westminster）钟塔，英国国会会议厅附属钟楼（Clock Tower）的大报时钟的昵称。位于威斯敏斯特桥的南桥头，与英国议会大厦相连，在议会大厦的北角。钟楼高 79m，钟楼四面的圆形钟盘，直径为 6.7m，是伦敦的传统地标，被视为伦敦的象征，是文化轴线与步行体系融合的典型）

❶ 沈玉麟 . 外国城市建设史［M］. 北京：中国建筑工业出版社，1999：101.

❷ 沈玉麟 . 外国城市建设史［M］. 北京：中国建筑工业出版社，1999：102.

❸ 沈玉麟 . 外国城市建设史［M］. 北京：中国建筑工业出版社，1999：100.

❹ Brian Goodall.Tourism Policy and Jobs in the United Kingdom［J］.Built Environment.1987，13（2）：109.

游业有权利期望政府为景区投资提供有益的经济支持、鼓励企业措施和维持标准（British Tourist Authority，1981）。

国际上政府支持旅游采取多种形式，或者鼓励供给，或者刺激需求。前者包括直接的自然、历史景区的帮助措施，比如基础设施建设、税收减免；后者强调促进市场活动，比如法国的假日接待计划，那是设计用来向各部分人口开放国内旅游的（OECD Tourism Committee，1984）。

首先是法律支持。1969 年《旅游发展法案》（Development of Tourism Act）的通过，被恰如其分地描述成为赋权法案，就国家旅游部门许可、贷款，甚至平衡投资等方面授予了广泛的权力，以支持旅游企业的发展。改变了英国原来那种自动型旅游管理，而成为依法管理。

图 4–24　伦敦塔桥（资料来源：汪隽琪摄）
（建于 1894 年的伦敦塔桥是伦敦文化轴线上的标志性建筑之一）

其次是政策明晰化。国家旅游部门利用他们的资源来发展旅游设施、接待与信息服务、开拓国内市场、资助地方旅游部门（British Tourist Authority，1981）。1970 年，《旅游事业计划》取代《旅馆发展鼓励计划》。商务部 1974 年发表评价（the Shore review），使以旅游政策为基础的地区政策考虑显著化，以唤起市场努力和发展投入向远离旅游建成中心、有旅游发展潜力的经济薄弱地区转移。

最后，在实践证明了旅游在支出平衡方面的重要性之后，人们认为旅游创造就业机会的潜力在都市再造和再现传统海滨地区活力等方面是一个可能的工具。通过合并某些旅游管理部门（BTA）的普通服务机构和英国旅游局（ETB）来消除官方机构的重叠。

拉蒙特导则形成了政府政策的基础。1984 年的《青年》杂志评论（Cabinet Office，1985）有限地考虑了法定的和其他方面的旅游发展障碍，比如教育和训练、旅馆分类、资格认证法规、交通集散地设施，反映对旅游就业潜力的强调程度，增加政府“通过创造竞争性经济活动来创造稳定的就业机会”[1]。

1969 年的《旅游发展法案》等法律、规范的出台，使英国旅游业快速发展，通过“为产业的发展创造适宜的经济气候以及借助通过地方旅游部门提供财政支持”等手段，鼓励“英国作为旅游目的地的发展、成长和国际竞争”。政府的一系列鼓励措施刺激了民间资本向旅游产业的投入，增进了政府对旅游创造财富和就业（表 4–2）的信心，实现了改进英联邦旅游产品的愿望。

---

[1] Brian Goodall.Tourism Policy and Jobs in the United Kingdom［J］.Built Environment.1987，13（2）：122.

英国 1985 年包括旅游业在内的主要部门就业人数　表 4-2

部　门	就业人数（万人）	就业人数（万人）	比例（%）	比例（%）
旅　馆	262.2	—	14.0	—
餐　饮	191.9	—	10.3	—
公共场所与酒吧	257.6	—	13.9	—
夜总会	155.0	—	8.2	—
其他旅游场所	53.9	—	2.8	—
小　计	—	920.6	—	44.5
铁　路	145.3	—	7.8	—
其他岛内交通	190.7	—	10.3	—
海上交通	35.5	—	1.9	—
航　空	43.5	—	2.3	—
交通支持服务	89.7	—	4.8	—
小　计	—	504.7	—	24.4
影视、剧院	72.1	—	3.9	—
游客服务	34.6	—	1.9	—
图书馆、博物馆	65.9	—	3.5	—
运动及其他休闲服务	261.7	—	14.0	—
小　计	—	434.3	—	21.0
雇员总数	—	1859.6	100.0	89.9
自我就业	—	208.3	—	10.0
总　数	—	2067.9	—	100.0

资料来源：Parsons D. Jobs in Tourism and Leisure［M］// Report by Institute of Manpower Services，University of Sussex.London：English Tourist Board，1986：11–14 ❶.

4.3.2　法国：人文光芒四射的文化轴线

法国是世界著名的旅游大国，平均每年接待外国游客 7000 多万人次，超过本国人口。首都巴黎、地中海和大西洋沿岸的风景区及阿尔卑斯山区都是旅游胜地，此外还有一些历史名城、卢瓦尔河畔的古堡群、布列塔尼和诺曼底的渔村、科西嘉岛等。法国一些著名的博物馆收藏着世界文化的宝贵遗产。

1. 深厚的文化蕴涵于文化轴线中

17 世纪开始，法国的古典文学迎来了辉煌时期，相继出现了莫里哀、巴尔扎克、大仲马、雨果、福楼拜、小仲马、左拉、莫泊桑、罗曼 · 罗兰等文学巨匠。《巴黎圣母院》、《红与黑》、《高老头》、《基督山伯爵》、《悲惨世界》和《约翰 · 克利斯朵夫》等，广为流传，都成为世界文学瑰宝。法国的雕塑艺术成就杰出，工业设计、艺术设计世界领先（图 4–25）。有关实用美术、建筑、时装设计、工业设计专业的学校也早已凭借其“法国制造”的商业硕果而闻名海外。法国咖啡文化源远流长，在小咖啡桌旁看书、写作、高谈阔论，最重要的是恬静。

2. 精湛的建筑艺术彰显文化轴线的精彩

法国巴黎自 18 世纪雅各宾专政时期开始改建，后经拿破仑帝国、拿破仑第三时期的

❶ Brian Goodall.Tourism Policy and Jobs in the United Kingdom［J］.Built Environment.1987，13（2）：115.

图 4-25 著名的法国王宫建筑——卢浮宫博物馆（资料来源：因特网）
（馆内收藏、展示大量文物、雕塑和艺术珍品，堪称世界艺术中心）

改造，修建“大十字”干道 + 内外环道，将道路、广场、绿地、水面、林荫带和大型纪念性建筑物（如卢浮宫、宫前广场、协和广场、军功庙和凯旋门等）组成一体。当时对道路宽度、两旁建筑物高度和屋顶坡度都有定制。有 12 条放射大道的明星广场，直径达 137m，四周建筑的屋檐等高，立面协调统一，并遍修大面积公园、滨河绿地和花园式林荫大道。结构上把市中心分成若干区中心，建造了大规模的地下排水系统，改善了供水设施，开办马车公交，增加街道照明汽灯等，使巴黎成为 19 世纪世界上最美丽、最近代化的城市❶。协和广场（Place de la Concorde in Paris）等世界著名的历史建筑，大多位于巴黎市中心的塞纳河畔，向都市旅游者展示着法国建筑艺术博大精深的魅力。巴黎圣母院建成历史长达 800 余年，是最著名的中世纪哥特式大教堂，同时具有很高的考古价值。卢浮宫是法国最大的王宫建筑之一，16 世纪后经多次改建、扩建，至 18 世纪为现存规模，占地约 45hm^2，历时 300 余年，形成一座呈 U 字形的宏伟辉煌的宫殿建筑群。1793 年被辟为国立美术博物馆，在卢浮宫口 U 字形正殿的西侧，伸展出两个侧厅，中间的空地形成卡鲁赛广场。宫殿的东侧有长列柱廊，建筑巍峨壮丽。其画廊长达 900 英尺，藏有大量 17 世纪以及欧洲文艺复兴期间许多艺术家的作品。雕刻、油画、素描和彩粉画等馆藏品达 40 万件。

3. 匠心独具的规划设计赋予文化轴线勃勃生机

在城市规划和城市公共空间塑造方面，法国具有悠久的传统和历史。气势恢弘的香榭丽舍大街 （Ave des Champs-Elysees）（图 4-26）西起协和广场（图 4-27）东至星形广场，全长约 1800m，街道最宽处约 120m，是横贯巴黎且最具特色、最繁华的街道之一，又是巴黎城市的重要景观轴，也是都市旅游活动的重要空间。

乔治 · 蓬皮杜国家艺术文化中心（Centre National d'art et de Culture Georges Pompidou，图 4-28）是一座具有未来主义风格的现代建筑典范。文化中心的外部钢架林立、玻璃管道纵横、玻璃墙体硕大，并且根据不同功能分别漆上红、黄、蓝、绿、白等颜色。因这座现代化的建筑外观极像一座工厂，故又有“炼油厂”和“文化工厂”之称。这座设计新颖、造型特异的现代化建筑，是已故总统蓬皮杜于 1969 年决定兴建的，1972 年正式动工，1977 年建成。整座建筑占地 7500m^2，建筑面积 10 万 m^2，地上 6 层，分为工业创造中心、大众知识图书馆、现代艺术馆以及音乐音响谐调与研究中心四大部分。这里珍藏着法国乃

❶ 沈玉麟 . 外国城市建设史［M］. 北京：中国建筑工业出版社，1999：105.

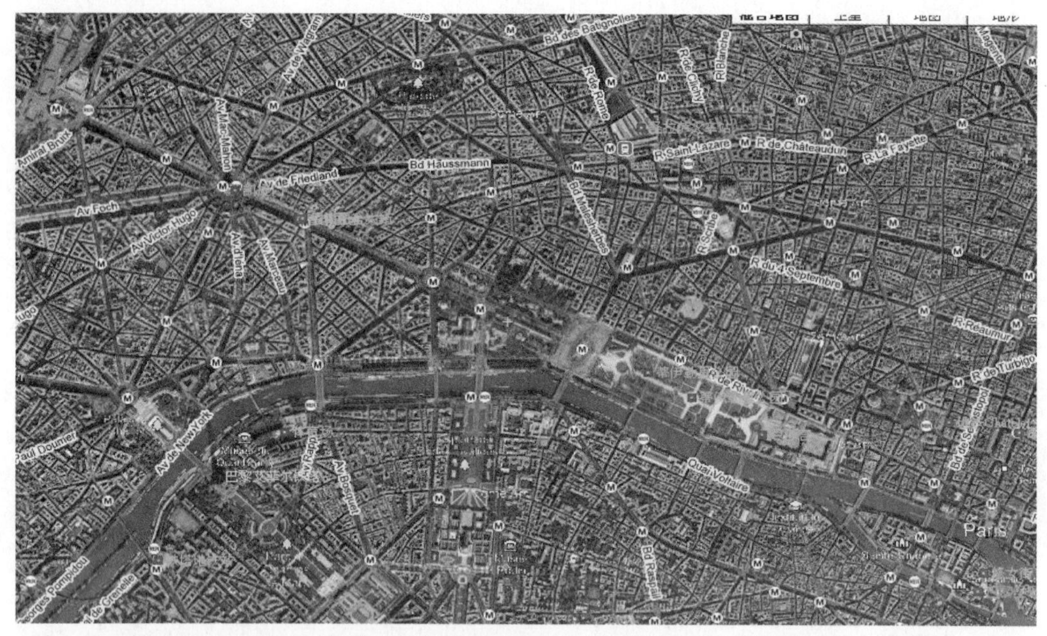

图 4-26　法国精湛的建筑艺术和城市规划设计（资料来源：因特网）

（气势磅礴的香榭丽舍大街，东起协和广场西至星形广场——戴高乐广场，全长约 1800m，宽 100m，以圆点广场为界：东段为长约 700m 的林荫大道，以自然风光为主，道路是平坦的英式草坪，绿树成行，莺往燕来，鸟语花香，是闹市中一块不可多得的清幽之处。西段为长约 1200m 的高级商业区，全球名牌密集，一流的名店集中在凯旋门附近。精美的文化轴线气度非凡，并与步行体系巧妙融合）

图 4-27　巴黎协和广场
（资料来源：因特网）

图 4-28　乔治 · 蓬皮杜国家艺术文化中心（资料来源：孙如枫摄）
（从狭窄的街道乍然来到空旷的蓬皮杜艺术文化中心，你一定感觉豁然开朗）

至世界现代艺术的珍品，它与卢浮宫、奥赛博物馆并称为巴黎三大艺术博物馆。

19 世纪基本建成的巴黎中心主轴，连接明星广场、丢勒里花园、卢浮宫、马德兰教堂和残疾院广场等公共空间，形成景观良好、行之自由的公共空间体系❶。

❶ 沈玉麟 . 外国城市建设史［M］. 北京：中国建筑工业出版社，1999：105.

4.3.3 意大利：步行与舟行系统完善的城市空间结构

意大利平均每年接待外国游客7000多万人次，旅游收入150万亿里拉（约714亿多美元），约占国内生产总值的6%，主要旅游城市是罗马、佛罗伦萨和威尼斯。

1. 场所精神无处不在

意大利因历史上烜赫一时的古罗马帝国、一千九百年前毁于一旦的庞贝古城、闻名于世的比萨斜塔、风光旖旎的水城威尼斯、文艺复兴的发祥地佛罗伦萨、被誉为世界第八大奇迹的古罗马竞技场等（图4-29~图4-32）而闻名。意大利文化颇具特色，文学艺术、刑事法典、建筑技术、雕塑绘画、军事科学、农业技术、地理科学、医学等多方面都达到了很高的水平，名人辈出。

图4-29 风光旖旎的水城威尼斯（资料来源：孙如枫摄）

（威尼斯独特的城市风貌、经典的建筑、纵横的河道、简约的小桥，表达着城市的精致灵秀。这里既有世上独一无二的温柔，又不乏历史上地中海最强的高雅风景，东西方的桥梁，造就了威尼斯无可比拟的独特外貌和丰富的艺术宝藏，使其成为世界上最具有吸引力的旅游城市）

图4-30 欧洲文艺复兴的发祥地——佛罗伦萨（资料来源：孙如枫摄）

（作为意大利文艺复兴发祥地的佛罗伦萨，到处是精心保存下来的古建筑和文化与科学巨匠对人类作出的巨大贡献成果，包括绘画、雕刻、古迹和文物，空前的文艺繁荣景象栩栩如生）

图 4-31 佛罗伦萨独具特色的桥廊和石桥（资料来源：孙如枫摄）
（佛罗伦萨的阿尔诺河上建有独特的桥廊，古风盎然的石桥，两端连接着乌菲齐和皮提美术馆）

图 4-32 充满人文精神的罗马广场与如织的游人（资料来源：孙如枫摄）
（精心建造、保存完好的古罗马广场，及其博大精深的雕塑，使其成为人文内涵丰富的景点）

14~15 世纪，意大利文艺空前繁荣，成为欧洲“文艺复兴”运动的发源地，但丁、达 · 芬奇、米开朗琪罗、拉斐尔、伽利略等文化与科学巨匠对人类文化的进步作出了无可比拟的巨大贡献。如今，在意大利各地都可见到精心保存下来的古罗马时代的宏伟建筑和文艺复兴时代的绘画、雕刻、古迹和文物，使意大利的城市空间富含文化，处处充满浓郁的场所精神。

有人说，罗马属于上帝和天使们的永恒之城，几经毁灭又几度复兴，历史遗迹处处可见，君士坦丁门古竞技场、四河喷泉、西班牙阶梯……还有坐落于市区的天主教宗教地梵蒂冈，又为之增添了一道风景线。意大利丰厚的文化遗产是世界的瑰宝，也是发展旅游业的不竭源泉，旅游业因此成为意大利国民经济的支柱。

2. 步行、舟行系统完善

威尼斯，这座建于 5 世纪的著名水城，坐落于威尼斯湖的 118 个大小岛屿上。150 多条运河和 400 座桥梁纵横交错，把这 118 个岛屿连成一个城市整体。威尼斯无可比拟的独特外貌和丰富的艺术宝藏，使它成为世界上最具有吸引力的旅游城市。威尼斯的美离不开碧绿的水和摇摇晃晃的小船，更离不开富丽堂皇的古典建筑物。纵横的街道在这里化身成蜿蜒的运河；在普通的城市街道上通行无阻的车辆，在这里变成了小船（图 4–33）。这里的每一条小水道、小街、小教堂和小广场都是风景，记录着水城灿烂的文化和历史。

意大利的城市各具特色和文化内涵。佛罗伦萨既是工业革命的摇篮，同时又是欧洲文

图 4–33　水城威尼斯的步行、舟行体系四通八达（资料来源：因特网）

（威尼斯水系发达，陆地城市的道路在此变成了河道，陆地交通工具机动车辆在此由小船代替，因而威尼斯城的水上交通网络取代了陆地城市的道路交通系统，加上古色古香，别具风采。威尼斯城市的空间结构特征，便是步行、舟行体系完善，古建筑风貌独具特色，文化内涵丰富）

艺复兴的发祥地。悠久的历史和光荣的传统，使意大利人一直有严格保护历史地段和古建筑的意识，以至于在数百年来的城市规划、设计和建设中，无论是在建筑形态、体量、层高，还是在建筑色彩等方面，都保持高度的协调和统一（图 4-34）；政府和公众往往对一棵树、一块草皮、一尊石头也要倾注心血、精心保护，保证城市的有机生长，兢兢业业地维持着城市文脉的延续。正是意大利人匠心独具的刻意保护，才造就了意大利独特的城市风

图 4-34　威尼斯统一、协调的建筑风貌（资料来源：因特网）
（威尼斯城历史悠久，古建筑受到精心保护，后来建设的各类建筑与古建筑之间协调、对话）

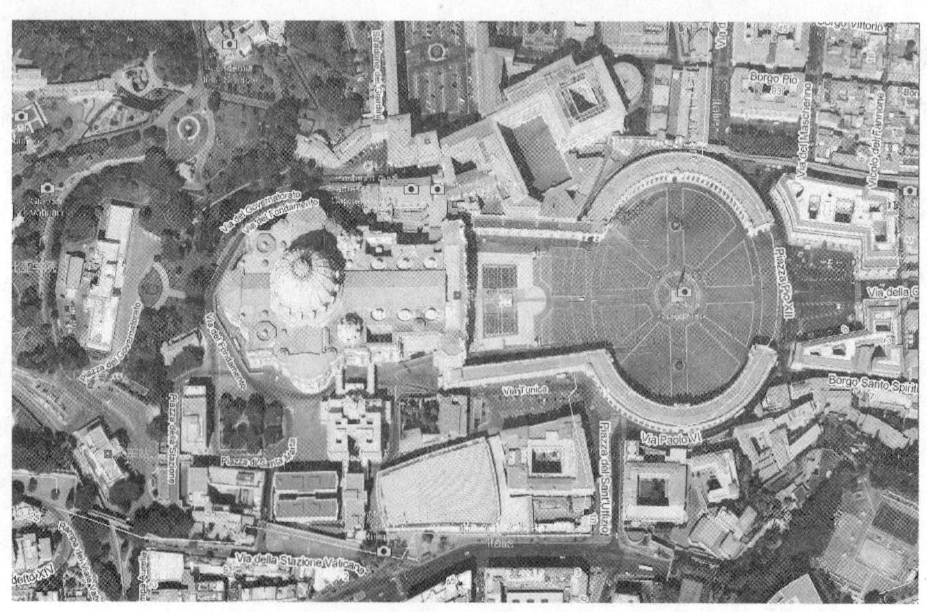

图 4-35　圣彼得大教堂及其宏大的广场（资料来源：因特网）
（建于 326~333 年，是罗马天主教的中心教堂，欧洲天主教徒的朝圣地与梵蒂冈罗马教皇的教廷，位于梵蒂冈，具有文艺复兴式和巴洛克式建筑风格的世界第一大天主教堂）

貌，加上其优美的自然风光和可资炫耀的历史文化（图 4–35），使之成为世界著名的旅游目的地之一。

4.3.4 德国：十分重视步行体系建设

以汉诺威为例，Maschess 湖、Hermann Lons 公园、Tiergarten 公园、Eilennede 公园、Georgengarten 公园等之间有十分完善的步行体系，形成多条环形游线，并与城市中心区保持安详的连接（图 4–36）。

而且，汉诺威市区道路地面设有旅游线路标识，极大地方便了游客，人性化地避免了都市旅游者陷入“迷路”的困境。沿着从火车站开始的划有红色标识线的人行道，步行一大圈，可以游览这个城市的 36 个景点，总共行程 2h，被称为“红线旅游”，游客在交通上会感到十分轻松。

同时，德国人对文化街区和历史地段的强烈保护意识也是世界知名的。

Maschess 是 1934~1936 年间整治出来的人工湖，系在古沼泽地带的遗址上开凿而成，占地 78hm^2。游客可乘坐太阳能技术及超时代装潢太阳能船顶的游船，也可以沿湖滨漫步，每年在此举行盛大的 Maschess 湖节（图 4–37）。

图 4–36 德国汉诺威市区公园绿地及水体之间完善的步行体系（资料来源：因特网、自绘）

（Maschess 湖、Hermann Lons 公园、Tiergarten 公园、Eilennede 公园、Georgengarten 公园等之间有十分完善的步行体系，形成多条环形游线，并与城市中心区保持安详的连接）

图 4–37　汉诺威 Maschess 湖景区（资料来源：因特网 Google 地图、自绘）

（汉诺威 Maschess 湖景区，巧妙应用功能综合原理，集约"吃、住、行、游、购、娱、信息"等旅游要素，通过设置两个游艇码头、使用太阳能的游艇、湖滨酒店、湖滨环形林荫步道及其他休闲设施，周边有许多保存完好的历史街区和古建筑，提高了城市游憩空间的"宜游性"。一年一度的 Maschess 湖节，吸引游客蜂拥而来）

4.4　香港——活力涌动的城市空间结构

4.4.1　香港的旅游资源和旅游景区（点）

我国香港特别行政区辖区面积 1098km^2，人口 681.6 万人，属国际化都市，拥有便利的营商环境、完备的法律体制、自由贸易政策和资讯流通、公平开放的竞争，以及金融网络、通信基建网络等便利因素，并拥有庞大的财政储备和外汇储备、自由兑换的稳定货币，以及低税率的简明税制等优势条件，使得香港都市旅游业发达。

香港旅游资源以都市观光为主，兼有都市购物和都市休闲娱乐项目。香港都市旅游景点主要集中在127km^{2}的香港本岛和九龙半岛，部分分布在新界（表4-3），户外公共空间主要集中在中环、铜锣湾、尖沙咀和维多利亚港两岸滨海地区（图4-38~图4-40）。香港经过上百年的发展，作为城市休闲、游憩的集中承载空间——城市游憩商业区（Recreation on Business District，RBD）❶空间结构资源得到不断整合、空间结构得到不断优化和演变，都市旅游业十分发达，旅游收入成为香港地区的主要经济来源之一（图4-41）。

香港主要旅游景点分布　　表4-3

分布地	数量与百分比	景点名称
港岛	13、37.1%	太平山（中环）、海洋公园（香港仔）、会展中心及金紫荆广场（湾仔）、浅水湾（香港仔）、香港公园（中环）、香港动植物园（中环）、香港电影资料馆（西湾河）、维多利亚公园（铜锣湾）、赤柱、香港海防博物馆（筲箕湾）、礼宾府（中环）、虎豹别墅（大坑）、兰桂坊（中环）
九龙	14、40.0%	尖东海滨公园（尖沙咀）、香港太空馆（尖沙咀）、香港艺术馆（尖沙咀）、黄大仙祠、志莲静苑（钻石山）、跑马地赛马场、香港科学馆（尖沙咀）、香港历史博物馆（尖沙咀）、九龙公园（佐顿）、九龙城寨公园（九龙城）、三棟屋博物馆（九龙荃湾）、李郑屋古墓（深水埗）、庙街及榕树头（油麻地）、园圃街雀鸟公园（女人街、旺角）
新界	8、22.9%	宝莲寺（大屿山）、青马大桥（新界青衣）、圆玄学院（新界荃湾）、香港文化博物馆（新界沙田）、香港铁路博物馆（新界大埔）、红楼（屯门）、青松关（屯门）、海下湾及印洲塘海岸公园、迪斯尼乐园（大屿山东北部）

资料来源：陶伟，李丽梅．香港城市游憩商业区空间结构演变模式［J］．城市规划，2005（6）：71.

图4-38　香港浅水湾（资料来源：自摄）
（具传统中华特色的亭榭、小桥和码头、绿岛、海湾和蓝天，构成一幅水天一线的绝妙佳景）

❶ 陶伟，李丽梅．香港城市游憩商业区空间结构演变模式［J］．城市规划，2005（6）：69.

图 4-39 香港维多利亚港湾（资料来源：自摄）
（太平山脉、维多利亚港湾与鳞次栉比的高楼大厦，形成了良好的城市天际、水际轮廓线）

图 4-40 香港金紫荆广场和韵律涌动的城市轮廓（资料来源：自摄）
（金紫荆广场为纪念香港回归祖国而建，因地势优越和恢弘气势而成为富含魅力的公共空间）

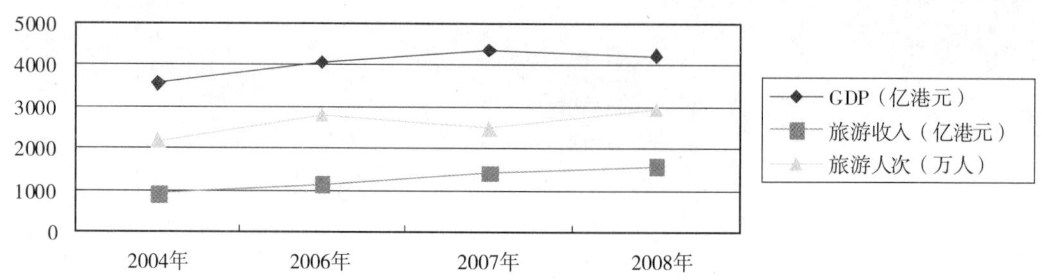

图 4-41 香港近年 GDP、旅游收入与旅游人次变化情况（资料来源：自绘，数据源自因特网）

4.4.2 香港城市游憩商业区空间位置的形成与演变

1. 城市游憩商业区空间位置的形成

城市游憩商业区（RBD）是为了满足季节性游客涌入的需要，在某一区域内集中布置饭店、娱乐业、新奇物和礼品商店的街区（陶伟，2005 年）。可以将城市游憩商业区划定为都市旅游景区（点）。至于城市游憩商业区空间结构，陶伟博士将其定义为：城市游憩商业区是各种物质的与非物质的要素，在城市生长过程中，在城市地域空间中所处的位置，以及在营运过程中的形态。陶伟博士认为，香港城市游憩商业区空间位置的形成与演变经历了“发轫：港岛（1842 年）—北拓：九龙的兴起（1904 年）—填充：港九地区的共同繁荣（二战后）—扩张：大屿山的综合开发”四个阶段。“从总体空间布局来看，香港的 RBD 是依托城市原有的中央商务区发展起来的。在港岛北部海岸办公服务区与商业区的基础上，通过便利的交通往南部延伸，与太平山、香港公园等旅游景点共同形成港岛的 RBD（图 4-42）。九龙以尖沙咀地区为核心，沿南北向的弥敦道扩展，密布大量的商业设施和酒店，形成九龙半岛的 RBD。香港的 RBD 同时结合金融、办公服务、商业、广场、公园、步行系统、购物中心、游乐园、娱乐场所和文化设施等众多空间类型和功能，因而其吸引力巨大，甚至达到全球范围。”[1]

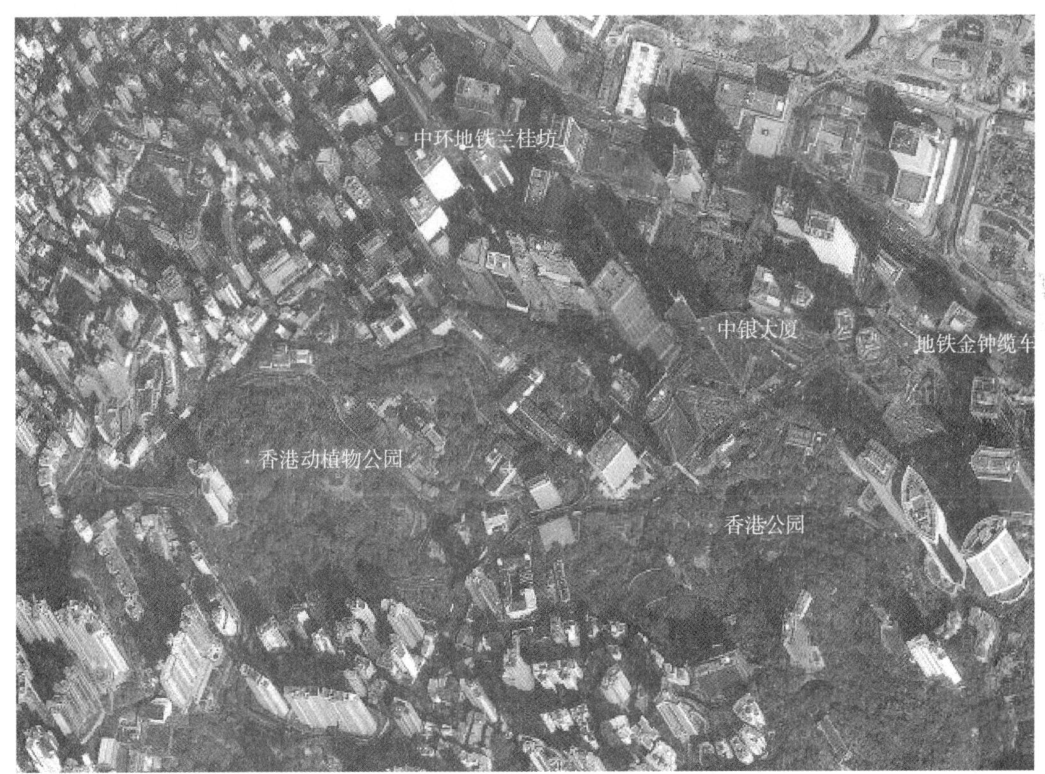

图 4-42 港岛游憩商业区（资料来源：因特网 http：//www.baidu.com）
（依托中银大厦所在的中央商务区，在港岛北部海岸办公服务区与商业区的基础上，通过便利的交通向南部延伸，与太平山、香港公园、香港动植物园等旅游景点共同形成港岛的游憩商业区）

[1] 陶伟，李丽梅．香港城市游憩商业区空间结构演变模式［J］．城市规划，2005（6）：71.

据统计，中环太平山顶、九龙露天市场、香港仔、浅水湾和海洋公园、湾仔香港会议展览中心、大屿山迪斯尼乐园是香港地区的热门景点。

2. 城市游憩商业区空间形态的演变

陶伟博士认为，“城市游憩商业区土地利用方式与强度，决定了城市游憩商业区构成的二维基面和基本形态格局，空间形态是其表现形式。”[1]城市公共空间功能的变迁必然以土地利用方式的改变为表现，从而引起城市空间结构的改变。根据陶伟博士的研究，香港都市旅游景点所构成的城市游憩商业区空间形态的演变经历了“都市单核心聚集—都市核心聚集与轴向扩展—都市核心再发展与向外扩散并存”三个阶段。

从功能变迁角度看，经历了“港岛：中央商务区与游憩商业区功能叠加互补—九龙：酒店、商业、游憩功能突出—大屿山：游憩功能为主导”等演变。“随着香港的经济转型，城市的商务、零售、娱乐和休闲功能日渐突出，中心地区独特的建筑环境、传统历史文脉和浓郁文化氛围成为中心区的发展潜力所在。”[2]同时也是都市旅游者光顾的首选景点（图 4–43）。

图 4–43　香港九龙半岛游憩商业区（资料来源：因特网 http: //www.baidu.com/）

（以尖沙咀地区为核心，布置商业、九龙公园、滨海步行带等大型公共空间；沿南北向的弥敦道扩展，密布大量的商业设施和酒店，形成九龙半岛的 RBD，酒店、商业、游憩功能突出。在空间结构上，九龙半岛依山就势，将尖沙咀地区开辟为著名的商业集聚区，并形成闻名遐迩的维多利亚海湾；为使交通形成环道，甚至在尖沙咀南建成水上通道，绕过陆地建筑障碍）

❶ 陶伟，李丽梅．香港城市游憩商业区空间结构演变模式［J］．城市规划，2005（6）：72.

❷ 陶伟，李丽梅．香港城市游憩商业区空间结构演变模式［J］．城市规划，2005（6）：73.

4.4.3 香港建设“宜游城市”空间结构的有益启示

香港在“宜游城市”空间结构建设过程中有许多做法值得借鉴，集中体现在以下四个途径。

1. 通过建设游憩商业区塑造城市公共空间

香港城市游憩商业区（RBD）的形成与发展为内地城市规划和都市旅游的发展提供了有益的启示。城市游憩商业区的改造与建设，就是高品质城市公共空间的塑造，实际上是都市旅游景点的规划和建设过程，这是实现都市经济结构调整、城市复兴的现实途径。都市旅游景点的规划建设应该综合考虑城市空间发展格局、功能定位和城市文化等因素。“香港在全球市场开拓城市旅游，又保持城市的地方特色，从而形成城市持久的吸引力。除了增加有形的物质实体，更通过各种大型事件、活动的举办，创造出新的吸引点，使都市RBD历久弥新，焕发出青春活力；同时大手笔向外扩张兴建RBD，基础设施先行，大力改善交通可达性，借品牌号召力，形成城市旅游新亮点。”❶

2. 通过提炼主题彰显旅游特色

在不同时期，香港分别提出了“魅力香港，万象之都”、“动感之都”、“我们是香港”、“乐在此，爱在此！（Live It，Love It!）”等都市旅游形象口号。这些旅游形象口号适时地反映了香港都市旅游的特色，提高了都市旅游者的认知度，增强了都市旅游者的认同感，不断激发着境外游客前往观光、游览、购物的动机和热情。据考察，旅游者对特色鲜明、号召力强、简明精炼的旅游目的地形象口号很感兴趣，并是激发他们产生游览行为的重要诱发因素。

3. 通过郊野公园建设延伸旅游线路

随着城市的不断拓展，香港新市镇（New Town）建设自20世纪70年代以来一直没有间断，那是“城乡融合环境下新建或拓展的城市聚落，是一种在明确的目标体系下有意识地通过规划而创建出来的一些社区。”❷新市镇对工作和居住而言必须实现“自给自足、均衡发展”。除在新市镇边缘规划设置环状绿化带，还通过郊野公园的大规模建设，促进生态平衡，保持生物多样性和人与自然的和谐。“截至2005年，全香港已经划定23个郊野公园和15个特别地区，覆盖全港土地面积的40%以上，若以国际标准来衡量，这是一个非常高的比例。这些地区远离市区，除了可以为市民提供休闲游憩的场所之外，也为生态保育提供了必要的条件。无疑，郊野公园和特别地区的设立是香港最具前瞻性的施政措施之一。”❸另一方面，郊野生态公园建设为都市旅游提供了延伸性公共空间（图4-44）。“香港郊野公园的基本设计意图在于满足游人在一天之内的休闲、旅游需要，它不推荐游人在郊野公园内留宿（指定地点的露营除外），以保证自然生态得以充分恢复，从而维系郊野公园的可持续发展。因此，郊野公园内设有各种不同类型、长度、难度的郊游路径，并且都是分段设置，每段长度从几百米到几公里不等，供游人漫步或远足，尽量满足不同类型的郊游需求。截至2004年，前往郊野公园的游客总数已经连续十几年超过1000

---

❶ 陶伟，李丽梅．香港城市游憩商业区空间结构演变模式［J］．城市规划，2005（6）：74.

❷ 张晓鸣．香港新市镇与郊野公园发展的空间关系［J］．城市规划学刊，2005（6）：94.

❸ 张晓鸣．香港新市镇与郊野公园发展的空间关系［J］．城市规划学刊，2005（6）：97.

图 4-44　香港太平山公园（资料来源：因特网 http：//www.baidu.com/）

（太平山公园、香港公园、动植物园等大规模郊野公园的建设，为都市旅游提供了延伸性公共空间，是在城乡融合环境下新建或拓展的城市聚落，为保持人与自然和谐相处，作用明显）

万人次，这是一个相当可观的数字。”❶

4. 通过资源整合精心设计旅游线路

香港充满活力的原因不单是由于山水特色突出的都市景观和现代化的大都市风貌，还在于香港特区政府对旅游资源的精心整合与旅游线路设计。香港旅游发展局推出的“香港漫步游”，旨在“游客不妨按照本身的步伐速度，自由探索，亲身发掘新体验、新感觉（表 4-4）。”❷

香港漫步游主题路线　　**表 4-4**

路　线	旅游景点	旅游特色
中西区——岁月流金之旅	西港城—永乐街—高升街—文咸西街—古董街—文武庙—中环至半山自动扶梯—SoHo 荷南美食区—前中区警署—兰桂坊—置地广场—汇丰总行大厦—立法会大楼	传统街区与现代城市特色的过渡与交融
油麻地及旺角——穿梭购物街	园圃街雀鸟花园—花墟—通菜街（北段）—花园街（市集）—通菜街（南段）—花园街（南段）—西洋菜南街—弥敦道—庙街夜市—天后庙	香港人生活方式体验与购物
尖沙咀——吃喝玩乐尽逍遥	山林道苏豪区—诺士佛台—柏丽购物大道—星光大道—香港艺术馆、太空馆、文化中心—前九广铁路钟楼—海港城	购物、美食、海滨长廊

❶ 张晓鸣 . 香港新市镇与郊野公园发展的空间关系［J］. 城市规划学刊，2005（6）：97.

❷ 香港漫步游［M］. 香港：香港旅游发展局，2005.

续表

路　线	旅游景点	旅游特色
沙田——沙田美景乐穿梭	车公庙—曾大屋—香港文化博物馆—沙田公园—沙田中央图书馆及沙田大会堂—新城市广场—史努比开心世界	古村落、早期新市镇
长洲——小岛话乡情	海傍街—北帝庙—北社街及新兴街—东湾—关公忠义亭	港岛之外岛，海岛自然风光
南丫岛——优游尝海鲜	榕树湾—天后古庙—洪圣爷泳滩—观景亭—芦须城泳滩—索古湾	恬静的泳滩、海菜馆和自然风光
大屿山——佛荫下的足迹	天坛大佛及宝莲禅寺—凤凰山—罗汉寺—东涌炮台—东涌市中心	绿色生态、自然风光
山顶——全方位赏景漫行	太平山顶观景台—凌霄阁—缆车	鸟瞰都市风貌与郊野景观
大潭水塘——水坝游踪	中环交易广场—黄泥涌峡—阳明山庄—大潭（郊野公园）—水塘小河	山光水色、野餐休闲

资料来源：香港漫步游［M］. 香港：香港旅游发展局，2005.

香港旅游线路设计中表现出以下特点：

一是景点连续。香港的每一条游览线路，不管是采用何种交通形式，景点之间的连续性都非常强，景点之间的差异明显，自然或人文特色突出，引人入胜。

二是交通便利。尤其是香港漫步游的路线设计，经过多次调整，已经非常成熟，吃、住、行、游、购、娱、信息要素齐全，旅游者在轻松、舒适、愉快中完成发掘新体验、寻找新感觉的游览行为。

三是线路清晰。香港车行道路标识清楚，步行体系完善（图 4–45~ 图 4–47），并设有

图 4–45　完整的步行体系使旅游线路生动有趣（资料来源：因特网 http：//www.baidu.com/）

（不论是在市区还是在郊外，完整的步行体系之于城市公共空间人皆可达、生动有趣，举足轻重。作为山地城市的香港，十分注重步行体系建设，哪怕是车辆可以自由出入的地区，建设者也没有忘记增设步道，即或地块坡度太大，也会用精致的步行梯道来保障步行体系完善）

图 4-46　香港尖沙咀游览线路（资料来源：因特网、自绘）

（以“吃喝玩乐尽逍遥”为主题的尖沙咀地区：山林道苏豪区—诺士佛台—柏丽购物大道—星光大道—香港艺术馆、太空馆、文化中心—前九广铁路钟楼—海港城。景点连续，自成环线）

图 4-47　香港的旅游线路明晰、便利（资料来源：自摄）

（左上、左下：香港城市清晰的道路标识；右上、右下：香港城市高楼大厦林立，但步行体系完善。香港地区以粉红色和蓝色路标为旅游专用通道路标，给旅游者提供了方便、明晰的引导系统）

旅游红色线路通道，在显眼位置设置明晰的路标，香港地区以粉红色和蓝色路标为旅游专用通道路标，给旅游者提供了方便、明晰的引导系统（表 4–5）。

香港“宜游城市”空间结构建设的成功经验与不足　　表 4-5

经　验	不　足
①城市游憩商业区发达，形成都市旅游新亮点；②主题特色鲜明，会展、节庆活动丰富多彩，处处焕发都市魅力；③重视绿化和郊野公园建设，延伸旅游线路；④完善步道系统，精心设计步行旅游线路；⑤信息标识系统健全，方便游客选择游线；⑥景点连续、城市景观体系丰富；⑦线路清晰、交通便捷、人皆可达，处处体现对游客的人文关怀；⑧法制严明、治安良好、文明安全；⑨市容整洁、街道卫生、亲和宜人	用地紧张，城市公共空间不足；高楼林立，过度拥挤；资源匮乏，物价过高

资料来源：本书观点。

在香港，购物与饮食应列为 Jansen-Verbeke 模式中的核心要素❶。香港素有“购物及美食天堂”之称。据屈海林分析，“1994 年大约有 900 万人访问了香港，为香港人口的 1.4 倍。这些人来港的主要原因分别为度假（61%）、商务会议（31%）、探亲访友（6%）及其他（2%）。”❷向游客提供一系列旅游服务和各具特色而又高度集中的旅游点，正是香港的引人之处。香港既有现代都市的宏伟气魄，也有英国殖民统治的历史印痕，还有剧场、音乐厅、艺术画廊、博物馆和电影院等文化娱乐设施。香港定期和不定期举行各类大型国际会展，传统和民俗节庆活动丰富多彩，也是香港旅游的吸引点。大年初二晚，香港会在维多利亚港（中环和尖沙咀之间海面）举行盛大的烟花汇演。在维多利亚港上空连环绽放的一颗颗烟花弹，拼砌出千变万化、瑰丽夺目的烟花图案，多姿多彩，富于震撼（图 4–48）。

图 4–48　香港新年烟花汇演（资料来源：因特网）

欧美等国、我国香港地区在“宜游城市”空间结构建设方面值得借鉴的成功经验和教训，可以归纳为表 4–6。

国（境）外“宜游城市”空间结构特征及其建设经验与教训分析　　表 4-6

国家（地区）	经　验	教　训
新加坡	**生态轴线完整**——规划先行、绿色生态、景观丰富、交通便捷、景点连续、信息丰富、法制严明、文明安全、整洁卫生、文化多元	—

❶ 屈海林，邱汉琴．香港都市旅游的形象及竞争优势［J］．旅游学刊，1996（1）．

❷ 同上。

续表

国家（地区）	经　验	教　训
美　国	**景观轴线明晰**——科学规划、注重居住环境、重视环保、改造旧城、法制严明、民主和谐、充满活力、社保健全	城市“摊大饼”、资源浪费严重、城市中心“空洞化”、郊区化严重、公交发展不平衡、交通拥堵严重、城市公共空间减少
英国、法国、意大利	**文化轴线与步行体系融合**——历史地段和古建筑保护严密、重视规划设计、文化底蕴深厚、城市景观丰富、亲和宜人、行之自由、可达性强	—
香　港	**活力涌动的城市空间结构**——城市游憩商业区发达、主题特色鲜明、重视绿化和郊野公园建设、精心设计步行旅游线路、信息标识系统完善、法制严明、市容整洁、景观丰富而连续、游览线路清晰	用地紧张，城市公共空间较窄；高楼林立，过度拥挤；资源不足，物价较高

资料来源：本书观点。

但是，本书中列举的案例都是国（境）外极其发达的大都市，是政治、经济、社会极其成熟的大城市，其都市旅游发展的经验只具有借鉴意义。由于各国国情的个体差异，特别是我国还是一个发展中国家，尚处于社会主义初级阶段，经济、科技、教育还不发达，中国人在文化传统、思维方式、生活习惯等方面，有别于其他国家和地区的居民，因而上述例举的都市旅游发展经验不具有推广意义。不过，在要求都市旅游空间及其结构具有“景点连续、景观丰富、景区安全、场所精神、以人为本、特色鲜明”等特征方面，各国居民具有共性，只是关注的重点表现出差异性。不论如何，国（境）外在发展都市旅游过程中总结出来的先进理念值得思考和借鉴，得到的教训值得吸取。

中国人对都市旅游空间及其结构的要求有别于西欧等国，关注的重点不同（表 4–7），主要原因是文化差异。中西文化差异表现可以粗略归纳为以下几个方面[1]：

中西文化差异与对都市旅游空间及其结构关注重点的区别　　表 4-7

游客	文化差异					对都市旅游空间、结构的关注重点					
	饮食要求	色彩观念	思维方式	生活态度	教育观念	食	住	行	游	购	娱
中国人	色香味搭配、品种多、数量丰；使用筷子、共餐制	因红色代表吉祥、喜庆、好运而喜欢红色	喜欢抽象思维，重数理逻辑和推论，艺术意境	注重亲情、喜欢集体行动、中庸之道、热衷复杂	注重孩子学业，轻视独立观察、思考、解决问题能力培养	菜品多、数量丰，共餐	豪华、舒适、气派	喜乘私车等，求快速、便捷	重城市空间现代气息，求新奇	喜跟风狂购，爱逛高档购物场所	重刺激性娱乐，轻文艺欣赏
西方人	营养、简单；使用刀叉、分餐制	红色表示冲动、挑衅和动乱，因而喜欢代表沉着、冷静的蓝色	喜具象思维，重实验、试错，科学发现、技术发明多，艺术写实	喜欢独立、简单、诚信，契约关系、说话算数，讲究实用	不重孩子学业，尊重个性，注重独立观察、思考和动手能力培养	营养、简单、吃饱、分餐	实用、整洁、卫生、安静	喜乘公交和步行，讲环保和健康	重城市空间文化，喜遥远幽静	讲经济实用，购物有计划、重节约	喜艺术鉴赏、文化体验等高雅娱乐

资料来源：本书观点。

[1] http：//zhidao.baidu.com/question/28202752.html?fr=ala0.

第一，饮食要求不同。文化差异"以食为先"，与法国和意大利并称"世界三大美食"之一的中国菜，很注重形式，讲究"色、香、味"搭配，菜品千变万化，并追求数量。而欧洲人很讲实际，菜的花色几无变化，更讲究其营养搭配和营养成分保护。西方人使用刀叉必然带来分食制，因而追求独立，喜欢自由行动；而使用筷子与家庭成员围桌共同进餐的中国人喜欢结伴而行、集体旅游。

第二，色彩观念不同。中国人认为红色代表幸运、财富和吉祥喜庆，而西方人认为红色表示冲动、挑衅和动乱。所以中国人在节日喜欢穿红装，喜欢城市空间的大红大绿和五彩缤纷。而西方人一般选择蓝色，因为他们觉得蓝色代表冷静和沉着，喜欢平遥古城那种遥远与幽静。

第三，思维方式不同。中国人思维比较抽象，西方人思维比较具体。中国人喜欢城市空间华美、奢侈；西方人喜欢公共空间典雅、实用。因而中国画里神仙脚下画上云朵表示飞翔，而西方人给安琪儿画上翅膀才表示可以飞行。中国人喜欢数理逻辑推论，西方人喜欢实验试错，近现代科学技术革命因此在西方发生。

第四，生活态度不同。中国人偏重精神感受，西方人注重实用。比如在对绘画和雕刻艺术欣赏方面，中国画是泼墨写意，西方的油画讲究人体比例和光学原理。在雕刻作品中，中国人更注重想象力和意境，西方人讲求写实和细腻。东方人喜欢把问题复杂化，而西方人则喜欢简单，不愿使自己活得太累。西方本质上是一个道德至上的社会，也是一个契约社会，讲究"先说好，后不乱"。

第五，教育观念不同。中国父母永远在逼孩子读书，职责是教育出学业最优秀的子女，甚至连孩子的暑假也不放过。美国父母的职责是让孩子真正享受自己的童年，去做自己喜欢做的事情——运动、交友、野游。西方家长允许孩子出错，尊重孩子的自尊心和自信心，从不打击孩子。中国家长带孩子出游时，不喜欢提问让孩子思考，不是让孩子观察世界，而是走马观花、跟随盲从。

因此，在规划设计都市旅游地（如游憩商业区或商圈等），在借鉴国外先进理念的同时，不应贪大求洋、脱离国情和地情，应充分挖掘、彰显地域特色文化，设计建设本地人、外地人耳目一新、常游常新的旅游地。同时，在旅游的地区间和国际交流中，通过跨文化的优劣比较，要注意革除一些落后的地区习惯，如重点旅游餐厅中的大声喧哗、吸烟赌酒等。城市步行街（区）是体现地域人文风情的最安全、最佳的空间。因此，在我国的旅游城市中要尽量开辟多彩多姿的展现地域特色的步行环境。本书对重庆观音桥商圈步行空间结构的分析和优化建议，即是在中、微观层面上的旅游空间研究。

5

中国“宜游城市”的建设

5.1 中国部分城市都市旅游业的发展

上海、杭州、南京、广州、深圳、北京和天津等城市可以认为分别是华东、华南和华北地区平原都市的代表。北京、上海、广州等城市，在“宜居城市”建设方面率先行动，成效显著。分析表 5-1 不难看出，旅游业在第三产业中占有相当比重，推动着城市的迅速发展。“由于首都功能具有很强的中心市区性和近郊性，因而这些第三产业部门的绝大部分被这些地区所吸引，成为北京‘摊大饼’式扩展的原始驱动因素。”❶

2002 年京津沪分行业的就业情况（人数：万人；比重：%） **表 5-1**

行业名称	北京		天津		上海	
	人数	比重	人数	比重	人数	比重
第一产业	67.8	8.5	81.5	20.22	84.2	11.3
第二产业	246.4	30.8	115.2	38.5	306.0	41.2
第三产业	484.7	60.7	166.4	41.3	352.0	47.5
其中：农林牧渔业	67.8	8.49	81.5	20.2	84.2	11.34
采掘业	2.7	0.34	8.0	1.98	0.1	0.01
制造业	152.2	19.05	120.8	29.97	268.5	36.15
电力、煤气及水的生产和供应业	3.8	0.48	3.6	0.89	5.7	0.77
建筑业	87.7	10.98	22.8	5.66	31.7	4.27
地质勘察业、水利管理业	1.3	0.16	1.1	0.27	0.7	0.09
交通运输邮电通信业	36.4	4.56	25.4	6.30	32.3	4.35
批发零售贸易和餐饮业	120.2	15.05	47.8	11.86	115.5	15.55
金融保险业	8.2	1.03	4.1	1.02	12.6	1.70
房地产业	16.3	2.04	3.5	0.87	8.8	1.18
社会服务业	109.6	13.72	18.4	4.56	60.0	8.08
卫生体育和社会福利业	14.1	1.76	7.0	1.74	15.2	2.05
教育、文化艺术和广播电影电视业	42.8	5.36	20.1	4.99	30.2	4.07
科学研究和综合技术服务业	26.4	3.30	4.6	1.14	9.2	1.24
国家机关、政党机关和社会团体	23.0	2.88	12.0	2.98	16.6	2.23
其他行业	86.4	10.81	22.3	5.53	51.3	6.91
合计	198.9	100.00	403.1	100.00	742.8	100.0

资料来源：梁进社，楚波 . 北京的城市扩展和空间依存发展——基于劳瑞模型的分析［J］. 城市规划，2005（6）：11.

5.1.1 北京：拥有得天独厚的人文旅游资源

由于北京“20 世纪 80 年代各个集团迅速扩张，表现出明显的‘摊大饼’式扩展，近郊的 6 个集团基本连片。”❷20 世纪 90 年代初规划强调 12 个边沿集团，最近提出了“两轴”、“两带”城市空间发展战略模式（图 5-1）。

❶ 梁进社，楚波 . 北京的城市扩展和空间依存发展——基于劳瑞模型的分析［J］. 城市规划，2005（6）：11.

❷ 梁进社，楚波 . 北京的城市扩展和空间依存发展——基于劳瑞模型的分析［J］. 城市规划，2005（6）：9.

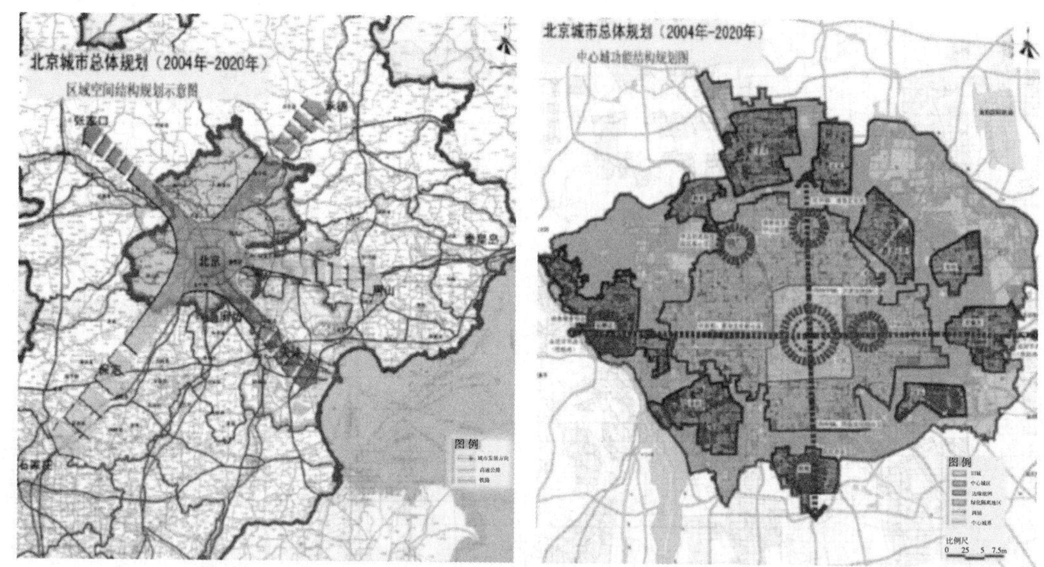

图 5–1　北京市城市总体规划（资料来源：因特网）

（左图：区域功能结构规划图，城市空间发展战略模式为“两轴”、“两带”，尽量克服城市“摊大饼”式的扩展；右图：中心城功能结构规划图，强化了京、津、唐城市群的资源整合效果）

北京是全国政治、文化中心，中央国家机关云集，高等院校和科研院所密布，外国驻华大使馆和外地驻京办事处遍布全市，支撑着北京第三产业就业份额的扩大。表 5–1 说明，北京第三产业的就业人数比上海多 130 万，比天津多 280 万，在政府部门、科研院校和文广影视等三方面比上海多 36.2 万人。交通运输邮电通信业、商贸餐饮娱乐业服务人员比重高达 70% 以上。北京又是“京津唐地区城市群”❶的中心，对周边城市的辐射、带动作用很强。北京都市旅游的发展体现出如下特点。

1. 人文古迹众多，旅游资源丰富

北京为中国六大古都之一，“文物古迹、皇家园林、古代建筑和革命遗迹遍布各地。全市各类文物古迹 8000 多处，国家列为重点保护的 24 处，市级保护的有 20 多处，其中多处列为‘世界之最’，属世界级保护单位的有长城、故宫、周口店等，实为我国人文胜迹的瑰宝之地。”❷从高空俯瞰，规模宏大的皇宫、园林、庙坛、陵墓及其他古代建筑井然有序、错落有致，可见昔日皇城的威严（图 5–2）。

北京的宫殿建筑首推故宫（又称紫禁城，the Imperial Palace，图 5–3），它是我国乃至全世界现存最大的宫殿，原为明、清两代的皇宫，其建筑具有典型的中国古典风格，是我国最珍贵的文化和艺术宝库；颐和园（图 5–4）兼有江南水乡的玲珑精致和北方园林的豪迈大气，园中山青水绿，景色怡人，在中外园林史上享有盛誉；天坛是我国现存最大的古代祭祀性建筑群，也是世界建筑艺术的宝贵遗产，布局完整，环境优美；明十三陵是北京最大的古墓群；天安门广场面积 44hm^2，能容纳 100 万人在此集会，是世界上最大的广场，气魄非凡。

❶　姚士谋，朱英明，陈振光 . 中国城市群［M］. 合肥：中国科学技术大学出版社，2001：208.

❷　姚士谋，朱英明，陈振光 . 中国城市群［M］. 合肥：中国科学技术大学出版社，2001：211.

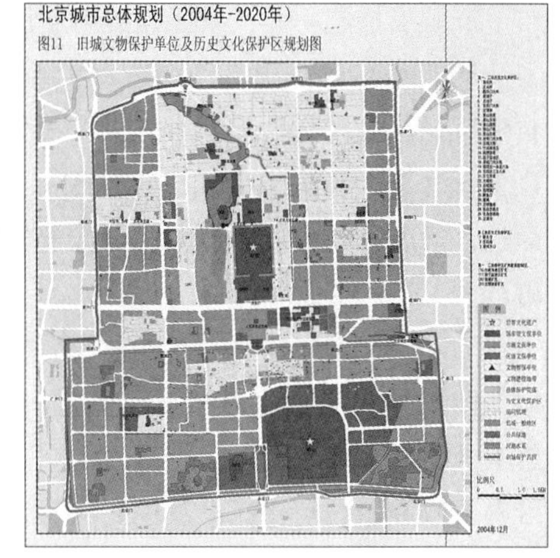

图 5-2 北京旧城文物保护规划（资料来源：因特网）

（从高空俯瞰，规模宏大的皇宫、园林、庙坛、陵墓及其他古代建筑井然有序、错落有致，俨然可见昔日皇城的威严。在城市总体规划中，这些文物古迹和历史地段受到了严格的保护）

图 5-3 北京故宫（资料来源：因特网）

（故宫是世界著名宫殿，其建筑具有典型的中国古典风格，是我国最珍贵的文化和艺术宝库）

图 5-4 兼有江南水乡玲珑精致和北方园林豪迈大气的北京颐和园（资料来源：因特网）

（颐和园兼有江南水乡的精致和北方园林的大气，山青水绿，景色怡人，在园林史上享有盛誉）

2. 政府措施得力，景区建设力度加大

3040年的建城史，特别是850年建都史留下了许多珍贵的历史文化遗产，城市周边的自然风光，为现代化大都市提供了不可或缺的游憩娱乐资源。北京的景点连续性强、数量众多。北京全市有人文、自然景区（点）1700余处，分属园林、文物、宗教等不同部门，而且各景点之间连续性很强，游览十分方便；"2004年，全市20个主要景点共接待海内外游客5513万人次。"❶

为加大旅游景区（点）的建设力度，联手推进旅游景区环境、服务和无障碍设施的建设工作，2005年，北京市旅游局联合市政府11个委办局召开了全市旅游景区建设工作会议，要求全市旅游景区建设在更新改造旅游景区服务设施、创新旅游产品宣传内容和手段、完善游客服务项目与功能以及提高从业人员外语水平等方面，在停车场、售票房、旅游指南或简介、自动导游机、中英文双语标识牌、餐饮部、商亭、银行卡、厕所、周边道路指示牌等方面，全方位加快北京旅游景区建设，全面提升北京旅游景区的质量和国际化水平。

3. 交通便捷，景区可进入性强

北京的早期发展，最主要的原因就是处于重要的交通枢纽上，永定河渡口、大运河等是历史上著名的南北货运通道。当今北京是辐射全国的交通中心，铁路、高速公路、航空运输体系完善，与国内城市紧密连接。都市区内公交、地铁等交通及换乘系统健全，交通便利，景区（点）人皆可达、行之自由（图5-5）。

图5-5　北京都市区内的旅游景区（点）与交通图（资料来源：因特网）

❶ 北京市旅游局．以科学发展观推进北京旅游景区建设［J］．中国旅游通讯，2006（1）：45.

5.1.2 深圳：通过大规模建设人造景点集约发展都市旅游

经过近 30 年的快速发展，深圳成为中国改革开放的代表。深圳以思想观念领先、经济发展速度快、城市风貌现代化、高层次人才荟萃等著名，也因世界之窗、锦绣中华、欢乐谷等主题公园而享誉国内外，可谓“人造景点后来居上”，是我国华南地区重要的都市旅游目的地之一。深圳都市旅游体现出三个特点。

1. 区位优势突出，经济发展快速

深圳在区位上起着香港和广东等重要城市之间的连接纽带和桥梁作用，是珠江三角洲地区外向型经济的龙头。2002 年深圳 GDP2239 亿元，居全国各大城市的第四位，人均 GDP 近 5 万元（表 5-2）。

据预测，2010 年深圳 GDP 可达 9000 亿元，居民消费结构升级，住房与汽车、通信及电子产品、假日及旅游、文娱、体育、教育等消费需求旺盛，增势迅猛。

深圳经济发展情况统计表 **表 5-2**

年份	1997 年	1998 年	1999 年	2000 年	2001 年	2002 年
GDP（亿元）	1130	1293.85	1475	1684.44	1906.79	2239
增幅（%）	16.0	14.5	14.0	14.2	13.2	15.0

资料来源：根据《中国统计年鉴》历年的相关数据整理。

2. 重视文化建设，文化产业发达

据统计，2004 年深圳文化产业实现增加值 163.39 亿元，占全市 GDP 的 4.77%。最近，深圳市正式提出将文化产业作为第四大支柱产业来发展，用五到十年，在城市经济总量中的比重将上升到 10%，与文化产业发达的英国相当。

在发展国内文化市场的同时，深圳还把眼光投向了海外，主动融入世界文化产业的链条，动漫制作是其中的“杰作”。文化产业主要依赖对创意的开发，能源消耗小，环境污染少，附加值较高，发展空间巨大，因此出人意料又顺乎自然地成为深圳的“新宠”。

深圳文化产业的发达，给深圳都市旅游业的发展提供了文化底气，丰富了深圳旅游目的地的文化内涵。

3. 兴建主题公园，营造旅游景点

20 世纪 90 年代，深圳华侨集团敢为天下先，首推了锦绣中华，继推了民俗村、世界之窗，一举奠定了中国主题公园的里程碑。深圳欢乐谷，是国内最具创新力、最有魅力的，集参与性、观赏性、娱乐性、趣味性于一体的高科技现代主题乐园。“所有项目都给人欢乐、时尚、青春、动感、神秘、梦幻的感觉，最大限度地满足游客在虚拟梦幻环境中特殊的生理、心理需求，及对冒险、恐惧等非常态条件下的体验。”❶

华侨城几大景区构成了一个密集的主题公园群落（图 5-6），项目之间功能互补、参与性强、主题文化丰富、适龄层次分明，整个华侨城的参观游览时间约 10 个小时。华侨城紧靠滨海大道、深南大道和北环大道，可进入性很好，给深圳的都市旅游带来了生机与活力。

❶ 邵永洁．中国现代主题乐园的骄傲——深圳欢乐谷二期工程实录［J］．中国旅游通讯，2002（3）：46.

建造大型参与型、高科技、主题包装逼真完美、内容丰富多彩的主题公园，是国际中心城市旅游的主流项目，在世界发达国家已十分盛行。进入电子时代，旅游已经由走马观花似的游山玩水、欣赏历史文化，丰富到大型的科幻般的人造娱乐主题公园，感同身受地领略各种参与性娱乐带给人们的多种新鲜刺激和快乐。

除此以外，青青世界、仙湖植物园、香密湖、深圳野生动物园、深南大道、滨海大道、东部黄金海岸、西部田园风光、明斯克航母世界、中英街界碑等，也是深圳都市旅游的重要景区和景点（图 5–7）。

重金投入、倾力打造饱含现代科技元素的景区、景点，造就了深圳都市旅游业繁荣兴盛、后来居上。

图 5–6　深圳华侨城主题公园群落（资料来源：自绘）
（华侨城诸景区构成了一个密集的主题公园群落，项目之间功能互补、参与性强、文化丰富、适龄性强。景区紧靠滨海大道、深南大道和北环大道，交通便利）

图 5–7　深圳青青世界（左）、中英街（右）（资料来源：自摄）

（有“地球之肺”美称的热带雨林，物种丰富，是世界上生物学家、地理学家和探险家的乐园。走进青青世界雾气缭绕、空气甜美的雨林去探寻会爬树的青蛙、会吃虫的草、会变色的蜥蜴、来自亚马逊河重达上百公斤的海象鱼、独木成林的大榕树以及各种奇花异草，你刹那间会有时空错位之感。沿着匠心独具打造、刻意延伸、由路梯桥构成的立体游线，穿过雨林，登上彩虹桥，在愕然回首间，你更会发现有那“水彩蜡笔和万花筒也画不出的天边那一道彩虹”，你会惊叹大自然的美丽和神奇。

1898 年刻立的“光绪帝二十四年中英地界第 × 号”界碑立于街中心，将沙头角一分为二，东侧为华界沙头角，西侧为英（港）界沙头角，故名“中英街”。至今仍为“一国两制”分界线的标志，其周围还有中英街历史博物馆、界碑、古井、碉堡、警世钟、吴氏宗祠、天后庙和老街故巷等见证民族历史沧桑与饱含中华民俗文化的人文景观景点）

5.1.3　上海：举全市之力发展都市旅游

上海地处长江三角洲，区位优势十分明显，是中国的经济中心。上海的都市旅游业相当发达，有很多成功的经验和先进的做法，主要体现在以下几个方面。

1. 区位优势明显，交通便捷发达

上海是位于亚太地区国际主航线上的一个枢纽，与世界各地，特别是日本、东南亚及大洋洲的海上联系十分方便，是中国进入太平洋地区最重要的门户。从中国沿海航线看，上海距大连港 560n mile，距天津新港 750n mile，距广州 910n mile，正当我国沿海南北航线的中枢。长江在此出海，是中国第一大河海港，沪宁、沪杭两条铁路和已建成的高速公路在此衔接，辐射能力相当强。上海站通往全国各省会与重要城市的列车和航班仅次于北京，每天的流动人口却居全国之首。

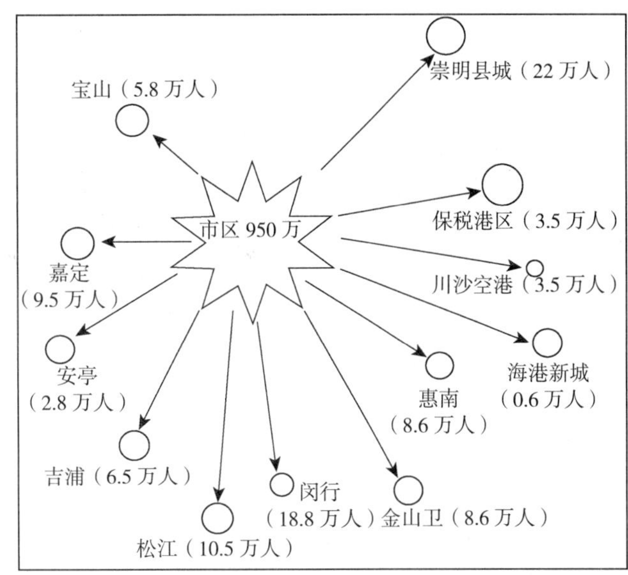

图 5–8　上海市郊区的工业卫星城（资料来源：自绘）
（上海市区环绕卫星城 12 个，人口 123 万人）

目前上海市区人口近 1000 万人。据估计，上海市区的人口 2020 年将达到 1400 万人，人口密度达 2218 人 /km^2，成为类似东京的超级城市。

2. 产业支撑强劲，经济实力雄厚

长江三角洲是中国的富饶之地，以上海为核心的沪宁杭城市群，经济、文化、科技和旅游等方面联系紧密，农业产业化程度高、工业生产发达、经济实力雄厚、第三产业比重高（表 5–3）。上海郊区工业卫星镇已初步形成体系（图 5–8），为上海在国内领先成为现代化城市（枢纽化、现代化、国际化等综合功能增强，外向型、多功能、集约化等经济运行质量高）提供了产业支撑。

中国部分城市主要经济指标（2004 年）　　**表 5-3**

城市	人口（万人）	GDP（万元）	工业总产值（万元）	客运量（万人）	货运量（万 t）	财政收入（万元）	城乡居民储蓄（万元）	在岗职工（万人）	在职职工工资总额（万元）
北京	1163	42833100	57333611	49839	30009	7444874	71543045	443.18	13151038
天津	933	29318800	53750894	4103	37283	2461800	21169700	172.55	3777433
上海	1352	74502700	128758655	8968	68710	11197200	69609900	268.01	8006661
重庆	3144	26653900	21427261	64675	38167	2006241	21897345	204.77	2939800
广州	738	41158007	50433323	34681	35204	3028692	42568187	186.49	5891767
深圳	165	34228000	65092717	12278	7954	3277129	26253900	131.32	4192800
杭州	652	25250000	41491039	22833	18895	1974523	18351700	75.73	2187934
成都	1060	21857299	12312313	31236	18174	1080308	17264382	122.83	2156401

资料来源：国家统计局 . 中国统计年鉴（2004 年）[M] . 北京：中国统计出版社，2005：378.

从经济实力来看，1998年，上海人均国民生产总值达2.8万元（全国为6727元，北京为1.8万元，天津为1.4万元，广东为1.2万元），上海全员劳动生产率为2.9万元（全国为14850元），上海企业职工人均创税1.8万元（全国7500元）[1]；2004年，上海人均GDP5.51万元（北京为3.68万元，天津为3.14万元，广州为5.58万元）[2]。上海的劳动生产率、创造的工业产品和财政收入为全国之冠，其经济发展对全国有举足轻重的作用。

3. 城市设施完善，都市旅游发达

半个多世纪以来，上海一直是中国最大的经济中心和港口城市，新建的浦东国际机场，具有世界一流水平，10~20年内，年游客总量将达到2500万人次，达到国际性城市的水平。

1）新中国成立前的上海规划

鸦片战争后，1843年开辟商埠，使上海“从一个小城市，迅速发展成为中国甚至远东最大的城市，成为帝国主义在中国进行经济侵略的最大基地、旧中国的工商业中心、世界闻名的‘冒险家的乐园’”[3]。1880年，上海人口达100万人，1930年达300万人。上海市区缺乏统一的城市规划，发展无序，公共绿地极为缺乏，市民居住条件恶劣。新中国成立前，上海经历了数次规划：1929年国民党政府《上海新市区及中心区规划》，即《大上海都市计划》；1938年日本占领军修编《大上海都市计划》；1946年国民党政府提出《都市计划图》（一稿），引入了“卫星城镇”、“邻里单位”、“有机疏散”、“快速干道”等当时最新的城市规划理论；1947年提出“大上海都市计划总图”报告书（二稿），提高了人口密度，防止城市规模过大，对于铁路、港口、编组站、市内高架道路等细部技术问题考虑更多，研究了日照、绿化及城市卫生等问题，考虑了改善市容、管理工厂建设的规划草案；1949年提出三稿，进一步研究了疏散市区人口、降低人口密度、提高绿地比重等问题，使绿地占全市用地的28%。这些规划“对近代新的规划理论的传播起到了积极作用”[4]。

2）当代上海的发展

1990年，国务院决定开放、开发浦东，使之成为国际瞩目的现代化新城。浦东新区规划面积350km^2，城市人口280万人，加上浦西（上海老市区）250km^2，750万人，上海将真正成为仅次于东京的远东第二大城市。上海市区建成区面积已达781km^2，城市人口密度1970人/km^2（图5-9）。其建设特点如下：

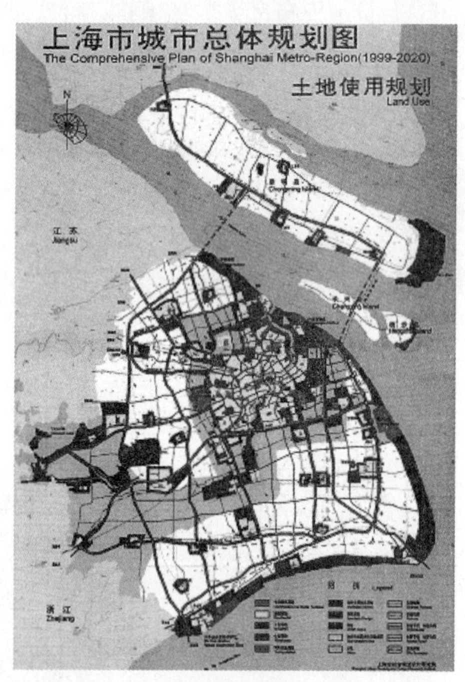

图5-9　上海城市总体规划（1999年）
（资料来源：因特网）

❶ 姚士谋，朱英明，陈振光．中国城市群［M］．合肥：中国科学技术大学出版社，2001：201.

❷ 国家统计局．中国统计年鉴（2004年）（M）．北京：中国统计出版社，2005：378.

❸ 董鉴泓．中国城市建设史［M］．北京：中国建筑工业出版社，1989：194.

❹ 董鉴泓．中国城市建设史［M］．北京：中国建筑工业出版社，1989：213.

首先，规划起点高、前瞻性强。上海市的建设目标为“现代化国际性大都市”，浦东新区的规划建设处处体现了“建设一个高起点、多层次、大规模的经济开发区”这一理念。陆家嘴按现代化国际水准的CBD规划、设计和建设，100m宽的世纪大道和两旁的标志性建筑，集中展现着浦东新区的城市风貌，集聚着枢纽化、现代化、国际化的城市综合功能（图5-10）。道路系统较完善，市中心区地面交通紧张状况因高架路的大规模兴建和地铁的运行而缓解（图5-11、表5-4）。

浦东新姿

高架路

林立的高楼（1）

林立的高楼（2）

图5-10　上海新姿（资料来源：自摄）

图5-11　上海浦东国际机场附近发达的道路网络（资料来源：自摄）
（在上海的城郊，纵横交错的道路网络结构，形成了各个地块的良好通达性和交通的便捷性）

中国部分城市公共交通情况（2004年）　　表 5-4

城市	公共汽（电）车运营数（辆）	公共汽车	无轨电车	轨道交通	公共汽（电）车客运总量（万人次）	公共汽车	无轨电车	轨道交通	出租汽车（辆）
全国	181516	276908	2712	1896	4272898	4048652	91425	132821	903734
北京	21711	20264	555	892	513877	423712	29511	60653	55463
天津	6331	6331	—	—	78502	78502	—	—	—
上海	18797	17651	535	611	331794	270500	13287	48007	48709
重庆	6794	6778	—	16	95181	95174	—	7	15665

资料来源：国家统计局．中国统计年鉴（2004年）[M]．北京：中国统计出版社，2005：386.

其次，上海市区道路系统为“环状＋放射＋方格”体系（图 5-12）。就平原大都市来说，这种城市道路体系的运行效率最高，对相关地块使用效率和地价提升均有十分明显的作用。从表 5-4 可以看出，上海的公共交通（公共汽车、无轨电车、轨道交通）仅次于北京，客运总量近 33.18 亿人次，公共交通十分繁忙。

目前，上海高速公路网通车里程达到 485km，轨道交通运营里程达到 125km（含磁悬浮），中心城区的越江车道数增至 50 余条。

4. 上海在发展都市旅游业、建设“宜游城市”方面采取了很多有力的措施：

一是严格城市管理，提升旅游形象。上海对城市实施严格的管理，初步树立了国际大都市的形象，创造了良好的都市旅游环境（图 5-13）。整个城市显得清洁卫生，高楼大厦鳞次栉比，现代气息浓郁。出租车等窗口行业服务标准高。

二是旅游咨询服务体系完善，一日游市场成熟。上海的一日游操作比较规范，横向联系紧密，吃、住、行、游在异地之间衔接合理，城市一日游方便。

对于散客，上海旅游集散中心做得非常成功。在上海体育馆附近，旅游管理部门组建了规模庞大的市级旅游集散中心，各区设立全民所有制事业单位性质的分中心，统一

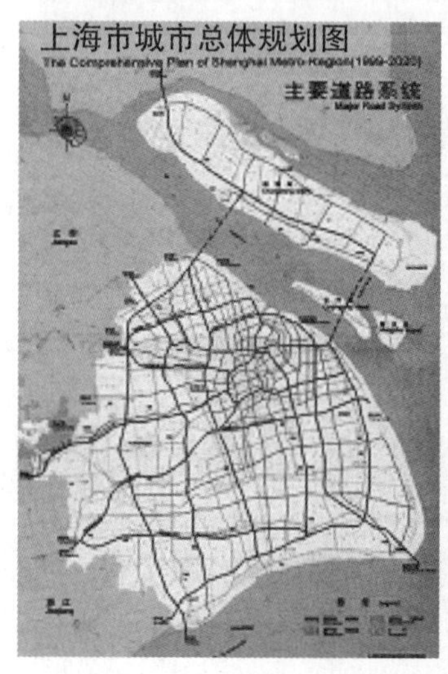

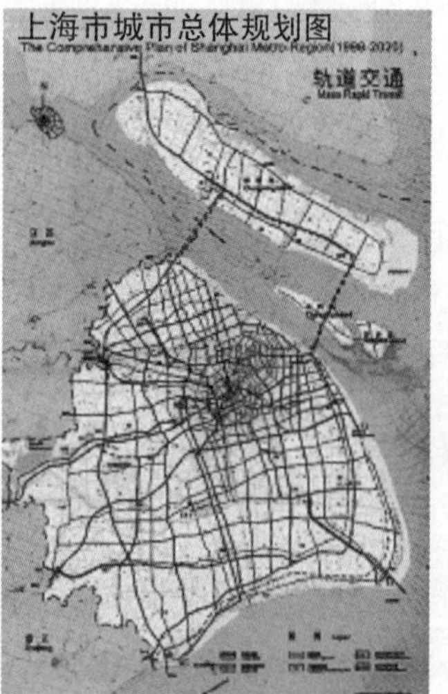

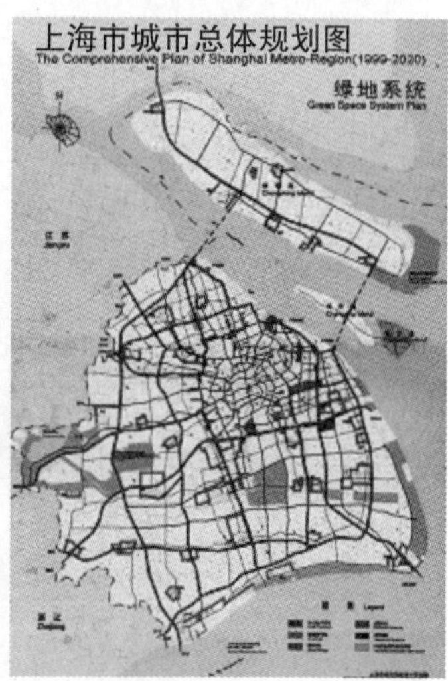

图 5-12　上海市城市道路交通与绿地系统规划（资料来源：因特网）

（上海城市交通采用“环状＋放射＋方格”体系，线网密布；着力兴建大桥、高架路、地铁、轻轨、磁悬浮列车等交通设施，公共汽车、无轨电车、轨道交通繁忙，越江车道数 50 余条）

图 5-13　上海豫园和城隍庙及其蜂拥的游客（资料来源：自摄）
（上海有注重历史地段保护的良好传统，许多大型公建与历史地段受到原汁原味的完整保护）

图 5-14　上海旅游集散中心（资料来源：自摄）
（旅游集散中心设立旅游超市，出游者可以在近百家旅行社中挑选到满意的旅游线路、价格）

装修、统一标志、统一价格、统一着装，相关旅行社现场接待、组团到周边地区旅游。不论游程远近，也不论游客多少，豪华舒适、服务规范的旅游车都会定时定点发车，市场信誉度相当高（图 5-14）。

三是建立联合培训机制，全面提高旅游从业人员素质。上海市长宁区旅游局与区劳动局联合，利用国家紧缺人力资源培训基金，聘请全国知名酒店管理专家，定期对辖区内宾馆中高层管理人员进行为期 50 个学时的免费培训，学员结业后，由劳动局颁发相关资格证书，全面提高了旅游从业人员的素质。

四是加强行业管理，规范旅游市场秩序。在规范旅游市场秩序方面，上海市长宁区旅游局的做法是：规范内部档案，必须签订统一格式的旅游合同；以旅游协会的名义，联合各家旅行社与保险公司、景区（点）谈判，发挥行业集团作用，为旅游企业争取更多的折扣。

五是主题形式多样化，宣传促销思路广。一年一度的上海旅游节，一区一品牌，形式多样，内容丰富。如卢湾区的玫瑰婚典、浦东国际焰火节、闭幕式、南京路狂欢节，取得了很大成功。长宁区举办以“爱满天下——献给长辈的爱”为主题活动，发专列到五夷山，旨在将爱洒满天下，将世博会精神融入晚辈对老年人的关爱。

5.2 中国“宜游城市”建设的共同特点

上海、杭州、南京、广州、深圳、北京和天津等城市在发展都市旅游业、建设“宜游城市”方面开展了很多工作，取得了比较突出的成就。概括起来，上述城市在“宜游城市”建设方面的共同特点如下。

5.2.1 显著的区位优势和便捷的交通条件

研究表明，都市旅游业发达的城市首先要有良好的区位优势。往往是城市群（或城市连绵区）的核心城市或中心城市，辐射能力强，带动作用大，经济社会发展水平高。其次是水陆交通的要冲或枢纽。北京是全国公路运输、铁路运输和航空运输主干线的始发点；天津是货物海运的重要港口；上海是江海联运、国际航空的枢纽；深圳是进出中国内地的南大门，直接与香港和东南亚地区相连，具交通枢纽的优势。交通枢纽带来交通便捷，巨大的人流、物流、资金流和信息流，使城市的可进入性大大增强，推动所在城市都市旅游经济的快速发展。

5.2.2 城市空间功能互补，城市景观丰富

在城市景观这个层面上，上海具有鲜明的个性。外滩的钟楼、银行大楼等近代欧式建筑与现代建筑和谐并存，共生共荣，构成了一幅生动的都市建筑景观画卷；外滩对面浦东新区的东方明珠和鳞次栉比的高楼大厦，突现上海都市建设的大气磅礴（图 5-15）。各都市旅游景区之间具有较好的功能互补性，并因景区特色各异而构成丰富多彩的自然、人文景观。

以上海为例，除上海市区内的外滩、城隍庙、南京路、浦东新区等著名景区外，周边有江苏南京、苏州、无锡，浙江杭州、乌镇、鲁镇、柯岩、溪口、千岛湖等景区（图 5-16）。这些景区特色各异、功能互补、交通便捷（图 5-17）。

图 5-15 气势磅礴的上海外滩（资料来源：自摄）
（钟楼、银行大楼等近代欧式建筑与现代建筑和谐并存，构成了一幅生动的都市建筑景观画卷）

浙江乌镇

浙江绍兴鲁镇

杭州六和塔

浙江柯岩

杭州千岛湖

南京夫子庙

图 5-16　上海周边地区的景区（资料来源：自摄）

（上海周边有很多特色各异、功能互补、连续成片、交通便捷、游览方便的景区）

图 5-17　上海及其周边的景区具有很好的连续性（资料来源：自绘）

（上海的中心城市地位，使其成为华东地区游客集散中心、旅游目的地和客源地。上海旅游集散中心有市区、远郊、周边旅游线路 50 多条，旅游专线车每天定时定线将上万游客接送到浙江、江苏境内各景区）

5.2.3 政府重视投入，推进都市旅游业发展

都市旅游业发达城市所在地政府对旅游经济发展的重视体现在三个方面的创新：一是制度创新，即健全制度、理顺关系。上海、浙江等地成立了"旅游委员会"，将商贸、交通、文化、新闻、旅游、林业等部门合并，相关职能进行整合，既理顺了部门之间的关系，又减少了部门之间无效的内耗，提高了行政机关的运行效率。旅游委员会主任由分管行政首长担任，提升了旅游行政管理部门的地位和作用，加大了旅游委员会与其他部门之间的协调力度，明显提高了旅游行政管理部门的决策力度和办事效率。二是管理创新，即培育市场、方便游客。前述上海市旅游集散中心，就是一种管理创新。由于市级、区级旅游集散中心的管理机构属于全民所有制事业单位，其工作人员可以在较大程度上超脱于市场，相对独立于进场开展业务的旅游企业，尽可能地保证了旅游集散中心的服务质量。三是投资体制创新，即政府引导、民间投入。上海旅游集散中心在建立之初的培育阶段，各旅游专线车即或是只有一位游客，也照常开行，其亏损由财政弥补。但正是政府的这一项具有远见的投入，培育了市场、赢得了信誉，在游客中树立起了"诚信"的形象，为旅游集散中心今天的兴旺奠定了基础。浙江千岛湖、杭州临安的太湖源等景区，将景区宣传、营销权承包给电视台，其费用自景区门票收入提成支付。此举既减少了景区宣传促销费用的投入，又提高了媒体宣传景区的积极性。

5.2.4 较强的历史地段和文化建筑保护意识

古建筑与历史地段既是场所精神的体现，又是城市文脉的载体，对文物和历史地段的精心保护成为"宜游城市"建设的重要任务。上海的城隍庙、新天地、周庄，苏州的同里，南京的夫子庙、秦淮河、古城墙，杭州的西湖、灵隐寺，浙江的乌镇、鲁镇等古建筑和历史地段，受到了严格而精心的保护，彰显着地域特色文化精神，成为备受都市旅游者追捧的精神家园（图 5-18、图 5-19）。南京夫子庙历史街区是以夫子庙（孔庙）为中心的由学宫、

图 5-18 上海新天地成为游客的"新宠"（资料来源：自摄）
（新天地是私人投资城市改造项目的典型案例，精明的开发商选择了保留中西合璧的石窟门等历史人文建筑）

贡院、贡院街等组成的历史地段，是六朝时期以来的南京市区中心。南京市投入巨资，开发建设以夫子庙古建筑群为中心景区的“十里秦淮”风光带，恢复孔庙，修复明远楼，恢复 300 余家商铺和 5000m^2 的风味小吃摊点，保全、延续、再生原有社会的生活网络和习俗，实施街区步行化，整治秦淮河，将“十里秦淮”打造成为传统特色突出、文化内涵丰富、引人流连忘返的景区（图 5-20），并与附近的白鹭洲公园和瞻园相连。

图 5-19　华东地区受到精心保护的古建筑和历史地段（资料来源：自摄）
（从杭州西湖到上海城隍庙、南京夫子庙，处处彰显当地对古建筑和历史地段的精心保护）

图 5-20　南京“十里秦淮”风光带（资料来源：自摄）

5.3 中国“宜游城市”建设的不足

景区（点）孤立、交通分割，统筹无序、信息不灵，文化缺失、精神不够等几个方面是中国多数大城市在“宜游城市”空间结构建设中存在的普遍缺陷。

5.3.1 景区（点）连续性不够，旅游环线不多

都市旅游景点往往是城市公共空间，并与城市绿地系统密不可分。“创造一个整体连贯而有效的自然开放绿地系统也是非常重要的。”❶但都市旅游景点，比如公园、动物园、植物园、自然保护区和步行街区等公共空间在规划、设计和建设过程中，一般只注重面积指标和服务半径，“使开放绿地空间只能处于建筑、道路等安排好后‘见缝插绿’的配角位置，因而不能在生态上相互作用，形成一个整体的绿地系统。”❷这既割断了生物的迁徙廊道，改变了生物群体的原有生态习性，同时也造成都市旅游景点的分割与孤立，步行体系不完善，都市旅游者游览必须乘坐机动交通工具前往，有时显得并不方便（图 5-21）。

在国内许多滨水城市，大兴滨江（海、河）路建设之风，试图改善城区交通紧张的现状。但结果往往是，成为城市交通干道的滨江路，人为地将人与亲水空间隔离，使人对实际空间的动态体验和感受大打折扣；滨江路内侧的大规模开发，使城市丧失了珍贵的江岸绿脉；沿江林立的高楼大厦和高容积率的建筑，无情地遮挡住人们远眺江水的视线。

在城市公共空间的规划、设计之初，就应该充分考虑其间的有效连接性和有机统一性，利用公园路（Parkway）、绿道（Greenway）、蓝道（Blueway）和滨江路网络的设计，使城市公共开放空间（绿地、水体和步行街区等）互相渗透、景观连续、行之自由、人皆可达。这方面的成功案例比较多。在海口城市规划设计中，“保留了连续的有树荫遮蔽的开敞绿地，

图 5-21 人车混流，各购物娱乐景点隔离（重庆北城天街改造前的状况）（资料来源：自摄）
（宽阔的机动车道将城市公共建筑、公共空间割裂，景点连续性中断，造成景区 / 点孤立）

❶ 王建国 . 城市设计［M］. 南京：东南大学出版社，1999：60.
❷ 同上。

并与大海、河流和整个城市的绿地系统相连，此举不仅有利于降低城市夏季炎热的温度，而且可供骑车、步行之用，保护了海鸟的生存栖息空间。”❶

被人们称为欧洲性感符号的比萨斜塔使意大利比萨享誉世界，比萨在城市公共空间，尤其是滨水区建设方面，也是值得推崇的（图5-22）。首先，在风貌上，建筑以红色为主色调，坡屋顶一律为红色，立面为红色或黄色，十分醒目和协调；门窗基本上为圈拱式，配少部分矩形窗，统一之中表现出变化；建筑高度绝大部分为多层，少量12层左右的高层建筑，而且体量适度，建筑之间对话充分，和谐生动；外墙材料选用涂料，有利于建筑节能和色彩翻新。其次，在绿化方面颇具特色。图5-22显示的比萨城市一隅，西面12层的高层建筑群与海面之间保留空旷的绿地，小区内部和建筑之间普遍绿化，平屋顶一律绿化，植物以枝繁叶茂、树冠巨大的树木为主，间植极少量草坪，加上受到严格保护的城市后山绿脉，使整个城市掩映在郁郁葱葱的绿色森林之中。再次，在公共空间的塑造方面，意大利政府耗资2500万美元对比萨斜塔进行精心维护，确保250~300年内不会倒塌，使之成为比萨教堂（Duomo）的永恒钟楼；在图5-22西面的公共绿地设立以张拉膜为顶棚的公共活动场所，营造优美的公共空间。最后，在滨水区建设方面，一是滨水区建筑层高限制在2~7楼，不建高层；二是将滨水路建成体现休闲、停车、划艇功能的亲水空间，并设立有地面铺装和绿化的小型广场与之相连，构成滨水路—广场—居住区—公共绿地之间连续生动、变幻丰富的空间序列，使公共空间的可达性增强，都市旅游者游览、休闲其中，倍感舒适、便捷、愉悦。

图5-22　意大利比萨城市的亲水空间（资料来源：孙如枫摄）

❶ 王建国.城市设计［M］.南京：东南大学出版社，1999：61.

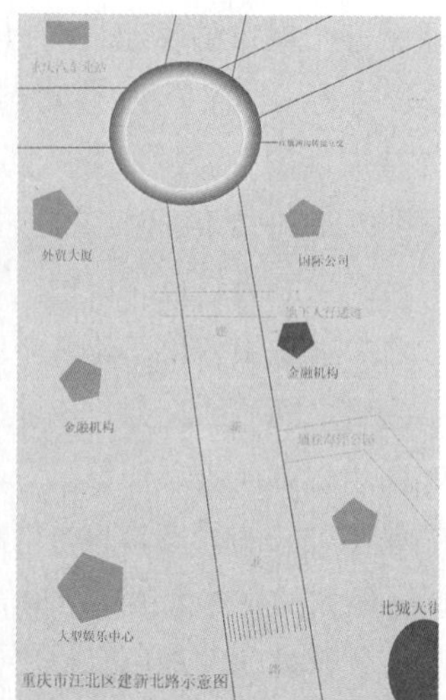

图 5-23　城市干道对城市公共空间的阻隔（资料来源：自摄）

城市交通对都市旅游景点的分割体现在以下三个方面：

一是城市干道（快速道路）对城市公共空间的阻隔。比如在重庆市江北区的建新北路，是连接机场高速公路、渝长高速公路、渝涪高速公路的城市快速干道，从商圈下穿道出口到红旗河沟转盘立交长约 1km 的路段仅设置天桥 1 处、地下人行通道 1 处，而道路两边的金融、外贸、商贸、海关、娱乐设施密集，建新北路的阻隔直接降低了两边公共设施的使用效率，降低了都市旅游者开展活动时的时空使用效率（图 5-23）。

二是机动车辆通行对行人的干扰。由于人们对效率和财富的渴望，汽车成为速度的代表，“机动车道路因汽车而成为城市空间的主角，交通空间在城市生活中变得越来越重要。城市交通并不只是像以往一样在既定的空间框架中起到联系不同功能分区的作用，它对城市空间的布局结构的作用也越来越明显。”[❶]机动车辆给一部分人带来速度和效率，同时干扰着另一部分人的正常生活。除了汽车排放的尾气对城市空气质量的明显影响外，其发动机运转的轰鸣声给城市带来了噪声污染，庞大的车身无论是在行进中还是停放在马路边，都会给行人带来很大的不便。高速行驶的机动车辆还给行人带来潜在的生命危险（图 5-24）。

三是城市步行体系缺乏连续性。在步行交通和马车交通时代，建筑尺度、街道尺度非常人性化，街道、步道连续性非常强，人们的行动十分自由；公共空间相互之间的联系十分紧密，真正体现人皆可达。那个时代的城市使人感觉亲切友好、舒适宜人。现在，高速行驶的机动车辆使得人们无法欣赏城市细部，但步行者或行色匆匆，或漫步街头，对城市景观欣赏、体验比较细致，具体而细微的需求也是多样化的。与古罗马人忽视城市的文化与精神功能，忽视城市人具体细微的需求，将城市打造成为巨大的享受容器不同，西欧中世纪的城市却注重“小”，尽力为普通市民提供一种切合实际生活需要的城市空间。这种空间十分朴素，具有人的尺度和亲切感。蒋涤非指出：“中世纪城市在营造上侧重按

❶　蒋涤非 . 双尺度城市营造——现代城市空间形态思考［J］. 城市规划学刊，2005（1）：91.

图 5-24　机动车辆对步行者的干扰（资料来源：自摄）

图 5-25　意大利佛罗伦萨充满人情味的街道和建筑（资料来源：孙如枫摄）

照生活的实际需要来反映当时基督教生活的有序化和有组织性，以及按照市民文化平等和大众利益的原则，毫不夸张地布置他们的生活环境。西欧中世纪城市设计的精彩之处，不是其规模宏大的综合性城市中心，而是那些社区生活中心。集市、定时的礼拜，密切了社区居民的交流。大小不规则的广场、曲折幽深的街道、新旧参差的建筑，非常平凡然而却又十分细致而富有韵味……其每一条街道和每一处广场的建设都体现出一种对日常生活的感应和缜密的人性化思考：建筑立面与左邻右舍的关系，广场空间的连续与封闭，每一入口处的视角与听觉效果变化，色彩的搭配等；在对‘人’尺度的推敲、人居空间的塑造以及对日常生活世界的回应上，中世纪的建设者们为后世树立了难以超越的典范（图 5-25）。”❶

相对来说，现代城市高楼大厦林立，机动车道路成为城市功能分区的骨架，割断了人

❶ 蒋涤非．双尺度城市营造——现代城市空间形态思考［J］．城市规划学刊，2005（1）：92.

与街道、人与建筑的亲和性，割断了步行体系的连续性，城市公共空间的利用率及都市旅游者的活动范围因此受到限制。随着经济的发展，20世纪90年代以来人们开始意识到，我国的很多大型都市也开始变得不适宜步行了。愚不可及的宽阔马路、城市中公路式快速路的设计（混淆了公路和街道的不同作用）、恢弘的横跨几个传统街区（胡同）的巨型建筑、无限扩大的城市面积，以及为拓宽机动车道而使路边绿地和便道一再压缩……这一切似乎在尽情地嘲弄步行的企图。20世纪90年代后期，人们越来越怀念那曾经能够“漫步”的都市，于是有了步行街建设之风开始在中国的盛行。

5.3.2 城市无序生长，信息系统不健全

中国近20年来推动了一场轰轰烈烈的城市化运动，城市规划、建设者们在这场伟大的运动中呕心沥血，大显身手，创造出许多骄人的业绩。但中国的城市建设，尤其是大城市建设的统筹性较差，城市发展无序。主要表现在四个方面：

一是功能生长无序。与生态系统相似，城市发展是一个有机生长过程，城市功能多数是自然“生长”出来的，这样的城市空间才会充满生机与活力。但现代城市规划、建设中过于主观的功能分区、产业布置和用地划分，人们有意或者无意地割断了城市的文脉、商脉，造成城市空间功能单一、设施不完善、商气不足，缺乏持续生长的活力。北京传统商业步行街大栅栏、主题步行街什刹海酒吧街等是自发生长出来的公共活动空间，为老字号的服务企业提供了生存和发展的土壤。而现在的大都市规划中，人们热衷于郊区居住片区的规划和设计，小区建设如火如荼。事实证明，大面积的新住区或小区，远离购物、娱乐、休闲等公共设施，导致居住在那里的人们生活很不方便。同时，小区四周高高的栅栏和严密的保安措施造成社区之间的隔离，人们出行要绕很长的街道，甚至发生小区住户群殴借道穿行者的事件。最可怜的是那些孩子们，由于高楼中的家门紧闭、邻里之间很少往来，孩子之间缺乏交流与打闹、嬉戏，到娱乐中心的距离又太远，如果单独出行，安全又无法保障，使他们过早地失去了童年应有的乐趣。

二是形态生长无序。主要体现为城市建筑轮廓线、天际线、水际线和地坪线的不和谐，缺乏生机和韵律感。滨水区高楼大厦林立，分割了人们的亲水空间；人们在城市山脉脊线上建造房屋，甚至建高楼，造成对城市天际轮廓线景观的严重破坏；建筑形体单一、体量过大、色彩不协调、高度缺乏韵律感，造成建筑天际轮廓线的生硬。此外，对城市形态的研究不深。表现为：发展轴向不明确，往往是城市基础设施建到哪里，房子就修到哪里，最后发现没有绿地，再来“见缝插绿”，齐康院士称之为“鸡窝式的城市”。不像发达国家，建城之初就把公共绿地留出来，建筑只能在外开展；中心核缺乏活力，也就是没有充分考虑市民集中开展活动的城市公共空间的精心塑造，没有细致周到地考虑都市旅游者的细微体验需求。齐康院士提出“要善于留住空间、组织空间、创造空间”，特别要关注城市中心区核心空间的塑造。建筑群体组织无序，100m以上的高楼，在南京市有600余栋、上海市有上千栋，城市规划对风貌的前瞻性控制不够，高层建筑与多层建筑数量失衡，城市风貌呈现千篇一律。构架紊乱，现代城市的规划和建设为体现交通的重要性，总是将城市道路作为城市空间形态的构架；后来发现原来规划、建设的道路

在实际运行中不通畅，加上机动车辆无限制增加，道路堵塞现象突出，于是人们另辟蹊径，不断地扩宽马路，或者新修道路，结果造成大量房屋拆迁、古迹被毁、城市架构紊乱。皮面不美，这个皮面是城市建筑群体和整体空间的鸟瞰面相，表现为立体，即三维向度。中国城市建筑的屋顶普遍为黑色，乱搭乱建现象突出，俯瞰城市上空界面的视觉效果差、层次不分明（图 5-26）。

图 5-26　重庆、佛罗伦萨、旧金山城市空间形态鸟瞰比较（资料来源：自摄、江北区政府）
（按齐康院士的城市形态研究“五个字”——“轴、核、群、架、皮”——[1]来分析，中国在城市形态建设中缺乏统筹，必然导致城市空间形态美感丧失、韵味缺乏、引力降低、活力减弱）

三是空间生长无序。雷姆 · 库哈斯（Ram Koolhaas）用“大”（Bigness）来形容现代城市空间，认为“大是终极建筑”，只有通过大，“建筑才可能将其自身从筋疲力尽的现代主义与形式主义的艺术意识形态运动中体现出来，恢复其作为现代化推进器的作用。”一方面，不管是速度、交通空间、景观大道，还是标志性建筑，通通可以用“大”来表征（图 5-27）。另一方面，城市空间越来越忽视人的尺度，城市建设越来越缺乏人情味，公共利益没有得到应有的关注。传统城市空间在迅速瓦解，民歌小调与休闲自在伴随传统街区、小道、林间空地一起消失，成为人们难以忘怀的记忆。现代城市建设中这种“抓大放小”有失偏颇，必然导致城市空间的统筹无序、尺度大小失衡、远离人的愉悦体验与细微需求。

---

[1] 邹密，吴秀萍 . 齐康：让城市张扬“个性”［N］. 重庆日报，2004-10-15.

图 5-27　现代城市的“大”（中国重庆与美国纽约）（资料来源：自摄、江北区政府）
（“大”是现代城市的主要特征：交通空间、景观大道、标志建筑、巨型楼盘，统统表现为“大”）

四是城郊生长无序。环境是城市的载体，城市发展必须以环境容量为限。但对于中国来说，我们觉醒得要比西方人晚一些。乃至于吴良镛院士在2004年城市规划年会上讲道："只要从三峡大坝区沿江往白帝城而上，看一看无序的开发，就令人心焦。"[1]我们的城市在无止境地扩展，我们纷纷涌向城市，但我们的森林、绿地、土地、资源在急剧减少，过度推进的城市化正在将我们一步一步地推向自残甚至消亡。

外地人初到陌生的大城市，普遍有一头雾水、找不着北的感觉。其原因在于城市信息不灵，具体表现有：

首先，路标体系不完善。司机总结以前重庆主城区的路标路牌有几怪：设置密度小，很长一段路见不到路标；位置不合理，树木、广告牌等遮挡路标；路名与地名混杂，不知指引的到底是哪里；个别路标设置错误，如果按图索骥，可能南辕北辙；有的路口甚至找不到标识。特别是城区道路的单行道，由于标识不清楚，外地驾驶员往往盲目行车、无意违规，甚至酿成灾祸。

其次，引导标识不醒目。引导标识包括导停（车）、导（如）厕、导游（览）、导购（物）等内容，引导标识不醒目是国内城市普遍存在的问题。尽管目前国内许多大城市开始注意这一问题，设置了路面、竖立、电子引导标识系统，但那一般是设立在市中心区或繁华闹市区，在背街小巷、偏远郊区和立交转盘等区域设置的引导标识数量、密度、醒目度还不够。针对人们在市中心区停车困难的问题，国内许多城市在繁华中心区设置了停车显示电子牌，这对驾驶人员迅速、准确地找到停车位，提高交通效率和办事效率很有帮助。但城市管理部门对都市旅游者的游览、如厕等行为的引导还不够，表现为标识数量不够、设置密度过小、醒目度不够、标准不规范、没有中英文对照等方面。

最后，国内大城市的公共空间，如车站、码头、机场、售票大厅、宾馆、饭店等场所，缺乏统一、丰富、及时、便捷、准确的信息服务。在火车站、汽车站、码头和机场等缺少游客集散中心，难觅介绍城市自然、人文概况的书籍、宣传画册或DM单，宾馆、饭店、

[1] 吴良镛．以城市研究与实践推动规划发展［J］．城市规划，2005（4）：11.

餐厅等处根本没有这些都市旅游所需要的必要信息。街道、路口等处设立的路牌、路标、地名指南图等标识，一般是地名、街区、道路指引，没有载明旅游景区（点）、旅游线路、旅游交通等公众所需的必要信息。

5.3.3 城市文化特色塑造不够

齐康院士认为大城市高楼林立，“人在城市里生活就像在井底，需仰头才能看到锅盖那么大的一块天空，给人很压抑的感觉。因此我不太喜欢坐汽车出门，楼高、路小、红绿灯太多，我总是沿着城墙根儿走，感觉心情舒畅。”[1] 城市的发展在趋同，个性丧失，出现千城一面的趋势。同时，城市旧建筑、古建筑和历史地段在不断遭到毁灭，城市地域特色文化在消逝，精、气、神不够。主要体现在三个方面：

第一，城市绿化不足，生态文化残缺。中国城市普遍存在公共绿地不足、市民休闲空间缺乏、都市旅游没有受到关注等问题。1990年开始实施的《城市规划法》第三十五条规定，“任何单位和个人不得占用道路、广场、绿地、高压供电走廊和压占地下管线进行建设。”《城市规划编制办法》对城市绿地（公共绿地与防护绿地）提出了具体标准和要求。国家制定的山水园林城市的具体标准是：城市人均绿地 6m^2 以上，城市绿地面积占总用地面积的 30% 以上；森林城市标准：城市人均森林 6m^2 以上，城市森林面积占总用地面积的 30% 以上。但事实上，城市绿地的强制性标准并没有得到严格的遵守。相反，建筑侵占绿地的现象屡屡发生，毁坏森林、公园大兴土木搞所谓景观房地产开发的事例也很多，结果造成城市绿地严重不足、生态失衡、环境变糟（图 5-28）。

图 5-28 都市旅游者对城市绿地的深深眷恋（资料来源：自摄）
（在城市高速扩张进程中，能享受盎然的绿意，成为大众的企盼）

第二，文物保护不力，历史文脉断裂。齐康院士说，“没有夫子庙、中山陵，也就没有南京城。”一座城市应该是有记忆的，当一个游子年老返乡，他能凭着以前的记忆找回一些当初熟悉的事和物。历史地段、古建筑、历史街区延续了几百、上千年的城市生长肌理和脉络，传承着丰富的历史信息，应该尊重历史、保护历史。《城乡规划法》第三十一条规定，“旧城区的改建，应当保护历史文化遗产和传统风貌，合理确定拆迁和建设规模，有计划地对危房集中、基础设施落后等地段进行改建。历史文化名城、名镇、名村的保护以及受保护建筑物的维护和使用，应当遵守有关法律、行政法规和国务院的规定。”但现实中的文物保护与城市的发展存在很多矛盾。国内许多城市搞经济发展和城市建设时不惜

[1] 邹密，吴秀萍．齐康：让城市张扬“个性”［N］．重庆日报，2004-10-15.

以牺牲传统建筑和历史地段为代价。苏州古城拆掉了城墙，拓宽了道路，建了一大批房子，破坏了城市景观和人们美好的记忆。

第三，盲目崇洋媚外，民俗民风消逝。西方文化伴随经济全球化有蜂拥而来、席卷全球之势。当中西方文化发生交融、碰撞的时候，国人往往对其糟粕的内涵不假思索地一概囫囵吞枣、盲目崇尚，结果是民俗习惯消逝、优良传统文化渐失生存的空间。中华民族几千年来流传的诸多美德和风尚，比如尊老爱幼、遵纪守法、艰苦朴素、勤劳致富、诚实守信等，在世界文化“大同”的潮流中渐行渐远。

北京的胡同文化，实际是明清时期北京人生活习俗的一个缩影。胡同游是北京的特色旅游产品，接待人数上升势头强劲，而且对外宾保持了强大而持续的魅力，打破了北京旅游几十年来只看帝王生活、不看平民生活[1]、忽视民俗民风的历史，给什刹海地区带来了空前的繁荣。但北京古城近来正遭受现代建设的强大夹攻，古城正在消逝。

中国在“宜游城市”建设方面的成就与不足，可以归纳为表 5-5。

中国“宜游城市”建设的成就与不足 表 5-5

成就（北京、上海、深圳等）	不足（国内多数城市）
区位良好、交通便捷；功能互补、景观丰富；政府重视、投入充足；保护文物、彰显人文	景点孤立、交通分割；生长无序、信息不灵；文化缺失、精神不够

❶ 黄隽．“胡同游”的成长分析［J］．旅游学刊，2005（1）：45.

6

中国“宜游城市”空间结构的优化问题

6.1 从都市旅游视角看我国旅游城市空间结构缺陷

从都市旅游这一宏观视角看，我国旅游城市空间结构存在结构缺失、布局无序、文化丧失等缺陷。

6.1.1 城市空间结构缺陷

在宏观上，城市空间结构缺陷主要表现为城市景点在空间结构上的缺位、断裂和脱节。以城市旅游景区（点）（场所）与连接这些场所的道路（路径）为参照系统，旅游城市空间结构可以分为三类：一是景点连续型结构（图 6-1），即城市公共空间（景区（点））相互连接，互成网络，构成多条环形游线，而成连续型旅游城市空间结构。这是一种理想的宜游城市空间结构，充分表达了“宜游城市”的景观连续、人皆可达、行之自由等要件。二是景点半连续型结构（图 6-2），即城市公共空间部分有连接，但相互间连接性不强，网络结构不完整，环形游线不多，构成半连续型旅游城市空间结构。这是需要改造、强化路径连接和空间布局的城市结构。三是景点孤立型结构（图 6-3），即城市公共空间相互间的连接性差，根本没有形成网络状环线结构，构成孤立型旅游城市空间结构。该结构的“宜游性”很差，迫切需要解决城市公共空间的合理布局和路径连接问题。

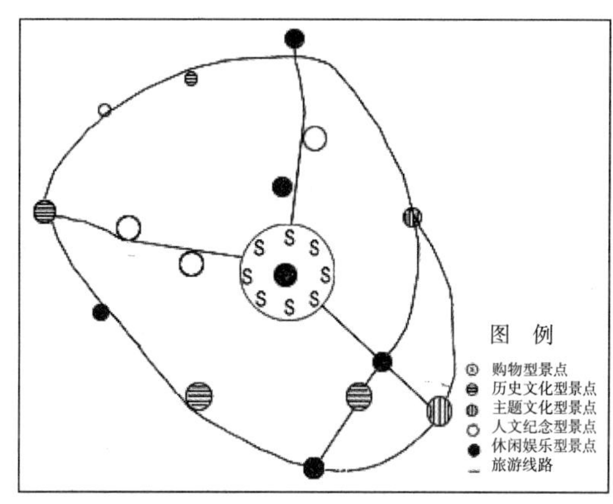

图 6-1 景点连续型城市空间结构（资料来源：自绘）
（公共空间相互连接，互成网络，构成多条环形游线）

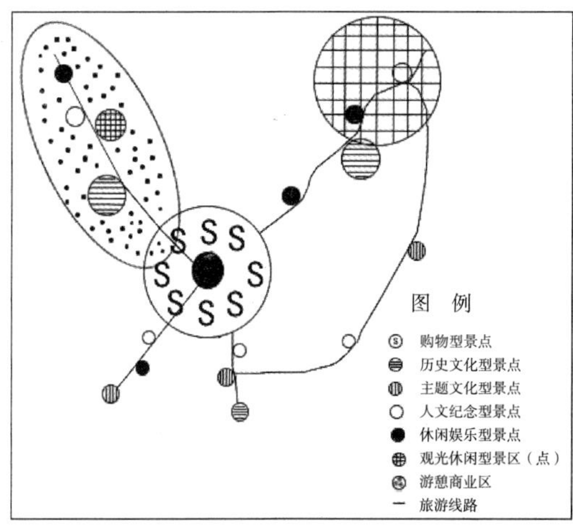

图 6-2 景点半连续型城市空间结构（资料来源：自绘）
（部分公共空间相互连接，网络不完整，环形游线少）

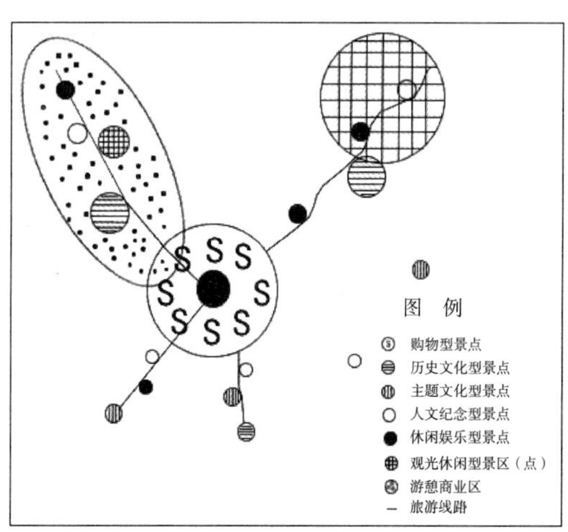

图 6-3 景点孤立型城市空间结构（资料来源：自绘）
（公共空间之间连接性差，没有形成网络状环线结构）

由于特殊的政治、经济背景和动力原因，中国地方政府往往将推进城市超常规、跨越式发展作为促进区域经济社会快速发展的首选目标。城市房地产业的高速发展，使得简单地追求利润和经济增长与城市生活质量的改善关系脱节，导致城市公共空间领域的衰败和空间结构功能缺失、连接断裂、供需脱节，很多城市表现为半连续型和孤立型空间结构。

城市空间结构的缺陷包括两个方面：公共空间领域的衰败和公共交通的连接脱节。

1. 公共空间领域的衰败

城镇原本是技术、艺术、文化和社会发展的最高成就，而公共空间领域是城市最重要的部分，是承载都市旅游活动的物质环境，是公众身体和视线所能触及的城市肌理的全部，包括城市街道、广场、公园和滨水区，以及围合或限定它们的建筑。但是，我们正在见证着许多国家城市公共空间领域的衰败：城市中心垃圾遍地、乱涂乱画、交通阻塞、空气污染、建筑丑陋等。在强调隐私、安全和私家舒适的幌子下，城市用地被划分成封闭排外、孤岛似的所谓“小区”。公众对这种压抑沉闷、失去灵魂的城市空间丧失兴趣（图 6-4）。

图 6-4　城市公共空间的衰败（埃及首都开罗）（资料来源：江北区政府考察团）
（快速变迁的城市中心，经历了空前的建筑开发和高速公路修建，该环境难以激起公众的热情）

2. 公共交通的连接脱节

城市以便捷的交通为运转前提。交通节点处快速的交通疏解能力是城市交通快速、高效的保证。但是，我们在许多城市中的活动显得十分吃力，主要表现为到达目的地困难、过于耗费时间、直达线路少、行动不便、枯燥乏味。究其原因，主要是城市公共交通体系不健全，城市的带状扩张和无际蔓延，听任市场力量左右土地使用，没有关注人性环境的营造（比如休闲系统、游览系统、自行车道系统、城市步道系统考虑不够），等等。“新的建成环境的特点通常是蔓生着平庸普通的楼房，留下大量的空余空间以及对行人的步行非常不舒适的安排，这样的环境似乎是专为驾车者或地产投机商的利益而设计的。当它以所谓的‘综合’规模得以实现时，世界上的许多城市都因此而遭到了破坏。”[1]城市空间结构

[1]（英）弗朗西斯·蒂巴尔兹著．营造亲和城市——城镇公共环境的改善［M］．鲍莉，贺颖译．北京：知识产权出版社，中国水利水电出版社，2005：10.

因而多数为景点"半连续型"或"孤立型"结构。

客观上，城市公共交通的连接脱节，一方面因为城市规模快速扩张，规划设计考虑不周密，城市公交及换乘系统存在断档脱节，造成城市公交系统不完善，"堵点"涌现（图 6–5）。另一方面，市场力量突破规划管控，导致城市公交连接体系中断。开发商想方设法占地建房，挤占公共空间和公共交通用地，造成城市公共交通系统"发育"不良，成为半连续型或孤立型城市空间结构，使城市"宜游性"大打折扣，这在城市新区中表现得更为突出（图 6–6）。

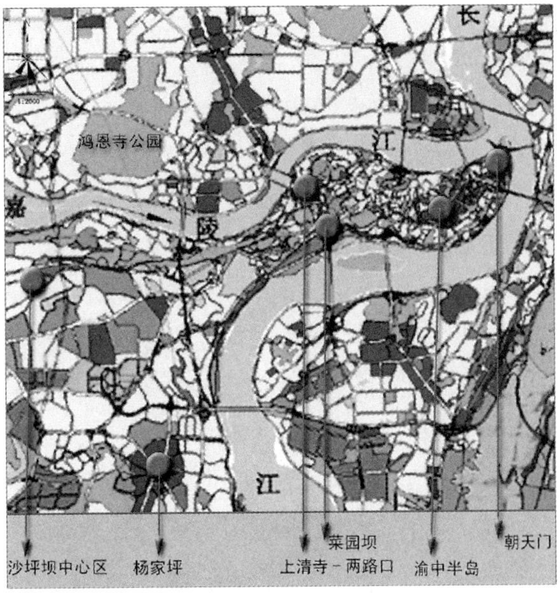

图 6–5　城市公交系统连接脱节与"堵点"涌现
（资料来源：自绘）
（重庆主城区因为交通连接脱节，出现了沙坪坝、杨家坪、菜园坝、上清寺、两路口、临江门、朝天门等处的机动交通"堵点"，导致城市交通疏解困难、车流不畅、效率降低，这在通勤时间上表现得更为突出）

6.1.2　城市空间布局无序

城市，因为其多样性而富于乐趣。城市的不同区域"有着不同特点的行为活动、空间尺度和城市机能。有些地方繁忙而充满活力，而另一些地方则是静谧安逸。"❶将复杂而丰富的建筑高密度区、纪念区、高层区、低层区、购物区、休闲区、商务区等城市空间按照"连续有序、变化多端、人皆可达、行之自由"等原则加以精心组织和照料，是城市规划师、设计师、建筑师和管理者的重要使命。我国城市空间布局无序表现在如下两个方面。

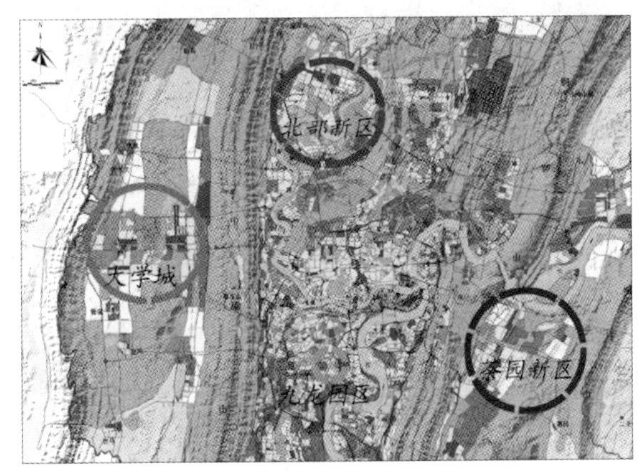

图 6–6　城市新区乘车难（资料来源：自绘）
（大学城、茶园、北部新区等重庆新城区公交体系不完善，市民乘车难）

1. 城市居住空间布局无序

克里斯多夫 · 亚历山大（Christopher Alexander）在其《城市不是一棵树》中称："那些经历数年多多少少自发形成的城市可以称作'自然城市'，而由设计师和规划师精心创造的城市以及城市的部分则是'人造城市'……如今人们越来越认识到人造城市失去了一些基本的元素。对比那些有生活气氛的古代都市，现代人所尝试创造的人造城市，从人性

❶（英）弗朗西斯 · 蒂巴尔兹著 . 营造亲和城市——城镇公共环境的改善［M］. 鲍莉，贺颖译 . 北京：知识产权出版社，中国水利水电出版社，2005：14.

的角度看，是完全不成功的。”[1]反思我们最近的作为，我们不难发现，中国现代城市建设中存在两个误区：

一是规划上过分强调空间布局的大气磅礴，忽视了居住、活动空间的亲和、友好。当我们置身于湘西凤凰古城时——那是一个传统的小县城，我们会发现她的魅力、友好和舒适。其规模较小、尺度宜人是一方面；谁能否认还有其他许多特质呢？比如，不同空间层面上非常有趣的开发利用、多功能混合、普通市民通常生活在市中心——有时就在他们工作或经营场所的楼上、条石铺就的街道空间、城门对中心区入口的明确定义、清澈见底的小河、两岸风貌统一的吊脚楼、连接两岸的廊桥、轻轻晃悠的小船、高度连续的小尺度的背景建筑和青山映衬下的特殊建筑物，等等，处处彰显古城街道等公共空间的亲和、宜人性（图 6–7）。

图 6–7 湘西凤凰古城的廊桥（资料来源：汪隽琪摄）
（清澈见底的小河、两岸风貌统一的吊脚楼、连接两岸的廊桥、轻轻晃悠的小船、高度连续的小尺度的背景建筑和青山映衬下的特殊建筑物，处处彰显古城街道等公共空间的亲和、宜人性）

现代都市建设中过分强调城市“壮观”，忽视居住、活动空间的亲和、友好。城市的人工痕迹甚为明显，居住空间布局不合理，没能充分展示和谐主题，主要表现出建筑与环境的对立、建筑与建筑的对立和建筑与人的对立（图 6–8）。在天安门广场旁边，出现了东方广场大幅度突破限高和容积率这样的“争宠”建筑。

二是重远期轻近期，缺乏统筹。我们往往对城市总体规划非常关注，缺乏对近期建设规划和修建性详细规划的足够重视。即或编制有分区规划、控制性详细规划和修建性详细规划，但深度不够，特别是基础设施规划不细致、风貌控制主题不突出、地域文化与城市文化特色不鲜明，详细规划对居住区建设的指导性不够、控制力不强、可操作性降低。

2. 城市公共空间布局无序

有的城市住区附近 2km 范围内没有公共活动空间；有的都市游憩商业区功能不健全、

[1] （英）弗朗西斯 · 蒂巴尔兹著 . 营造亲和城市——城镇公共环境的改善［M］. 鲍莉，贺颖译 . 北京：知识产权出版社，中国水利水电出版社，2005：19.

图 6-8 “人造城市”没能充分展示和谐的主题（资料来源：自摄）
（左图：香港太平山密集的建筑群，遮挡了优美的山脉，表现出建筑与环境、城市与自然的对立；中图：建筑风貌的无序导致城市天际轮廓线的杂乱，表现出建筑之间相互争宠与建筑之间的不和；右图：体量巨大的建筑与密集的人流和车流，向人们展示的是一幅建筑与人的对立斗争图）

结构不成熟，滨水区零散割裂、功能重复；多数城市交通组织不完善、疏解效率低，步行体系不完善、休闲娱乐功能弱化，总的表现为城市公共空间布局无序。

造成公共空间布局无序的原因之一是规划考虑不周、刚性不够。按照目前的规划编制与审批办法，下一级总体规划、控制性详细规划，须经同级人民代表大会讨论通过后，报上一级人民政府批准。经上一级人民政府批准的规划具有法律效力，相当于地方法规，本应具有相应的法规约束力和权威性，但地方政府在组织实施规划的过程中，不论是建设审批、放线、建设管理环节，对规划权威性的维护意识不够，随意性比较大，规划所限定的条款和内容并未得到很好的遵循，最后建成的城市，无论在基础设施配套上，在功能匹配和公共空间布局上，还是在环境保护上都没有按规划实施，明显有无序的痕迹。主要表现：一是规划过时。城市建设管理者、开发商普遍觉得规划不好用，原因是现有城市控制性详细规划是各区报上来的，大体按现状用地性质来划定，并没有深入细致地统筹考虑整个城市的发展趋势和发展战略，而现状用地性质和给定的用地强度指标多已过时。二是控制性详细规划空白。除中心大组团外，大城市外环以外的控制性详细规划基本空白，而城市发展的速度远远超出人们的想象和控制范围，这些地方的建设在如火如荼地展开，造成城市公共空间布局的随意性。三是规划失去唯一性。国外的规划一旦通过，就成为法规。规划所划定的用地边界、范围、各项用地指标，以及对控制性详细规划的调整，都要进入规划局的计算机系统，因此可以保证一个地块上的规划在一定时期内的唯一性。而我们现在的规划管理比较混乱，同一地块上前后几个规划互不衔接，有些规划地块范围重叠，破坏了规划的唯一性和权威性，挤占了公共空间用地。四是规划管理体制不顺。目前我国的建设工程前期审批工作复杂而漫长。申请人要在规划局（委）、发改委、建委和国土局之间穿梭、奔波，每一步都要有相应的批文才能走下一步，还要跑电力、给水、排水、税务、供气等部门，办一个这样的工程项目手续，耗费 1~2 年时间是常有的事。然而这种看似严密的审批程序并未增加工程项目的合理性，因为衙门分离的体制造成了国土局只管土地出让，发改委只管立项审批，规划局只管“两证一书”，建委只管发放施工许可证，四部门互不通气，没人真正对申请项目的社会效益、经济效益和环境影响全面负责，浪费了宝贵的建设时间，延长了建设周期，同时助长了腐败之风。

造成城市公共空间布局无序的另一原因是规划缺乏公众监督。高毅存在《城市规划与城市化》一书中指出，除军事单位和国家机密外，城市规划应该是公开、透明的，而我们目前的许多规划都带有密级，这明显受到历史的影响和带有计划经济的烙印[1]。世界各国的城市规划都是公开的。城市规划，包括城市总体规划、控制性详细规划、修建性详细规划、分区规划、绿地规划等，一经通过，就应该是公开透明的。人们可以到城市规划管理部门，通过一定的程序查阅、调用这些规划。这样一来，既体现了公众参与，又可以增强公众监督，也可以节约资源。公众应该参与规划的制订、审查、实施和修改等全过程，监督规划的编制和实施。

6.1.3 城市管理效果不佳

重建设轻管理，是我国城市发展中存在的“通病”，城市管理效果不佳成为我国城市经济、社会、环境、资源与人口实现全面、协调、可持续发展的障碍。

1. 城市经济管理越位

毋庸置疑，政府在经济管理中担负着不可替代的作用，因为厂商、居民户和政府共同构成市场经济的主体，市场在资源配置中起着基础性作用，但提供城市基础设施之类的公共物品、保障国计民生、维护公平与正义、保障社会稳定等方面，是政府的基本职责。但政府在城市管理，特别是城市经济管理中存在越位现象。

首先，变“经营城市”为“经营土地”。一些城市打着“经营城市”的旗号，政府没有完全做到积极引导、宏观调控城市土地供给，地块由政府批准后，划拨给有关单位或者出让给开发商，土地没有进入市场流转，征地过程缺乏透明度，其中隐藏的“猫腻”，成为官僚腐败滋生的营养源。由于政府急于改变城市形象、完善城市基础设施，财政投入又捉襟见肘，只好推行“以地招商、以地换路”的招数，城市基础设施确实是得到了很大改造和完善，但城市中心区、城市近郊区的土地也被这些基础设施投资者们圈占完毕。这些开发商拿到用地批文之后，通过各种方式和途径，突破总体规划，抛弃控制性详细规划，改变土地使用性质，增大容积率，侵蚀城市绿化用地，侵占城市公共空间，在建筑风貌上各行其是，劣质开发商拖欠民工工资造成集体上访事件，有些本应由开发商负责的后果反由政府埋单，城市建设与管理失去控制。连续不断的旧城拆迁被认为是拉动房地产业和经济发展的良方，各地房地产开发投资持续高温。被拆迁居民对商品房的需求被有关方面认为是重要而且比较稳定的巨大需求量，但众多居民被迫负债的事实，暗示着社会财富向房地产商的聚集。

城市是经济、社会、文化发展的载体，是人类物质文明、政治文明、精神文明产生、传承、积累的摇篮，是兼具物质、非物质特性的公共资源，除关系国计民生行业、基础设施建设、安全卫生保障和弱势群体保护，也就是社会保障体系等方面，应该由政府操办之外，其他方面的事，政府不应该大包大揽，政府也没有担当“无限责任”的必要。

其次，变“有偿征地”为“蒙混圈地”。根据国家《土地法》和有关规定，农业用地属于村民集体所有，如果要开发使用，应取得土地使用指标，必须由国家征地拆迁部门与

---

[1] 高毅存. 城市规划与城市化［M］. 北京：机械工业出版社，2004：206.

村民协商，就拆迁补偿、移民安置等问题达成一致意见后，实施农业用地征用，转为建设用地，再举办公用工程，或通过招标、拍卖、挂牌等方式出让给开发商实施开发建设。但现实问题是，征地过程出现由镇乡越俎代庖的现象或者缺乏透明度。镇乡人民政府直接与开发商签订协议，转让村民集体所有的土地使用权，村、组尚不知情或者没有成为经济合同的主体。由于征地过程缺乏透明度，巧立名目，偷梁换柱，欺上瞒下，"有偿征地"往往成为"蒙混圈地"。

再次，变"宏观控制"为"粗细兼管"。从根本上讲，城市规划分为两大类。一类是代表了公众利益、国家利益和社会利益制定规则和对城市整体发展提出要求的总体规划（Comprehensive Plan 或 Master Plan）和控制性详细规划（Zoning Plan）。城市总体规划首先对城市要有恰当的定性和定位，明确该城市在整个城乡系统中所占的位置与扮演的角色，对城市的历史现状进行分析，对城市的未来进行预测，提出城市未来发展布局的战略构想，对城市产业、居住、生活、基础设施等方面进行统筹安排；控制性详细规划则是在城市总体规划原则的指导下，对城市地块进行分区划定，对每一个地块结合实际地制定出其对应的用地性质和各项用地指标，如容积率、建筑高度、绿化率、建筑密度和人口密度等，各个地块通过对其用地性质的指定和各项指标的设定，实现总体规划的目标。这类规划制定的主体是各级政府和政府授权的规划行政管理部门和机构，客体是对城市各地块进行局部开发建设的开发商及申请建设的机构和个人。按照目前的运行机制，城市总体规划和控制性详细规划一般由政府或政府授权的专门机构如规划设计院来制订，通过一定的审批程序如听证会、同级人代会的审议，经上级人民政府审批而成为法律或法规，要求开发商与市民遵行。因此，制定、实施城市总体规划是政府的职责，而每一地块在规定的用地性质、指标限定原则范围内具体如何建设，那是每个局部地块修建性详细规划的内容。开发商送交规划局审批的小区规划大部分应该归为修建性详细规划的范畴，制定的主体是开发商或业主，由开发商或业主委托规划设计单位制定小区规划，分配绿地、道路、住宅和各项公共设施的用地比例，布局楼盘，设计建筑外形和体量。修建性详细规划的客体是设计师、建筑公司和未来的业主，将控制性详细规划中的各项指标具体化落实。控制性详细规划的指标是唯一的，而修建性详细规划方案则可以有多种选择，规划局除审核小区规划是否违规之外，还有帮助开发商优化方案的任务。但如果控制性详细规划由开发商来做，在全局上很难保证公正、合理性，也给开发商预留了谋取超额利润的空间，而且将控制性详细规划与修建性详细规划合二为一，做完控制性详细规划便直接申报建筑工程总平面图，从而省掉了修建性详细规划这一环节，把本该由政府行使的职能下放给开发商，混淆了两类不同性质的规划，使控制性详细规划失去其社会公益性，这实际是政府的缺位。

最后，变"量力而行"为"贪大求洋"。个别城市政府为追求政绩、树立形象，没有做到量体裁衣、量力而行，而是大面积圈地、大规模建造新城，包括城市新区、新行政中心、新工业园区，结果造成基础设施、配套设施没有跟上，通勤成本上升，绿化美化缺少，"四久工程"遍地，居民办事、生活不方便，甚至新建的工业园区久久没有产业入驻而使良田成为荒地。事实已经证明，这种不切合实际、贪大求洋的做法多数成为地方经济社会发展的沉重包袱。年财政收入不足5000万元，农民人均年收入不足1600元，全县历年拖欠教师工资1000多万元的陕西省扶风县，未批先用、违规圈占农民良田1000多亩建设新区，由于规划不切合实际，大片肥沃的良田变成了荒草地，宽敞的马路成了晒麦场，除了几家政府机关入住外，耗资近2亿元建设起来的“新区”冷冷清清，如同一座“空城”[1]。

2. 城市管理机制不灵

一是管理机构重叠、审批程序过于繁琐、各自为政、推诿扯皮、分散管理的情况比较严重，缺乏精简、统一、高效的行政决策、管理体系，行政效率、管理效率下降。目前我们的规划建设体制还是计划经济时代的产物，权力过分集中而且划分过细。

二是政出多门，缺乏集中的权威性。经过多年的不懈努力，可以说，中国的法律制度已经成形、法制框架已经建成，但地方法规和政府部门运行的潜规则，使法律规范在执行过程中产生折扣，滋生司法腐败、徇私舞弊等现象。法律的权威性缺失，必然会给城市建设与城市管理带来不容忽视的负面影响。

三是政府干预经济过头，市场机制失灵。政府在城市管理过程中过多地使用行政来干预城市运行，很多事项本来能够由市场运作来完成，政府却包揽下来，造成政府的财政包袱越背越重。比如城市节庆活动的举办，对于推进城市建设、提升城市形象、提高城市的知名度，有不可低估的作用。这样的节庆、赛事活动可以由政府搭台，交给企业市场运作来完成，政府只管提供完善的基础设施和安全保障就可以了。但有的城市节庆活动费用基本由政府承担，缺乏必要的商业运作手段。政府干预城市经济过头的另一个例子是工程项目承揽。凡是国有资本介入的工程项目，我国有了一套看似严谨的程序，即招投标制度。但这一管控过程存在许多人为干扰因素，无法保证工程项目发包过程的公平、公正、公开，成为少数人谋取不正当利益的载体，由此产生权力干预经济，滋生腐败。

北京市前门东片区老北京城的改造陷入尴尬境地，算是政府干预经济过头，导致市场失灵的一个例子。“被誉为‘人类在地球表面上最伟大的个体工程’的北京元、明、清旧城，正面临一场或死或生的考验。经年累月的成片改造，已将旧城尚存的部分逼至中轴线两侧地带。老北京房屋的危破亟待良策，新北京的发展又渴求空间……问题涉及房屋土地、城市交通、财税体制、行政管理等诸多层面。”[2]原定对重点保护区采取“微循环式”改造模式，但最近崇文区政府采取的以整体开发方式施行的“休克式保护”未能让商业老区焕发活力。大栅栏的“爆肚冯”近来顾客陡增两三倍，大家排队来吃，目的在于怀念老街道，怀念老字号。老街道没了，故事也就没了。王军记者通过多方采访后得出结论说，一是古城商业街如此丰富的商业文化应让它们自己演变，名店小铺恰恰是最具活力的，不应该机械地把它们迁走。二是树立市场信心。应该以院落为单位进行渐进式小规模的有机更新，防止大规模改造对历史街区带来的破坏，一个院落一个院落地进行逐步保护、修缮、改造和更新，新建建筑不得破坏原有院落布局、胡同肌理和历史风貌。政府通过良性介入，提供优质的公共设施服务，以带动整个地区的“血液循环”。2001年北京西城区对烟袋斜街进行改造，

[1] 张军．违规圈地上千亩　耗资2亿建“空城”［N］．人民日报，2004-07-30.

[2] 王军．老北京的生与死［J］．瞭望新闻周刊，2006（19）：12.

政府投入160万元，选石铺路，拆除违章建筑，引入天然气管道，商家纷纷进入，激活了整个街区。

我们可以通过欧美各国的相关做法来反观我们在这方面的差距。

在美国，没有发改委，没有建委，也没有国土局，全部城市规划、设计、建设都在规划局与规划委员会的审批之下，反倒将城市建设得井井有条，适宜居住，适宜旅游。

在德国，1960年前联邦德国联邦议会通过了《联邦规划法》（Federal Planning Act，1960）和它的补充文件《框架法规》（Framework Regulation），其作用是保证联邦与各州，以及各州之间在土地利用上标准一致、政策一致。随后出台了《联邦建筑法》（BbauG—Federal Building Law，1960）、《联邦综合区域规划法》（BROG—Federal Comprehensive Regional Planning Law，1965）、《城市更新和开发法》（St BauFG—Urban Renewal and Development Act，1971），以解决城市盲目发展与旧城衰落的问题。1976年经过修订的《城市更新和开发法》是一项综合性的关于旧城区改造和更新的法律，它不仅仅局限于土地利用开发控制的内容，而且广泛包括了旧城居住建筑、建筑环境、公共设施等方面的要求。前联邦德国于1968~1978年进行行政机构改革，独立乡镇的数量从24000个减为8500个，县管城市从129个减少到91个，县从57个增加到64个，通过减少行政单元，建立高效行政体系，加强地方自治并发挥大城市中心的作用。

在法国，1985年人口5300万人，国土面积54.7万km^2，人口密度97人/km^2，分成22个行政区、96个省、324个专区、3549个县和36433个市镇。城市规划由城市住房和运输部与环境部两个部门负责。在机构上，国家一级有国家规划局（The National Planning Agency）负责管理国家范围内的重大规划事项。在城市和市镇级政府内设置规划局（Urban Agency），但只参与规划的制定与规划的研究，并不参与城市的开发控制，不受政党和政治观点影响。开发控制权由选举产生的市议会委任的“规划控制委员会”行使。“法国的规划管理系统是双层制机构，即做规划的不负责审批和执行规划，审批执行规划的不负责做规划，分别由两个部门来完成，因此也避免了许多弊端。”[1]在法制上，法国于1960年颁布了《国家公园法》和《分区保护法》，1967年颁布了《土地开发基本准则法》，对各范围内的规划提出了具体要求。在结构上，法国的规划大体可以分为四级：国家规划、行政区规划、城市地区长期战略规划、市镇级的土地利用分区规划。法国的国家经济发展计划4年制定一次，与之相应的是国家形态规划（Physical Planning），也是4年制定一次。经常用到的还是长期战略开发规划（SDAN）和土地利用分区规划（POS），即区划。长期战略开发规划是城市市区、郊区以及城市周围地区包括专业开发区的总体规划，实际是一种纲要性的土地利用规划，制定规划的依据是政府十年内的经济发展计划和投资计划，城市和农村地区战略发展计划、农业保护区和自然保护区规划等，提出了30年的发展战略政策、土地使用规划、地区基础设施布局、一般交通规划、主要的服务中心布点以及地区发展预留地的划分。土地利用分区规划是地方性的详细规划，所有万人以上的市镇都必须制定POS（Land Use Zoning Planning），POS列出了土地精确的使用权限和指标，对土地上的

[1] 高毅存. 城市规划与城市化［M］. 北京：机械工业出版社，2004：51.

建筑体量、建筑形式、土地面积、建筑立面比例以及农业、环保列出了详细的规定与要求。包括：报告——人口统计、经济和社会发展概况、环境质量分析等；规划图纸；规划规则（Regulation）——每一分区有15项规则，规定场地、密度等主要控制条件；附录——其他开发项目限制条件和政府部门对POS的评议鉴定意见等。在民主参与方面，规划的制定是由各级规划主管部门委托专业机构完成的，在规划送交相应一级政府批准之前，必须征求几方面的意见，包括民众参与（各类听证会、媒体公布讨论）、政府其他部门的意见（公安、交通、卫生、古建筑等）、市长、行政院长以及市镇政府专员的评议意见等。在开发控制手段方面，包括四个程序：申请—审核—批准—强制执行。规划决策之前要与各方协商，保证其开发项目不违反各项行政法令和其他社会团体及公众利益，但如果发现开发项目确实不符合法律，则将被勒令停工或拆除。如果开发商的申请没有得到批准，可以向行政法院或民事法院起诉。

6.1.4 城市文化建设滞后

历史文化资源是一个城市文化品位的重要表现，是一个城市文化个性的生动写照，也是一个城市成为区域名城或国际名城的一种最独特的优势。与紧密交织的有机的欧洲历史城镇相比，我们在城市建设中，往往重视物质形体和硬件建设，轻视精神环境和文化氛围打造。有的城市，特别是新兴工业商贸城市，甚至可以认为是“物质的天堂，文化的沙漠”。中国城市文化建设滞后表现在以下几个方面。

1. 市民文化素养不高

市民素质，尤其是市民的文化素质，是知识经济时代建立国家创新体系的重要前提和条件。董鉴泓先生认为，“西方国家在完成工业革命前，已经过文艺复兴、启蒙运动、资产阶级民主革命等奠定了现代化的文化基础，中国进入现代化是在长期的封建社会及文化闭塞的情况下，被动地接受西方现代化冲击下开始的。”[1]在过去的城市建设中无不打上小农意识、小我意识的烙印；居民，尤其是外来务工人员的文化素养缺乏、法制意识淡薄；少数暴发户藐视法纪、财大气粗、高人一等的低俗心态；市民追求奢侈、铺张浪费、张扬财富的不良行为；部分青少年厌恶学习、追求享乐、品行不端，等等，表现出居民对公共利益的漠视和民族利益的麻木。说到底，折射出市民文化素养的不够和民族素质亟待提高。根据有关方面的调查，因抢劫、盗窃、杀人、伤害等情节犯罪的成年人中，绝大多数的文化水平在初中以下。青少年犯罪率逐年上升，少年犯罪团伙的犯罪情节有时已经达到令人发指的程度。这些现象不能不令我们深深地忧虑。列宁说：“政治与文盲无缘。”城市居民文化素养的欠缺，无疑是实现物质文明、政治文明和精神文明协同发展，构建和谐社会的障碍（图6–9）。

2. 公众文化意识不够

在欧洲，对城市历史文化、特色文化实施保护的意识深入人心，在城市建设和经济发展过程中保护历史地段、传统街区和古建筑等，是广大市民、官员、学者的共同意识，也

---

[1] 董鉴泓．中国国情与城市发展［J］．城市规划学刊，2005（1）：8.

是全民的自觉行动。像瑞士的一些小城镇，仍然保持原来的都铎式建筑立面，“石板铺就的街路、尖顶的教堂，与倾斜的坡屋顶上开的老虎窗相映成趣，海滨城市则利用贝壳、帆船和铁锚，在城市风貌上做足了文章。而美国的郁金香小城蒙特凡纳尔则在展示郁金香文化与荷兰风情上大动脑筋，这里不仅各色郁金香随处可见，还点缀着荷兰风车，和各种特色奶酪及荷兰餐馆，使人恍入欧洲先民的村落一般。”❶中国在城市化运动的高歌猛进时代，许多文物建筑和历史地段灰飞烟灭，很少听说有公众为保护这些不可再生的“古迹”而奔走呼号或群起而护之的。董鉴泓先生惊呼：“但历史名城北京的许多方面已消失而不可‘再生’了。“大跃进”时一夜之间以群众运动的方式拆毁苏州古城墙，‘文革’时又对历史古迹的大破坏，都是在‘反封建’、‘破四旧’的政府号召下开展的群众运动。”❷有的地方为使城市“旧貌换新颜”，不惜大肆拆迁历史地段和古建筑。对于戏曲、民间工艺、民俗节日等隐形文化和春节、端午、中秋、重阳、七夕等民族传统文化的保护意识还很不够。

图 6-9　不守交通规则的行人（资料来源：自摄）
（为抄近路，市民不走天桥，与车争路或穿越马路和绿地）

3. 城市风貌无特色

我们在城市风貌上没有体现特色塑造。近年来，“欧陆风”、“北美风”和联排别墅（Townhouse）在北京和一些大城市大行其道，严重脱离文化背景和实际。文艺复兴式、都铎式或维多利亚式等欧美建筑风格和建筑手法，有其深厚的文化内涵与历史渊源，他们的建筑师在使用各种流派与建筑风格时“充分地考虑了当时的人文历史与自然风貌。”❸齐康院士针对过多太滥的“洋设计”这一问题指出，“世界需要沟通和交往，这是一种必然趋势，但不是说国外的东西就一定是那么好。巴黎的内部空间很好，在里面步行觉得非常美，但没有把楼房的层高控制住。塞纳河的桥与桥墩都很好，可是没有一栋建筑支撑。跟外国人不要讲谦虚，我们的故宫是世界级建筑，从天安门进去，午门、端门、太和殿，轴线非常明确。”❹现代中国城市的建筑风格缺乏个性，城市公共空间失去魅力，城市整体风貌没有特色。登上著名的江苏华西村“金塔”，格调统一的别墅连成一片，很是壮观。但过分统一的建筑风貌（无论在建筑体量、色彩、层高，还是用材上都高度统一），使华西村的建筑显得单调和枯燥，失去了丰富多变的生机与活力。展眼望去，我们大城市的建筑风貌与城市形态又何尝不是如此呢？在城市市容景观方面，宣扬物质享受、媚俗奢侈、金钱至上

❶ 高毅存．城市规划与城市化［M］．北京：机械工业出版社，2004：185.
❷ 董鉴泓．中国国情与城市发展［J］．城市规划学刊，2005（1）：9.
❸ 高毅存．城市规划与城市化［M］．北京：机械工业出版社，2004：182.
❹ 邹密，吴秀萍．齐康：让城市张扬“个性”［N］．重庆日报，2004-10-15（15）.

的商业广告充斥街头，扰乱着人们的视线和思想。

弗朗西斯 · 蒂巴尔兹认为，“城镇正在丧失自己的个性，成为单调的定位于机动车交通且以塔楼划分街区为主的地方，世界各地千城一面。”[1]吴良镛先生称，“在一次国际会议上我曾经从《中国城市地图集》中选了几个著名城市的中心区，并列在一起，而结果谁也辨认不清它是哪一个城市，这是当今城市建设的悲剧。”[2]

4. 城市文明程度低

如果单从建筑物的豪华、装饰的精美、物质的供给等方面来看，中国城市物质文明程度并不低，但精神文明、政治文明程度远远不够。首先，“牛皮癣”已经成为中国城市普遍存在的“顽疾”。人行天桥、公用电话亭、建筑墙面、灯箱广告、公车站牌等处布满“办证”电话号码，住宅楼道贴满“开锁”、“疏通下水道”的小广告，路灯立柱上布满“性病”医治招贴，如此等等，令人铲不胜铲，严重影响着市容市貌。其次，卫生死角除而不绝。普遍存在“五小”行业、集贸市场、城中村、城乡结合部等卫生薄弱环节，这种死角往往是不断清理、不断产生，雨天一团糟、晴天一片臭。在背街小巷、多栋楼房的结合部，常常会出现堆积如山的垃圾，部分居民为图方便，自楼上扔下乱七八糟的固体废弃物，或者泼洒脏水。再次，公共安全保障不够，居民信用度降低。由于各种原因，比如公民法制观念不强、个别公民好逸恶劳等，加上社会发展不平衡、收入分配不公正、就业机会不足等原因，城市治安成为现实社会的又一大城市病。打架斗殴、杀人越货、偷盗抢劫等社会治安恶性案件时有发生，市民的人身和财产安全受到威胁，造成人人自危、高度防范的不良心态与紧张的人际关系，这与营造邻里和睦的生活氛围、构建和谐社会格格不入。最后，金钱至上，人情冷漠。或许是由于市场经济的作用使然，中国五千多年来经久不息的勤俭持家、邻里和睦、礼貌谦让、诚实守信、济困解危等传统美德受到严峻挑战，代之而起的是金钱至上、唯我独尊、不顾他人、忽视公益等信条，反映出城市居民道德修养与文化素质的衰退。“临产孕妇被赶下出租车”，这是一个曾让许多人感到愤怒的新闻，一个充满着农民工辛酸的故事，更是一次对社会和公众道德良心的检讨与拷问。

此外，在城市生态文明方面，目前流行“高价建绿”的不良倾向。有的城市高价购买古树名木，耗资巨大，成活率低。没有考虑“只用对的、不用贵的”，没有注意使用成本低、适应性强、本地特色明显的乡土树种，反而成为景观和生态的败笔。

6.2 “宜游城市”空间结构优化

6.2.1 “宜游城市”的物质环境改善

为保证都市旅游正的、良好的结果出现，避免负的、不良的结果发生，有必要着力改善城市公共环境，尽力提供功能多样、景观丰富、选择性强的公共空间，不断优化城市空

[1] （英）弗朗西斯 · 蒂巴尔兹著 . 营造亲和城市——城镇公共环境的改善［M］. 鲍莉，贺颖译 . 北京：知识产权出版社，中国水利水电出版社，2005：2.

[2] 吴良镛 . 以城市研究与实践推动规划发展——在 2004 城市规划年会上的发言［J］. 城市规划，2005（4）：12.

间结构，大力营造亲和、宜游城市。

都市旅游环境包括物质环境和人文环境，都市旅游环境多数表现为街道、广场、道路、公园、步行体系、滨水区等城市公共空间，公共空间领域是公众身体和目光所能触及的区域。城市空间结构包括宏观结构和微观结构。从宏观上讲，城市空间结构的质量，也就是“宜游性”，受到多方面的影响，比如城市游览地的点、线、面网络结构、交通网络体系所形成的游览地可达性、游览地空间序列和旅游线路设计等；在微观上，每一处游览地的景观、观赏点和游览路线的设计至关重要，应从都市旅游者的行为目的、游览目标和需求来分析游览地的观赏点和观赏线路。因此，“宜游城市”空间结构优化工作应以提高城市的“宜居宜游性”为目标，改善城市公共环境，塑造高品质城市公共空间，宏观、微观兼顾，物质、人文并重，优化城市空间结构。

在宏观上，“宜游城市”空间结构的优化，首先体现在城市物质环境改善方面。“宜游城市”的物质环境主要涉及城市空间结构，为建设“宜游城市”，改善物质环境的目标通过城市空间结构及其形态的优化来实现。

1. 城市宏观结构及其形态的优化

该命题首先涉及城市游览地的点、线、面网络结构的问题。总的来说，一方面，每一个城市公共空间就是一个景点，在同一个区域，相应的城市公共空间应该连点成线，也就是景点连续，以构成可以畅达的旅游线路；另一方面，在同一座城市，所有城市公共空间应该形成以景点为节点、各条旅游线路相衔接的都市旅游网络体系，充分考虑都市旅游者出行、购物、休闲、健身的需要，让老有所闲、壮有所归、幼有所乐，建设人人喜欢的“宜游城市”。

吴必虎提出环城游憩带（Recreation Area Around Metropolis）概念，认为环城游憩带是城市居民本身的游憩需求带来的密集、高频的出游机会和空间活动而形成，是一个比较模糊的区域，由一系列的游憩地所组成，环绕中心城区呈带状分布。由城市中心城区的公共空间（游憩中心地）与环城游憩带构成了都市旅游网络系统，表现为城市空间的宏观结构形态。

重庆江北“山水都市一日游”景点包括“海洋公园—长安工业园—海尔工业园—铁山坪生态区—望江温泉—北滨路—金源时代购物广场、金源方特科幻公园—佰富江景高尔夫俱乐部—观音桥商圈”。各景点主题不同、特色突出、富于变化（表6–1）。

重庆江北“山水都市一日游”景点及其主题　　表6-1

景点名称	景点主题	具体地址	活动时间
海洋公园	海洋世界、盛夏天堂	观音桥商圈旁	4h
长安工业园	现代生产、科技领先	长安集团生产厂区	1h
海尔工业园	现代生产、科技领先	铁山坪街道太平冲	1h
铁山坪生态区	亲近森林、享受自然	铁山坪街道岚垭村120号	4h
望江温泉	和谐自然、滋身养体	郭家沱街道	1h
北滨路	动感北滨、都市绿洲	江北华新街董家溪	2h
金源时代购物广场	超市旗舰、购物天堂	江北华新街董家溪	3h

续表

景点名称	景点主题	具体地址	活动时间
金源方特科幻公园	娱乐旗舰、休闲天堂	江北华新街董家溪	4h
佰富江景高尔夫俱乐部	引领时尚、健身休闲	江北石马河街道	3h
观音桥商圈	城市客厅、市民乐园	江北建新北路	6h

资料来源：江北区旅游业发展总体规划（2003-2020）[Z]．西南师范大学旅游学院，2003.

图 6-10、图 6-11 表现的是江北区都市旅游中观空间结构层次的递进关系，体现景点连续、景观丰富和交通畅达等空间结构特征。为重庆都市区宏观层次上空间结构的完善增添了内容。

目前所运行的江北“山水都市一日游线路”，基本满足“宜游城市”的几个基本条件：一是景观丰富，包括生态观光、健身运动、温泉沐浴、科幻体验、购物观展、娱乐休闲、文化感悟等都市旅游项目，充分考虑了都市旅游者出行、购物、休闲、健身的需要，可选择性强。二是景点连续，各景点之间环环相扣、功能互补、跌宕起伏，给人耳目一新之感。三是交通便捷，各景点有公共交通车辆进出，与城市中心距离适中，海洋公园、观音桥商

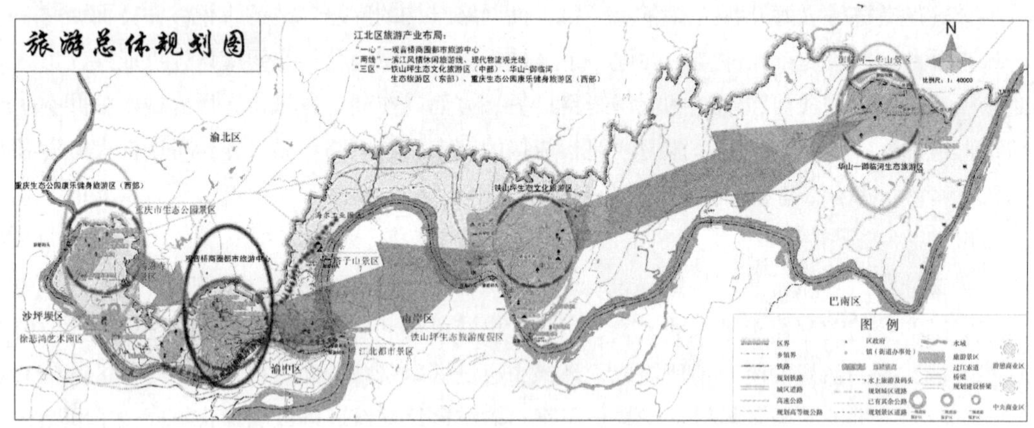

图 6-10　重庆市江北区“山水都市一日游”景点体系图（资料来源：江北区旅游局）

（江北“山水都市一日游线路”，满足“宜游城市”的基本条件，包括景观丰富、景点连续、交通便捷、行之自由、出入方便、功能互补，是重庆“山水都市一日游”网络体系的节点）

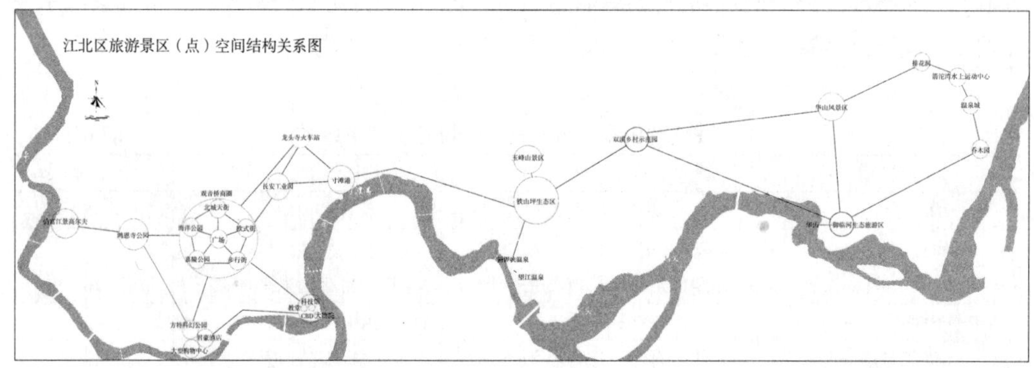

图 6-11　重庆市江北区旅游交通与景区 / 点空间结构关系图（资料来源：自绘）

（江北都市旅游景区 / 点形成“1 心 2 线 3 区”布局的簇群结构，由簇群串联而成“山水都市游”旅游线路，增强了景区的多样性和游览的可选择性）

圈、金源地下不夜城、金源时代购物广场、金源方特科幻公园等多数景点步行距离在3km以内，可达性很强，都市旅游者既可以组团游览，也可以散客游览，行之自由、出入方便。四是科普性、体验性强。金源方特科幻公园是一个以现代高科技技术为基础，以青少年科技活动以及旅游游乐为目的的现代都市主题公园，由银河广场、太空山、海螺湾、恐龙危机、生命之源、飞越极限、西部追忆、影视特技摄影棚、嘟噜嘟比脱口秀剧场、儿童天地等多个主题区域、40余个项目组成。大量运用现代计算机、模拟仿真、自动控制、数字影视、光学与声控等高科技手段，创造了一批形式新颖、内容丰富、活泼健康、惊险刺激、寓教于乐、参与性强的主题项目，深受游客，特别是儿童的喜爱。五是各景区景点，始终是重庆“山水都市一日游”网络体系的重要节点，功能互补、游览方便，为重庆构建“宜游城市”作出了贡献。

按照江北区制定的“1595”发展思路，正在着力推进的“9大工程”中，有5项与旅游业发展有关，包括：观音桥商圈再提升、江北城中央商务区建设、铁山坪开发建设、五宝休闲旅游目的地建设、北滨路建设。随着江北城大剧院、科技馆、中央公园、天主教堂、基督教堂的建成，代表重庆新形象的中央商务区将是未来重庆都市旅游新亮点，从而带动北滨路滨江风情线的建设。政府拟将铁山坪功能定位为重庆主城的观光度假、运动休闲、健康养生、高品位的森林公园。如此，将全面形成以观音桥都市旅游中心为核心的江北区“123”旅游产业布局（1心——观音桥都市旅游中心；2线——现代工业旅游线和滨江风情线；3区——西部康乐健身旅游区、中部铁山坪运动休闲旅游区、东部华山——御临河生态文化旅游区），江北区旅游景区（点）将与重庆都市区其他旅游景区（点）形成“簇群”结构，由此串联成景观丰富、可达性强、选择性好的都市旅游线路。

按照吴志强的观点，城市旅游空间的理想模式“具有五个对外接触点：机场、火车站、汽车站、码头、游憩中心地是呈等级分布的，中心地与触点的理想结构就是四边形的无限组合（图6–12）。”❶

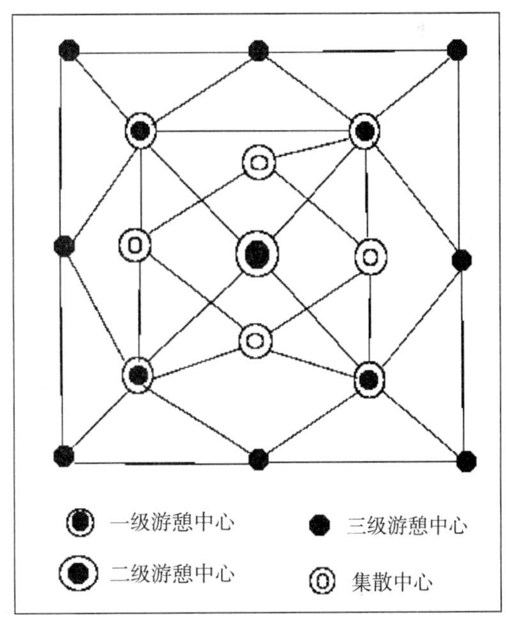

图6–12　城市旅游的理想空间结构（资料来源：自绘）

“宜游城市”空间结构的理想模式为图6–1所示的“景点连续型城市空间结构”，即都市旅游景区（点）通过便捷的交通连接与合理的旅游线路组合，构成都市旅游网络状环形结构。

在宏观上，“宜游城市”空间结构优化应以构建都市旅游网络为目标。近来国际上提倡空间规划（Spatial Planning），欧共体（CEC）将其定义为：“在公共领域里大量被采用的以影响未来行为为目的的

❶ 吴志强，吴承照. 城市旅游规划原理［M］. 北京：中国建筑工业出版社，2005：126.

空间分配的手段措施。其主要目的就是对土地的使用方式以及它们之间的联系作一个更合理的地域上的组织，同时在满足保护环境的前提下平衡各方面发展的需求，以达到社会和经济的目标。空间规划包含了多种方法用以：协调不同政策所产生的空间上的冲突；使区域间的经济发展达到一种较市场力量所能够形成的更加均衡的状态；规范对土地和相关财产使用的保护。” 空间规划强调“平衡、整体、可持续、合作和伙伴关系”，这也是实现城市空间结构优化，构建“宜游城市”的重要手段。德国的“区域发展概念”（Regional Development Concept）也很有借鉴意义。“区域发展概念”被称之为“空间发展策略”（Spatial Development Strategy，SDS）。英国的 Patsy Healey 教授认为：“‘空间发展策略’是对城市、城市区域或更大地域的意象并将结果转化为对地域投资、保护措施、战略性基础设施投资和土地利用规章中所体现的原则等级、优先次序的集体性影响。‘空间’一词最初主要指‘事件的位置’，不论这个事件是静态的还是动态的；或是对场所和地点的保护；或是同一个地区里不同活动和网络之间的相互关系；或是在相关区域里重要的节点和交叉点。‘策略’某些时候被用来表达一个更高的行政管理层面或者普遍和抽象的政策层面。但策略也被用来表达一个全面的或更有针对性的框架。策略也暗示着选择性，主要关注的是对同一个地区而言什么样的原因会造成不同的机会。而‘规划（或者是发展）’突出的是从过去到未来的一种发展运动”❶。

2. 城市微观结构及其形态的优化

该命题涉及每一个游览地的景观结构优化问题，包括按照人的行为特点和规律，精心设置游览地观赏点（明确的或潜在的），将各观赏点在时空上进行巧妙的组合与串联，形成变幻丰富、魅力无穷的观赏线结构。现以重庆市江北区观音桥商圈为例，从微观上分析步游体系中，都市旅游者对观赏点及其组合——观赏线路的品位、体验、感受和要求。

在旅游线路上，观音桥商圈在东、南、西、北四面共有步行进出口 10 余个（图 6-13），主要旅游线路有 4 条，东线、南线、西线和北线（表 6-2），串联起观音桥步行街、观音桥广场、嘉陵公园、金源不夜城、北城天街购物中心和大型购物商场等都市旅游景点。这 4 条游览线路采用景观单元分级组合方式构成城市景观体系，其空间序列不是“单向递进”，而是“多向展开、可以逆转、开放发散”的网络系统。

观音桥商圈主要游览线路与景点 **表 6-2**

线路	主 要 景 点	主要观景点及其景观内容
东线	原观音桥农贸市场—盛天地商务大厦—重庆百货商场—观音桥广场—观音桥雕塑	观景点 4：观音桥广场、步行街景观、观音桥雕塑、巨型三面翻墙面广告； 观景点 6：透视观音桥雕塑、观音桥广场、嘉陵公园等
南线	浩博天庭—华音商场—黄金海岸—观音桥步行街—观音桥广场—观音桥雕塑—建新北路城市天际轮廓线	观景点 1：浩博天庭、华音商场、黄金海岸、建新西路城市天际轮廓线； 观景点 2：北辰艺术大厦、金岗大厦、步行街景观、拓展大厦、建新东路城市天际轮廓线； 观景点 3：邦兴北都、新世纪大厦、嘉年华大厦、百业兴大厦、新世界百货、步行街景观、未来国际大厦、建新南路城市天际轮廓线

❶（加）John Friedmann. 中国的新型城市区域：城市间网络［J］. 城市规划学刊，2007（1）：1-3.

续表

线路	主 要 景 点	主要观景点及其景观内容
西线	家乐福—嘉陵公园—金源地下不夜城—大型音乐喷泉—金源大饭店—同聚福远景大厦—未来国际大厦	观景点 5：嘉陵公园、大型音乐喷泉、建新西路城市天际轮廓线
北线	泰兴电脑城—北辰名都—阳光城—北城天街购物中心—UME 国际影城—健身中心—北岸星座—海洋公园	观景点 7：茂业百货、红鼎 C 座、北岸星座、名店坊、UME 国际影城； 观景点 8：海洋公园、远东百货、欧式一条街、枫香亭、UME 国际影城、海怡花园； 观景点 9：佰世兴大厦、泰兴电脑城、北辰名都、茂业百货、阳关城、建新北路城市天际线轮廓线

资料来源：根据江北区观音桥商圈规划图及其运行现状分析列示。

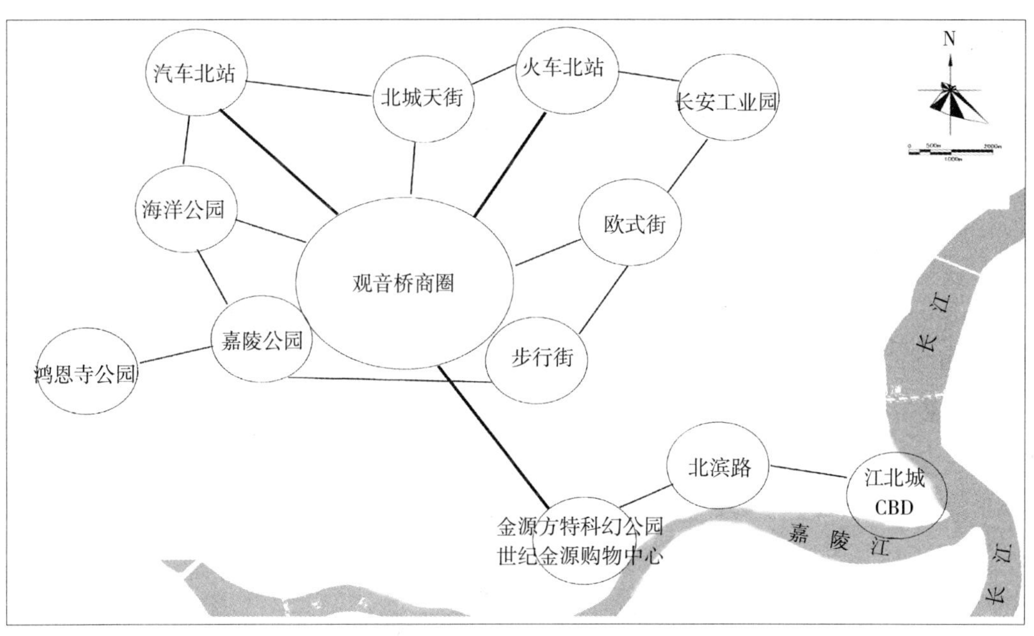

图 6-13　重庆市江北区观音桥商圈景观结构关系图（资料来源：自绘）

图 6-13 显示，江北观音桥商圈的景观、景点在空间上呈集合形态，属于城市景观簇群结构。正是这种城市景观簇群结构，改变了观音桥地区城市景观散乱、人气不足、商机不够的历史，带来了穿梭的人流、无限的商机和滚滚的财源。

在观赏点的设置上，设计者巧妙运用人的心理学、人体运动学原理，在适当的距离、恰当的空间位置设立了令都市旅游者耳目常新的观赏点。当人们从建新南路步行而来，到达观音桥步行街南部入口时，地下通道的设置促使人们停留、张望，此处恰恰成为一个景观丰富的观赏点（图 6-14 中观赏点 1）。人们可以在此欣赏建新东路繁忙的大街，建新西路穿梭的人流，步行街葱郁的树木、缓缓移动的人群和精致的小品，金岗大厦前喷涌的泉流、黄金海岸繁忙的商业（图 6-15）。

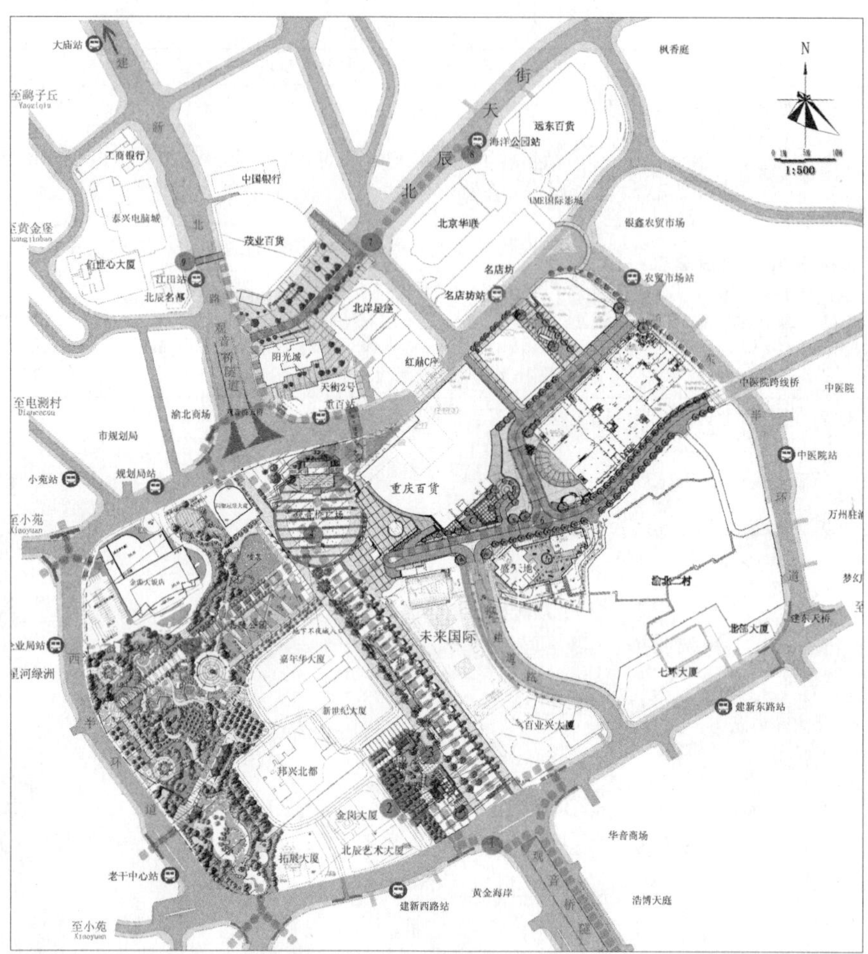

图 6-14 观音桥商圈旅游线路与景观结构分析（资料来源：自绘）

图 6-15 旅游者在观音桥商圈观赏点 1 可以欣赏到的景观（资料来源：自绘）
（城市景观序列的巧妙组合从微观上保证了都市旅游景观的丰富性）

从观音桥商圈空间结构分析发现，各个观赏点的精心串联与巧妙组合，完全符合人体位移与旅游者心理学的要求。就南线而言，一方面，当旅游者在观赏点 1 欣赏完周边的景观后，人们沿着地下通道的自动扶梯，从狭窄的地下空间乍然来到空旷的步行街，感觉豁然开朗，体现了城市空间风格和特点各不相同所形成的自身多样性给都市旅游者带来的愉悦；另一方面，把旅游者推向了观赏点 2 或观赏点 3。在观赏点 2，人们可以尽情欣赏金岗大厦前的喷泉水柱、竹屋藤蔓和建新东路丰富的城市天际轮廓线景观。在观赏点 3，人们可以静心欣赏水幕后面的恐龙、建新南路丰富的城市天际轮廓线、步行街丰富的景观和动感十足的水体、雾池等景观，那是一种视野开阔的空间动静转换、景观变化、视觉更迭的空旷感觉。以步行街为目的地的空间位移，从观赏点 1 到观赏点 3，人们在空间上经历了空旷—狭窄—空旷的位移转换，在感觉上经历了近景观赏、远景眺望的视野变化，在体验上经历了缓缓步行到自动扶梯，再到驻足观赏、细部揣摩的过程，给人的感觉是序曲、转折、高潮、尾声这样一种起伏的韵律感，且具明确的定位表示和方位感，适合不同运动速度和多向度活动的需要，结构简洁，方便游人建立城市整体印象（图 6-16）。

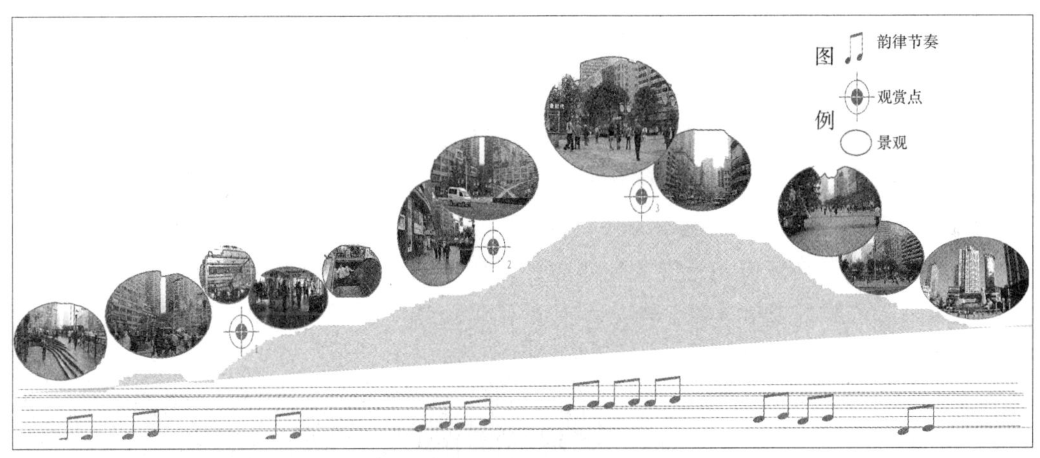

图 6-16　观音桥商圈游览南线观赏点组成的韵律（资料来源：自绘）

在微观层次上的城市空间结构优化，是一个连续的、动态的、细部刻画的过程，需要对事件不断探讨、跟踪、监测、调整和精心营造，必须聚集不同领域的工作者和居民，以协调各方利益，既要关注城市空间的宏观结构，又要强化城市公共空间的细部处理，不断提高城市空间，特别是公共空间的亲和、宜游性。

为从宏观层次及微观层次提升城市公共空间的亲和度、宜游性，本书提出"城市空间宜游性提高策略"，规划师必须学会：

（1）从城市区域的角度来协调各自的规划行为，并对城市区域内的每个城市的独特性都有一个清晰的理解。对城区内的空间布局统筹考虑，协调兼顾，充分考虑公共空间的细部营造，尽力提高城市公共空间的亲和性。

（2）对各类城市行为的背景和影响力都有必要的研究，列出当前必须优先考虑或解决的问题或议题。

（3）“现实的复杂性要求规划的过程必定是一个复杂而混乱的过程，直到决策作出的最后一刻都必须保持它的开放性、灵活性和不确定性。”有必要将社会不同层面的群众聚集到一起从而达到一致的共识，推动不同参与者，尤其是旅游者之间的讨论，尽最大限度和区域内的群众进行有效沟通，使相关框架性规划能够被人们熟知并勇于提供建议。

（4）将创新性的理念介绍给公众，鼓励当地民众自发地搜索（寻找）解决问题的可能途径和手段，在将有利影响最大化的同时将不利影响减到最小。

（5）对省市两级规划部门所作的每个主要决定都进行反思，从而确保区域性的政策框架与上位政策相吻合；保证区域性的政策框架规划能够与下位的总体规划、分区规划完整衔接。

（6）在景观结构及其单元的塑造中，离不开“综合运用暗示、铺垫、对比、引导、再现等一系列空间处理手法，把个别的、独立的空间组织成一个有秩序、有变化、带有主题性的空间集群。”❶ 也就是在建筑、建筑群体以及城市中进行空间序列（视觉连续——G·卡伦）组织，以达到改善城市环境、营造亲和“宜游城市”之目的。

6.2.2 “宜游城市”人文环境建设

人文环境是城市空间，即都市旅游环境的精、气、神。人文环境建设是“宜游城市”建设的重要内容。为此，必须做到“三个体现”：一是保护历史地段、古建筑、旧街区，以体现城市发展的“文脉”；二是保护、挖掘民间传统、民俗、民风，以体现地域特色文化；三是保护、开发文化载体，以体现城市文化的生存活力。图 6-17 描述的是山西平遥古城的“日升昌”票号，是近代中国钱庄、银行的发源地。苍劲的号名，诉说着中华民族不挠的精神；斑驳的大门，讲述着近代中国民族资本萌芽和生存的艰辛；众多的实物，展示出我们先辈的杰出创造性。现已被辟为“中国票号博物馆”，成为著名的旅游景点之一。图 6-18 是西安鼓楼、鼓展和鼓艺表演，保存完好的古建筑与钟楼相映生辉，当年晨钟暮鼓的古都神韵再现于世。

图 6-17　山西平遥日升昌票号（资料来源：自摄）
（山西平遥“日升昌”票号是近代中国银行的发源地）

必须指出，在景观结构及其单元的塑造中，离不开“综合运用暗

❶ 赵和生．城市规划与城市发展［M］．南京：东南大学出版社，1999：208.

示、铺垫、对比、引导、再现等一系列空间处理手法，把个别的、独立的空间组织成一个有秩序、有变化、带有主题性的空间集群。”❶也就是在建筑、建筑群体以及城市中进行空间序列（视觉连续——G·卡伦）组织，以达到改善城市环境、营造“宜游城市”之目的。前述观音桥商圈应是城市景观组织和城市空间序列集群组织的代表。

图 6-18　西安钟楼、鼓楼和鼓展（资料来源：自摄）
（巍峨的西安钟鼓楼、雄浑的鼓艺表演，带给游人震撼）

6.3　改善城市空间及其结构“宜游性”的规划设计方法

通过旅游城市的规划、建设管理和城市旅游体验，提出城市空间结构优化这一概念。这是建设“宜游城市”空间的重要内涵，通过对旅游城市空间结构由粗到精的推敲，将开启从规划设计上实现城市空间品质提升的新视角，真正创造出具有高度文化品位的“宜游城市”空间。

要正确认识任何事物，对其进行系统的功能—结构分析是一项基本的科学方法。城市空间结构指构成城市空间的要素和单元构成、大小形态、空间分布及其整体的有机联系，在城市规划与设计中是一个涉及多个层次和方面的概念，有着极其丰富的实际内容。用结构的整体性统率与整合单体和细部，是城市设计的重要原则。城市空间某一方面结构的优势总是对其特定功能而言的。对于旅游城市规划来说，旅游者在城市中的旅游活动是否圆满惬意，感到不虚此行，除了自然和人文的旅游资源外，还取决于这座城市包括宏观、中观和微观三个层面的旅游空间结构。在已经建成的城市空间中，通过旅游空间与旅游行为（感受）的对应分析，我们可以发现城市空间结构所存在的问题，从而决定采取结构优化改造的规划设计措施，而不可以随意大手大脚地全部推倒重建。对于新城区来说，则应当在空间结构的“宜游性”分析基础上再进行空间规划构想，经过方案比较、优化确定最佳的空间结构。

应当指出，在城市和建筑空间分析方面，英国的 Bill Hillier 等人开创的空间句法理论，经过近 30 年的演进，关于空间的景观、识别乃至社会功能的量化的计算方法已臻成熟；经段进等人引进中国加以发展，得到推广应用。最近王庆文等人突破二维分析的局限，发展了空间句法的三维分析方法。可以说这就建立了一种对城市空间的解剖学。但是应当说，

❶ 赵和生 . 城市规划与城市发展［M］. 南京：东南大学出版社，1999：208.

这些先进的方法还不能全息地涵盖所有城市空间的创造过程。

一座旅游城市总是由旅游资源开发建成的若干旅游点，进而组成旅游线路，形成点—线—区乃至网络的线路结构。要使旅游者在城市旅游历程中取得正的、良好的实际感受，有赖于从宏观到微观的全面的空间组织，形成最佳的旅游空间结构，这是一个综合应用规划学、建筑学、景观设计、社会学、经济学、文化学、人体工学、行为学和心理学等多学科的多价城市空间创造。

旅游城市的空间结构包括宏观和微观方面。宏观方面，可以说涵盖了从旅游者到达城市的机场或车站、码头开始，直到整个游览期间所有去处和行径的线路的全部空间构成。其中重点是可游览的都市空间的构成和分布，使每个城市各具特色。丹麦作家安徒生的故乡之城奥斯本火车站上游客免费自取旅游地图，标志着旅游空间从这里就开始了。如杭州的旅游空间结构特点之一是围绕西湖的景点群外围被众多的酒店和沿湖公路环绕，而理想的状态是沿湖滨有基本连续的步行线路。这一步道的完成经过了殚精竭虑的构思：原来西湖湖岸曾被一些酒店用地占据，由于已有的建筑无法拆除，就在外侧加一条精美的堤岸绕过，用折中的办法实现了旅游线路的完整性。

6.3.1 模拟旅游者的城市空间体验和问题收集

吴志强先生认为，影响城市旅游规划的有“城市性质与规模、城市与区域经济发展水平、城市环境与交通、城市事件、城市与景观规划设计、城市经营与管理水平、城市旅游资源”❶等因素。城市规划设计之于城市旅游，主要作用是：塑造城市特色与形象；营造旅游环境；统一城市旅游区强化城市旅游整体功能；创造城市旅游区；通过城市基础设施与服务设施配套提升城市的旅游价值；通过交通规划进行游线组织（市内）与区际联系；改造提升原有旅游区（点）的价值；旅游项目策划与空间布局。❷城市规划设计的目的，就是要增强城市功能，提高城市的“宜游性”。模拟旅游者的城市空间体验和问题收集，是我们开展城市规划设计、营造“宜游城市”的重要前提。

1. 模拟外来旅游者到本市的体验

模拟旅游者的现场体验，特别是外地旅游者的困境体验。比如，旅游者在火车站的方位感，交通换乘、如厕、取款的方便度，旅游者的安全感等。

2. 模拟外来旅游者对目的地的陌生程度与信息获取难度

模拟外来旅游者到达目的地的难度，包括最终目的地方向、住宿选择、餐饮指南、交通换乘、交通方式选择、交通线路选择、各类服务价格等信息获取的难度，细心体验，发现缺项或不足。

3. 调查不同收入群体的消费档次和消费需求

了解不同层次、不同类型旅游者的旅行目的，明确旅游者的消费档次和消费需求，分析旅游者的消费动机、消费心理、消费行为和主要消费结构。

---

❶ 吴志强，吴承照．城市旅游规划原理［M］．北京：中国建筑工业出版社，2005：32.

❷ 吴志强，吴承照．城市旅游规划原理［M］．北京：中国建筑工业出版社，2005：42.

4. 模拟都市旅游者的恐惧感

对于旅游者，特别是初来乍到的外来旅游者，对安全感需要给予特别关注。在长途汽车站、火车站等人员复杂地带，容易遭受诈骗、上当，自发形成陌生感、恐惧感。规划设计师要调查了解外来旅游者上当、受骗、遭宰的危险度即治安事件发生的概率。

5. 模拟外来旅游者抵达下榻处的迂回程度

外来旅游者抵达最终目的地或下榻处的迂回程度与交通方式、资费成本和便捷度有直接的关联。规划设计师应充分了解城市对外交通节点——汽车站、火车站、码头、机场与城市公共交通系统的连接效率、城市公共交通系统的直通性、通畅性和舒适度。

6. 调查公共服务水准和价格

规划设计人员必须了解规划对象关于餐饮、住宿、交通、购物、娱乐、休闲等公共服务设施的现状分布、服务水准和价格水平，了解供求情况、供求关系和本地居民、外地游客的反应、感受或意见。

模拟调研的方式可以单独或混合采取问卷调查、现场采访、网上调查、模拟体验、权重分析等方法，这是社会情况调研普遍采用的形式。

6.3.2 建立满足不同类型旅游者的活动模式及空间需求模式

在模拟调研旅游者的城市空间体验和问题收集的基础上，可以设计一套指标体系，利用权重分析法，对外来不同类型的旅游者——教师、医生、公务员、公司职员、务工人员、学生，分年龄层次进行分析，弄清满足不同类型旅游者的活动模式及空间需求模式。“不同的地方对于不同的人来说有着不同的意味。我们每个人对城市环境的感知都有细微的差别，重要的是要把建筑和城镇组合得易于理解。”❶

需要注意的是，为满足都市旅游者的各类需求，必须分析规划设计对象城市的游憩商业区（RBD）空间结构模式。20 世纪 70 年代初，斯坦斯菲尔德和理克德在研究游憩区的购物问题时，为描述这类游憩地的结构和功能特性，提出了 RBD：为适应季节性涌入城市的游客需要，城市内集中布置饭店、娱乐业、新奇物和礼品商店的街区。国内学者保继刚认为：RBD 是城市中以游憩与商业服务为主的各种设施（购物、饮食、娱乐、文化、交往、健身等）集散的特定地域，是城市游憩系统的重要组成部分。重庆江北区观音桥商圈地段，属于典型的、发展相对完善的城市 RBD。

不同类型旅游者的活动模式各别、空间需求模式各别，但随着城市生活方式的提升，特别是休闲生活成为品质生活的重要组成部分，推动着以游憩功能为核心的 RBD 这种现代商业街区模式的发展，成为都市旅游空间的主流模式。有关 RBD 的形成机制、形态特征归纳成表 6-3。

---

❶（英）弗朗西斯 · 蒂巴尔兹著 . 营造亲和城市——城镇公共环境的改善［M］. 鲍莉，贺颖译 . 北京：知识产权出版社，中国水利水电出版社，2005：63.

RBD的形成机制和形态特征 表6-3

RBD类型	形成机制	形态特征
CBD叠加型与伴生型	①在商业和商务集中发展的基础上，为方便高密度的商务人群和商业消费，CBD的休闲性和娱乐性得到提高，大量娱乐业态和休闲业态向此聚集，形成叠加型RBD。②大都市的商业和商务发展较早，出现CBD和RBD相对分开、关系紧密的伴生形态，CBD强调土地价值最大化，RBD位于其外围，并为CBD服务	交通发达、地价高昂、人流量大、业态高档（客源消费：客源复杂，高消费、短时消费、时尚消费、夜间消费等；商业布局：以城市CBD中心及周边的大型商场、购物中心等为核心，以城市交通干线为轴线，配置餐饮、娱乐、特色商业等业态，构成高档商业、娱乐聚集区；业态特征：时尚性强、高端消费、规模较大，满足快节奏、高收入群体需求）
大型购物中心型	具规模化、一站式、集约化等特点的大型购物中心，辐射出集聚各类零售商业、休闲娱乐、购物体验等业态和设施的RBD	特征基本与CBD叠加、伴生型同（客源消费：本地人为主，消费层次丰富、消费时间长，具无差别消费特征；商业布局：以超大体量的商业空间为核心，规模化、一站式、自成体系；业态特征：中档和零售的业态丰富）
特色购物街区型	商业发展历史悠久的城市，依托传统商业街区形成、扩张，本土商业特性和文化特性浓郁	具有浓郁的本土文化特性，依托历史街区或传统商业区，业态多样（客源消费：客源复杂，以土特产、纪念品消费为主；商业布局：以历史街区或特色商业街区为依托，配置餐饮、娱乐、特色商业等业态；业态特征：本土特色突出、大众消费、规模较大）
旅游资源伴生型	依托强势人文或自然资源发展而来，由传统休闲、旅游行为提升形成，休闲旅游高度商业化、产业化	休闲旅游规模化、高度产业化（客源消费：客源复杂，短时消费；商业布局：以城市强势人文、自然资源为核心发展壮大而来；业态特征：休闲性强，满足各类游客需要）
新游憩目的地型	由城市休闲和旅游生活方式升级带动形成，大量创新的游憩方式产生，逐渐规模化、主题化、组团状分布的RBD产生，如酒吧街	不同产业或商业形态扩展形成（客源消费：消费者特征和行为的高度同质化、极端化和规模化；商业布局：以基础产业或商业形式为主体，并在周围形成配套设施和衍生商业，产业集聚决定了商业休闲的强烈主题性）
由规模化的新经济形式带动形成的RBD	产业聚集形成规模化经济模式和形态，与日常生活方式相关，具有一定的游乐性和休闲性。如农业产业园集群形成的乡村休闲中心	休闲度假旅游特征明显（客源消费：以城市居民休闲度假消费为主；商业布局：产业积聚形成的休闲度假中心，如距离都市区车程在2个小时左右的乡村度假带——成都三圣乡）
由同质化较强的社区集合带动的RBD	由同类居民和建筑集聚形成的社区，从单纯的住宅小区，提升为具有特定文化、消费行为、景观形态的复合型主题社区，成长为RBD，具特殊的核心吸引力。如大学城的年轻人休闲商业区	比如重庆的龙湖小区，已经成为具有特定文化内涵的社区，形成“旅游走进社区”的典范。客源比较复杂，布局是社区自然群落，业态有餐饮、娱乐、休闲、超市等

资料来源：唐皓．休闲商务区（RBD）形成机制与商业街区休闲化［J］．旅游运营，2007（5）：13-16．

商业和游憩的结合是城市商业、都市旅游发展的必然选择，提高城市生活系统的游憩吸引力，增强城市的“宜游性”，应是我们规划、设计、建设、管理城市的共同目标。城市RBD的步行化有助于城市商业与游憩的结合，有助于城市“宜游性”的提高。“步行网格方法”[1]提出将步行网格空间、空间节点、行走成本等统筹考虑，设计最佳步行网络，增强城市公共空间的舒适度、“宜游性”（图6-19、图6-20）。

[1] 朱玮，王德．王府井大街消费者行为的时空特征研究——“步行网格”方法的应用［J］．城市规划，2007（2）：64．

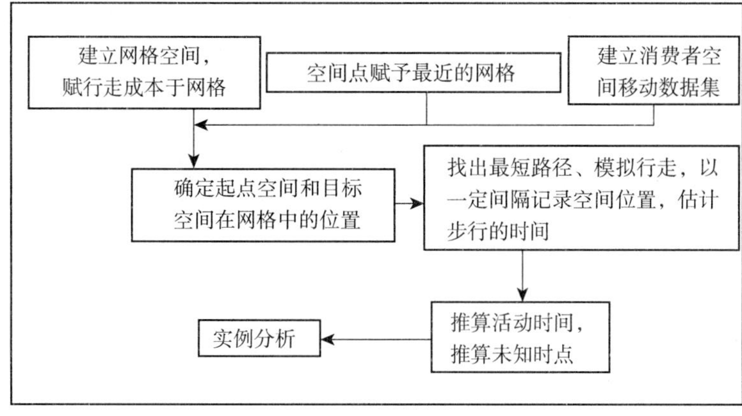

图 6-19　城市规划中的步行网格方法流程（资料来源：自绘）

“步行网格”方法，指在网格空间中模拟运动的方法，估计旅游者步行于各个活动空间之间的步行时间，对旅游者未知的活动时点和时间作出估计，分析旅游者的时空行为。这在交通规划中有大量运用，“如道路流量测算、机动车变道行为模拟等，因为在网格空间中计算通常比在矢量空间中更方便，灵活性和拓展性也更好，而且一般能够达到所需要的空间精度。”❶

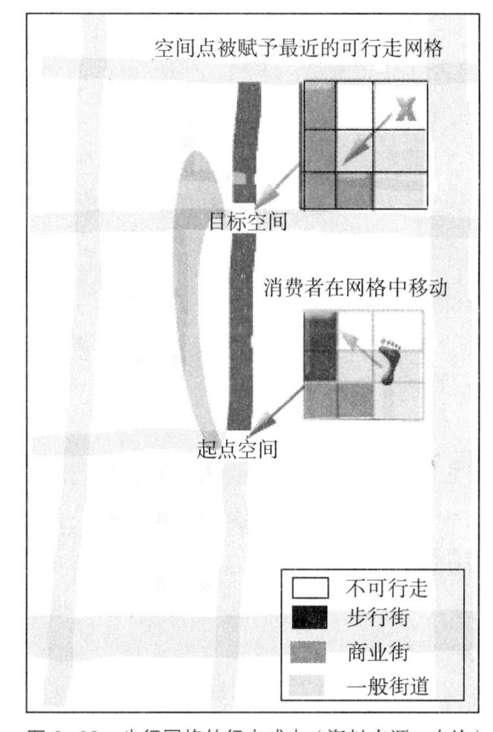

图 6-20　步行网格的行走成本（资料来源：自绘）

在城市游憩空间设计中，可以运用步行方格网法考虑行走成本，推敲出合理的空间布局模数。同时，应将前面提出的都市旅游的若干经济规律，纳入城市游憩空间设计思考范畴：

首先，针对都市旅游目的地距离率减规律，应当考虑游览线路的距离和景点布置的密度问题。德国汉诺威步行“红线旅游”时间约 2h，应是符合人体运动学的最佳时间。太长，旅游者过于疲乏；太短，旅游者感觉游兴未尽。其间布置景点 36 个，疏密得当。过多，游客疲于奔命；过少，游客感觉枯燥乏味。

其次，都市旅游产品边际效用递增规律强调都市旅游景点特色突出、体验性强、观赏性足，要求城市游憩空间集约“吃、住、行、游、购、娱、信息”等要素，塑造精品空间。城市公共空间的“宜游性”越高，吸引力就越强，边际效用递增就越多。都市旅游产品的供给创造需求规律在此体现。

❶ 朱玮，王德．王府井大街消费者行为的时空特征研究——“步行网格”方法的应用［J］．城市规划，2007（2）：64.

再次，都市旅游产品替代规律表明，都市旅游景点需要不断更新、不断完善、不断升级，以满足旅游者常游常新的猎奇心理。城市游憩空间品质因此需要不断提升，城市空间结构因此需要不断优化。

最后，城市游憩空间及其结构的形成是空间设计中物质、非物质的多重要素的"动态耦合"成果，建设过程表现为多方"博弈"，即"纳什均衡"。这就需要规划设计师在制订方案时充分考虑其可行性，尽力兼顾各方利益，充分听取各方意见，反复比较，权衡利弊，以实现具有"稀缺性"的都市旅游资源得到最优配置和最合理利用，实现投资的经济、社会、文化、环境效益最优化。

6.3.3 从旅游者角度分析城市空间结构存在的问题

在弄清不同类型旅游者活动模式及空间需求模式之后，通过比对，可以发现城市空间结构目前存在的问题。比如场所是否易于识别，是否人皆可达、行之自由，是否富含文化，是否具有很好的亲和性，到达场所的路径是否清晰，等等。将找出的城市空间结构缺陷及原因列成"问题一览表"，加以深入剖析和研究。

其中，步行街区、滨水休闲区、餐饮街区、娱乐街区、古文化古建街区、大型购物中心等，已经成为都市旅游的主要目的地和休闲餐饮娱乐及购物的主力消费场所，有的成为城市"中心游憩区"，由于受到游客的认知、认同和光顾，其空间结构上存在的缺陷很容易影响都市旅游的效率，需要特别关注。

在此基础上，综合运用各种空间设计手法，才能设计、营造"宜游性"强、亲和性好的都市旅游公共空间。

6.3.4 分析建立"宜游城市"的理想空间结构模式

针对上一步提出的"问题一览表"，按照都市空间功能与结构之间的拓扑类型关系，通过认真细致的研究，通过各种元素的巧妙组合与重构，提出建立"宜游城市"的理想空间结构模式（如连续型结构模式）。增强城市的"易读性"对于提高城市的"宜游性"至关重要。为此，多重的空间连接、地标（图 6-21）、抓住场所或建筑的精神和性格，"并把这些意向通过仔细推敲的物质形式、材料、色彩和设计说明清晰地表达出来，同时又要易于人们的识别和理解。"[1]交通节点——停车场、火车站、汽车站、码头、地铁站、轻轨站是城市的门户，应该让游客明确自己的方位和抵达目的地的清晰交通路线（行车道、步行道）。在城市的关键地带设置适当的地标建（构）筑物或者视觉指向标识十分重要。

城市中的抵达点，也就是通常意义上的交通节点——其所处位置、与城市其他区域的联系、在不需要地图和路标的情况下游客可以解读的清晰度，也都需要仔细地考虑，包括在规划设计中明确界定出入口、周边地区景观塑造、民俗风情彰显、地域文化张扬、人性关怀设施（如树荫、凉棚、坐凳、公厕等）和街道景观建设等方面，以表达城市对来访者

[1] （英）弗朗西斯 · 蒂巴尔兹著 . 营造亲和城市——城镇公共环境的改善［M］. 鲍莉，贺颖译 . 北京：知识产权出版社，中国水利水电出版社，2005：63.

图 6-21　地标是城市空间的特征性元素（资料来源：胡绍明）
（已经建成投用、矗立两江交汇处的重庆大剧院，是重庆 CBD 的硬核——江北城的地标建筑之一）

的热忱欢迎和盛情接待。

一座“宜游城市”理想的空间结构，不但要求场所宜人、路径清晰、人皆可达，还要讲究城市公共空间的情趣、情景浓郁，充分张扬体验性、参与性等特征，增进城市空间的亲和力、舒适度，设计“无障碍”都市旅游线路。

6.3.5　分析现状城市空间结构优化适应的可能性，提出规划设计对策

根据建立“宜游城市”的理想空间结构模式，分析现状城市空间结构优化适应的可能性，提出周全的城市空间结构改善对策。内容包括：

（1）以最小破坏、最经济的方式实现局部空间结构优化——“修补达标”原理；

（2）改善工程的投入产出分析（社会效益、经济效益、环境效益分析）；

（3）城市空间硬件（物质环境）的完善与改进；

（4）城市空间软件（文化环境、制度环境和信息标识系统）的提升；

（5）调查研究旅游者对城市的感受和评价，进一步优化城市空间结构。

通过以上不断规划、设计，不断优化城市空间结构的过程，渐渐提高城市的“亲和宜游性”，逐步建成“宜游城市”。

根据调查收集的信息和空间分析的成果，综合运用现代理念和技术，规划、设计和建设满足游客需要的 RBD 空间。具体方法如下。

1. 旅游吸引物与游憩方式的设计

1）旅游吸引物设计理念的应用

唐皓[1]认为，RBD 的旅游吸引物系统不是独立的、内向的，而是和城市文化、城市商业、城市景观和城市资源紧密联系、相互融合的。通过商业载体的主题化、趣味化等手法，可以创造新的旅游吸引物；通过商业街区的建筑处理、业态重组等手法，可以将分散的商业集聚成吸引物，也可将分散的吸引物集合成核心吸引物；通过街区景观处理、城市文化具象、城市景观微缩等手法，可将城市其他景观文化等元素融入 RBD；通过城市节庆、商

[1] 唐皓 . 休闲商务区（RBD）形成机制与商业街区休闲化［J］. 旅游运营，2007（5）：15-16.

业节庆等活动的组织与梳理，可以形成动态的旅游休闲吸引物系统。

2）商业形态的趣味化设计

商业形态趣味化是丰富 RBD 游憩内容和吸引物的重要手法。不断创新、不断变化的商品和店面本身即可以整理成为永不重复的游憩系统——主要通过商品趣味化、服务趣味化、店面趣味化和商铺间的趣味互动得以实现。需要综合运用商业流程解构、趣味点提炼和融合等设计方法。

3）商业配置的全程游憩化设计

运用旅游七要素原理，将商业形态进行分拆、重组进吃、住、行、游、购、娱、信息流程，以商业充实游憩环节，以游憩组织商业格局，形成游憩体验、购物满足等愉悦感。

4）商业形态的主题化理念

主题化商业和主题休闲是层次较高的商业休闲业态，在城市 RBD 中，以“文化特色商业街”和“专业聚集商业街”最具备主题化基础，通过混合消费的商业整合，运用主题提炼和渗透技术，提高“特色购物街区型”、“旅游资源伴生型”和“新游憩目的地型”等 RBD 的“宜游性”。

5）商业形态的体验性与参与性设计

体验与参与设计是都市旅游空间设计的基本手法。城市公共空间内各种商业形态的体验性与参与性不断增强，是提高城市“宜游性”的重要途径。该类游憩产品的设计主要渗透进“商业展示”、“商业演出”、“商业体验”和“商业节庆”等行为中。此外，新产品推介中的“试用”，也是旅游者体验、参与的活动之一。

6）商业行为的游乐化设计

通过游憩产品的打造，将文化要素、趣味因子、商业特征进行分解、提炼与整合，可将单纯的“买卖行为”改造成为“无意识购物”和“游戏型消费”行为，寓乐于购，寓购于游。现代商品推介方式不断翻新，增强了商业行为的游乐化。

2. 景观设计理念的应用

不同的 RBD 形态，其室内景观和室外景观的配比、景观基础和景观性质是不同的，微观店面景观要与宏观整体景观相互协调呼应，以营造连续性景观序列。

1）情趣化商业景观

商业格局的复杂多样性、无序组合，导致景观混乱和购物过程的疲倦与盲目。充分挖掘城市文化、商业文化、商业行为中的趣味点，运用游憩项目打造手法，可将 RBD 中的商业单位打造成为趣味性强的休闲旅游空间。

2）情景化商业景观

与情趣化不同，情景化手法旨在引导游客进入一个浓厚的氛围。按照游憩空间设计要求，运用各种手法，让游客从视觉、听觉、触觉、嗅觉和味觉等多方面感受和体验，将情趣化、情景化手法融入 RBD 等城市公共空间的设计，建设情趣浓郁、情景悦目的都市旅游空间。

3）消费型景观

RBD 及其他都市旅游空间建设应以商业价值最大化为原则，巧妙地将各种服务、商品融入景观中，体现“所有的景观都可以消费、所有的消费都很好玩”。

4）公共空间设计理念

RBD 的公共空间包括了广场、步游道、休憩设施、小品等，设计时必须注意细节处理和细部的完善，做到精致细腻、人人喜欢。

3. 旅游功能分区和游线设计理念的应用

1）旅游功能分区与商业业态布局结合

旅游功能分区与商业业态布局并不相同。RBD 的特殊形成机制，决定其规划必须结合二者的思路。旅游功能分区相对宏观完整，商业业态的布局则更为微观和具体，设计时应遵循旅游者的活动规律，在时间、空间上给予精心组织和巧妙融合。

2）旅游游线与商业人流动线结合

RBD 体量大、内涵丰富，完善的人流和交通线路设计，有助于延长游客停留时间，增加衍生消费和附加消费。空间设计时，游览线路与购物线路必须深度结合，同时满足休闲游览、购物娱乐的双重需求。

6.3.6 将城市游憩空间规划纳入城市规划体系

在编制城市总体规划、详细规划（控制性详细规划和修建性详细规划）时，应将土地利用规划、园林绿地规划、旧城保护规划、交通规划中的步行体系规划、公共服务设施规划和旅游规划整合，形成"城市游憩空间专项规划"，内容包括丰富的旅游景观、景点及合理的旅游线路等"吃、住、行、游、购、娱、信息"诸旅游要素，建立针对"宜游城市"规划的分析、评估和优化平台，规定控制性指标，努力提高城市空间的"宜游性"（图 6–22）。

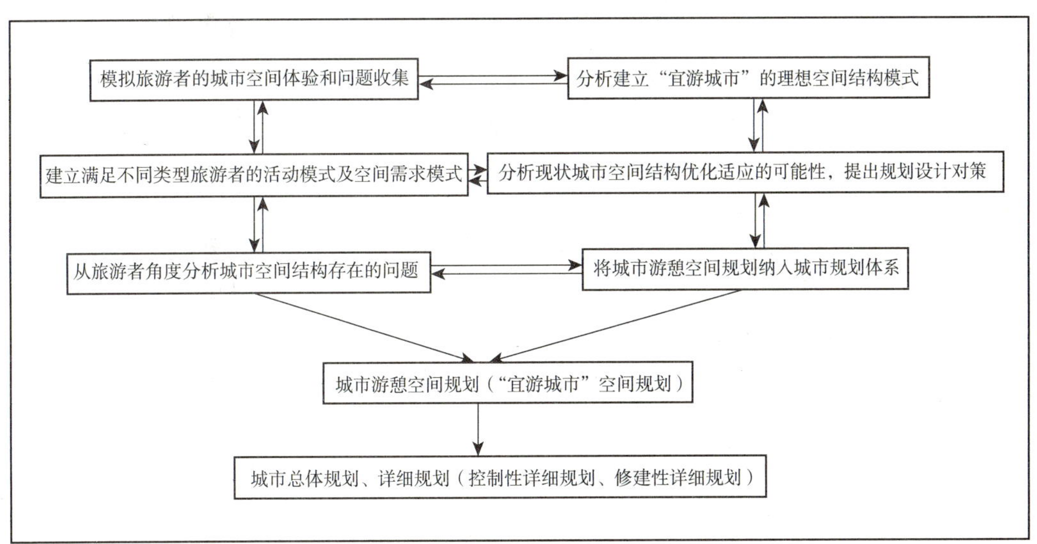

图 6–22　改善城市空间及其结构"宜游性"的规划设计流程（资料来源：自绘）

对任一城市规划与设计方案，都可以用此种方法加以优化、改进，提高城市的"宜游性"。通过不断实践和总结，可以在理论上建构"都市旅游空间规划学"。

6.4 富含亲和力的“宜游城市”空间实例：观音桥商圈

6.4.1 观音桥商圈的功能结构分析

重庆观音桥商圈建设方案可以被认为是巴黎拉·德方斯副中心的翻版，也可以视为传统 CBD 的佳作。观音桥商圈南起观音桥转盘，北至泰兴电脑城，西至嘉陵公园，东至茂业大厦、北城天街，核心区面积 42.42hm^2。观音桥商圈建设过程中全面实施了旧城改造工程，在现代广场与嘉陵公园之间、建新南北路形成十字交叉形、通透的景观视线通廊，在城市景观组织和空间序列集群安排方面，营造出景观丰富、富于人性、亲和力强的公共开放空间和 RBD（图 6–23）。

图 6–23 重庆观音桥商圈（资料来源：自摄）
（宽阔的步行街、标志性大型雕塑、完备的休闲娱乐设施、大面积的绿地，构成生机盎然的商圈）

1. 步行街

观音桥商圈主体工程——步行街由嘉陵公园、观音桥广场和步行街系统三块组成，长 420m，总面积 8 万余平方米，是重庆五大步行街中最宽敞，绿化率最高，休闲设施、人文关怀设施最完备的步行街，成为西南地区首家“中国著名商业街”。

绿化：观音桥步行街绿化率 50% 以上，种植银杏、桂花等 200 多种名贵树种 400 余株，步行街南部入口处的“屏风树”宽达 22m，成为都市一景。

水体：整个步行街体系水体运用十分丰富。主喷柱高达 70m 的大型音乐喷泉、水幕电影、长约 200m 的水柱屏风、大型造雾池、江北龙和观音桥雕塑前的喷泉、水帘等，静中有动，动感环生，令游客流连忘返。

市民参与：在观音桥步行街规划之初，通过公开招标、专家评审、向市民公示等阶段，以各种方式向市民广泛征求意见，验收时也邀请了市民代表参加。广泛的市民参与真正体现了“从市民中来，到市民中去”。

人性化：整个步行街的设计非常注重人文关怀。一是坐憩设施完善。步行街区设立母子凳、大理石和木质座椅数百个，可同时容纳千人落座（图6–24）。二是免费提供饮水。步行街装有3台免费公共饮水机，饮水机由不锈钢制作，每台饮水机有3个水龙头，可同时供3人饮水，龙头高低错落，以方便不同年龄和不同身高的游客使用。为防止游客喝水时将嘴接触水龙头，造成不卫生，饮水机的设计很特别，细水柱在水龙头出口处会断裂，15cm高的柔柔细水柱好似甘甜的山泉，喷涌而出。三是免费如厕。在嘉陵公园旁设立两座百余平方米的星级免费公厕。四是地面硬质铺装采用防滑性极好的磨砂大理石，美观防滑，并设立专用盲道，体现对残疾人的关怀。

图6–24 观音桥商圈的人性化设施（资料来源：自摄）

2. 嘉陵公园

嘉陵公园面积3万余平方米，绿化景观丰富，是市民休闲、放松的乐园。嘉陵公园高大的加拿大海枣树、五彩的音乐喷泉、水幕电影、自由变幻的水体，吸引着成群的游客涌入、驻足、游览、休憩。其地下是“金源不夜城”，系休闲、娱乐、购物、餐饮等功能齐全的公共建筑综合体，仿美国拉斯韦加斯风格的豪华装修、各类功能的巧妙组合、便利的交通、优质的服务，使之成为都市旅游者乐而忘返的旅游目的地，是重庆城重要的商业副中心。

3. 功能业态分布

步行空间和建新东西路将商圈一分为四：东南部以华音大厦、建新市场为主要商业设施，担负建材、音像出版购物功能；西南部以黄金海岸、中冶大厦、千禧年酒店为主体，设法商家乐福超市、银行机构、酒店等设施；西北部以金岗大厦、中环商城、五星级金源大饭店、金源地下不夜城、嘉陵广场为主，设影剧院、数码商城、酒店、娱乐等设施，担负商圈的娱乐、住宿、会议、休闲功能；东北部集中重百商场、新世纪、北城天街、深圳茂业、远东百货、香港城、上海新世界等名牌商业零售设施，UME国际影视城，并有海洋公园在此，形成商圈的核心部分，重庆主城的核心购物中心之一。I@sport系西南地区最大的运动城，三人篮球斗牛场、超酷攀岩壁、极限滑板坡道、羽毛球场、运动水吧与多功能健身中心汇聚。雕塑、小品、铺地、草坪、林荫、坐憩等设施对整个商圈进行了有序而适度的划分，满足了都市休闲、旅游与购物的各种需要。

4. 交通组织

一是停车位充足。金源大饭店有700多个免费停车位，茂业百货有500个停车位，加上步行街周围的商住楼、写字楼自备的停车库，共有近3000个停车位。

二是输配环的高效交通组织。四周以环形道路（类似CBD的输配环）实现人车分流，担负对外交通任务的南北城市交通干道通过下穿式道路解决，并建有城市公交（公共汽车、出租车）和轻轨交通地下换乘枢纽，地上、地下通过自动扶梯、步行梯道连接（图 6-25）。

图 6-25 地上地下以自动扶梯连接（资料来源：自摄）
（人行天桥和地下通道以自动扶梯连接，具有全国领先性，极大地增强了公共空间的便捷性）

三是步行体系的建构基本实现了人车分流，提高了机动车辆的通行效率，尽量保证了游客的安全。相对完善的交通体系对中心商业区（传统 CBD）的激活起着至关重要的作用。重庆江北区观音桥商圈环形道的开通，使观音桥商圈形成围合式“地面环行 + 地下直行”的立体交通体系，真正打破了以前建新南北路一根“直肠子”式的交通瓶颈，使周边商业设施基本上相互连接起来。四通八达的车流将人流送到观音桥商圈。轻轨 3 号线将在商圈核心位置（步行街）设置站台。其交通能力为：目前 2.7 万辆 / 日，10 年内 7.8 万辆 / 日，15 年内 15 万辆 / 日。整个步行系统空间序列跌宕起伏、多向度集群展开，形成开放、可逆的城市景观网络体系。

6.4.2 观音桥商圈是都市旅游的良好载体

重庆观音桥商圈的建成，极大地改善了重庆主城北大门的城市形象和城市景观体系，显著提升了城市空间的品质，局部改善了城市空间结构，成为都市旅游的良好载体，与北滨路、金源时代购物广场、金源方特科幻公园等构成江北“山水都市一日游”线路。其主要作用：

一是提档作用。商圈建设消化了烂尾楼十余栋，使当年的烂尾楼变成香饽饽，极大地改善了城市景观单元和街道空间环境，提升了城市景观体系的品质和城市风貌的档次，游人从不同方向沿每条路线均可欣赏风格各异的城市景观。

二是聚集效应。观音桥商圈聚集了重百商场、新世纪、法国家乐福、深圳茂业、远东百货、香港城、上海新世界等商业巨头，形成了浓郁的商业文化氛围，人气吸附作用强。

三是功能综合。北城天街集购物、吃、玩、健身于一体，金源不夜城吃、玩、休闲方式的多样性，为观音桥商圈增加了强大的吸附力。据统计，该商圈日均人流量超过 10 万人次，商业零售成交额达 1000 万元 / 日，金源大饭店客房入住率 80%，金源地下不夜城每天接待顾客 10000 人以上。城市空间序列组织巧妙、要素齐全，服务周到、亲切宜人的商业中心的示范效应十分明显。

四是带动效应。观音桥商圈的建成，带动了红旗河沟中百仓储、建玛特和近 3 万 m^2 的协信黄金海岸商业街的繁荣。尤其是，观音桥商圈与 60 余万平方米的金源时代购物广场、君豪五星级饭店、金源方特科幻公园等旅游设施相呼应，形成连续性景点，具有强大的人流聚集作用，增加了北滨路的消费。

6.4.3 观音桥商圈的不足与建议

在城市和建筑空间分析方面，英国的 Bill Hillier 等人开创的空间句法理论，经过近 30

年的演进，关于空间的景观、识别乃至社会功能的量化的计算方法已臻成熟；经段进等人引进中国加以发展，得到推广应用。最近王文庆等人突破二维分析的局限，发展了空间句法的三维分析方法。可以说这就建立了一种对城市空间的解剖学。但这些先进的方法还不能全息地涵盖所有城市空间的创造过程。

从都市旅游空间体验来分析，要从“商味”提高到“文韵”，还需要有空间结构的质的提升和优化。应用空间句法，可对其空间结构的凸状、轴线、视区、可达性、识别性等进行分析，理出观音桥商圈城市空间的结构问题，再针对旅游功能和游客心理（生疏感、新奇感、目标感、环境和服务质量敏感性），提出优化目标和对策。

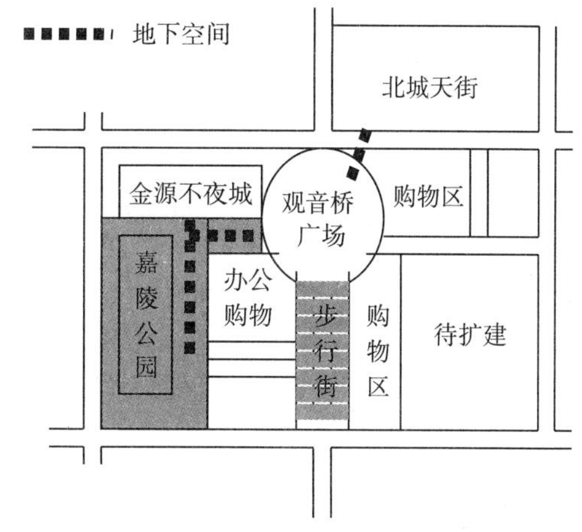

图 6–26　观音桥商圈旅游空间结构示意图
（资料来源：黄天其绘）

1. 空间游览线路结构

观音桥商圈空间系在原有道路系统基础上逐步扩大，呈放射状延伸；开辟了大尺度广场；部分空间特征是建筑物不是典型的沿街线性排列，而是虚空间围合建筑实体（图 6–26）。空间规划结构上最大的缺陷是未组织起可环游的丰富有趣的主干线。其东北段封闭距离过长，北部中央广场与北城天街的连接只有一条曲折而略显沉闷的地下通道。

有着拉斯韦加斯情调的金源地下不夜城增添了一组地下空间回路，但其连接起始点的地上、地下空间之间缺乏精彩的交接和目标感。尽管整个商圈的空间规模较大，但各个部分空间关系联系缺乏有机整体感，游客在目标模糊的广场上往复转悠，难以得到超越一般市民的购物和娱乐功能，通过空间线路的营构提升到品味地域人文风光的效果。

总的来说，观音桥商圈空间的游览线路较多，但线路结构尚未形成网络。《外国建筑史》（陈志华）对威尼斯圣马可广场空间序列作了精彩分析，那里每一幢建筑、每一空间转折都是空间乐章中的精彩乐句。观音桥商圈比圣马可广场大得多，通过线路组织使游览空间发挥更大的潜力。建议的优化对策是将观音桥商圈空间的出入口和线路按“空间乐章”的构思，在现有基础上形成地上地下、室内室外结合的有节奏感的环游空间序列。大型游览地段的可环游性增加了游线的选择性，也扩大了空间感。其次增加北侧至北城天街的通道，在东北侧增加开口，完善环游线路。这样就使得整个区域空间形成网络线路，得到多回路、多变化、多选择的空间系统。四通八达的网络游线构建是使旅游线路增添情趣和魅力的重要手法。许多城市只注意主要步行街的精彩，而没有主动地把相邻的小街巷纳入游线，任其杂乱无章，造成不愉快的视角反差。或者线路阻塞，造成走回头路。

2. 空间景观结构

城市设计的“三大理论”（Roger Trancik）：图底理论、联系理论和场所理论，总括了创造高品质城市空间的基本原理。用图底理论分析观音桥商圈的空间结构，可知其步行大街为较松散的建筑围合，空间的连续性和节奏感较差。但广场上地形的变化和丰富的小品建筑（台阶、花池、水景、雕塑、艺术墙等）形成了较好的次级空间围合（图6-27），同时也为游人提供了大量的坐憩空间。设计者在总体大空间难以控制的情况下，采用了繁复的二维和三维细分空间设计手法来实行空间的再创造，达到了较好的宜人尺度的空间效果。这可称为空间的二次结构。在适当的距离和空间位置设立可观赏的景物。当人们从外围入口步行而来，繁荣的商业氛围和移动的人群尽收眼底，但简体尺度过大因而场所感较差（图6-28）。城市景观序列从微观上大体保证了都市旅游景观的丰富性。步行广场、嘉陵公园、北城天街和金源地下不夜城这四大不同性格的步游空间各有独特的景观特色，使观音桥商圈游览资源的多样性居重庆之冠。但总体景观结构上，不同景区的衔接和转换景观尚缺乏

图6-27　中心步行街景观（资料来源：黄天其摄）

（左图：大空间中的可透视次级空间围合形成二次空间；右图：利用地形高差形成二次空间）

图6-28　从西侧入口看观音桥中心广场，尺度宏大但场所感较差（资料来源：黄天其摄）

精心的推敲。G·卡伦指出，在城市空间中要不断创造从此岸（here）到彼岸（there）的吸引[1]。观音桥商圈中以巨型叠石手法制作的“桥”景组合是这里的唯一主景，但其位置不在景观轴线上，减弱了视觉中心的作用；其他游线的交叉点上大多没有直接对景，造成空间转换的紧要处景观平淡（图6-29）。嘉陵公园区内显示了绿地景观，但没有用充分浓密的林木创造出城市森林的气象，甚至达到可以吸引鸟类栖息的条件。因此，我们建议在改进游线结构的基础上通过增加有创意的交叉点对景，增强空间景观的轴线性。同时，加强公园的自然森林与都市喧嚣的气氛对比，突出静区特点。这一改进也应用和体现了槙文彦的联系理论（linkage theory）和舒尔茨的场所理论（place theory）。本来现代都市景观的特点就是五光十色，但是很容易流为千城一面。而观音桥商圈由于其大型复合空间内涵是独一无二地多样性的，经过优化组织可以变得更为精彩。

图6-29 丰富的小品景观没有组织成为对景，减少了景观的时间效应（资料来源：黄天其摄）

3. 空间环境结构

都市旅游环境一定要保证旅游者的舒适和安全。无论冬夏，还是雨晴，都要让旅游者在小气候宜人的步行空间中安步当车，乃是城市设计的基本要求。观音桥商圈空间包含了地上和地下空间部分，在雨天和冬天地下空间更为宜人。但其地面空间仍是主要的游览空间，这里缺少能产生浓荫的树阵式绿化，大片花岗石硬地在夏日炙热难耐。偏重视觉效果

[1] （英）弗朗西斯·蒂巴尔兹著．营造亲和城市——城市公共环境的改善［M］．鲍莉，贺颖译．北京：知识产权出版社，中国水利水电出版社，2005：57.

而忽视了环境效果。在步行空间中往往需要增添一些风雨廊或国外城市广场常有的遮雨棚盖（canopy）。在夏天的烈日下，露天的休息座位系统失去了实用价值。在步行区里，夏日什么地段处于可爱的阴影区中，如同树荫一般值得推敲。由于重庆天然风速很小，静风天达 40% 以上，利用建筑效应创造有凉风的小气候是可行的。

坦言之，在我国取得优秀旅游城市称号的城市外部公共空间大都缺乏精细的考虑，往往使远离家乡成为相对弱者的旅游者来到旅游目的地时处境狼狈。在高标准的都市旅游空间中，在提供对游人的庇护（sheltering）和服务方面，诸如坐憩和公厕等设施的分布等都值得仔细推敲，应当考虑得十分周到（图 6–30、图 6–31）。

图 6–30　威尼斯主河道上利阿托桥的雨廊（资料来源：孙如枫摄）
（在威尼斯，不论是步道还是桥上，你都会发现遍布雨廊，为人们抵挡夏日的炙热和雨天的不便，增添了备至的关怀，使都市旅游者倍感亲切和舒坦）

对原有保留建筑进一步调整外形和色彩，尽量实现建筑之间的协调与对话。为此，一是整个商圈沿街立面应按统一的风貌设计继续整改；二是沿街立面的户外广告应实现规划、设计、造型、材质和制作工艺“五统一”；三是重拳整治“牛皮癣”，彻底消灭地下人行通道、天桥等公共场所的乱涂乱画现象；四是增植行道树，着手天桥、立交桥和护坡挡墙的垂直绿化，推行建筑屋顶绿化，营造立体绿色氛围。这对改善观音桥商圈的空间景观和环境结构，形成吸引力强、场所价值高的旅游空间，具有明显的作用。此外，在嘉陵广场和观音桥步行街增添儿童游乐设施，增进孩子们的游览乐趣与吸引力，也是十分重要的。观音桥商圈采用多层面结构分

图 6–31　大英博物馆（资料来源：汪隽琪摄）
（大英博物馆宽大的柱廊和巨大的阶梯，为游客提供了足够的遮阴坐憩设施，游客倍感受到呵护）

析方法研究都市旅游的高空间要求，可以更为敏锐和深刻地发现问题，进而实现城市空间结构的优化。这是提升旅游城市空间品质的整体性规划策略，也是一个连续、动态、分层次深入分析、推敲的过程。需要对都市旅游者在城市空间中的旅游过程和旅游感受不断跟踪、监测、征询和探讨，发现和解决空间结构的合理性问题。应通过对城市空间适期酌情调整和精心营造，改善和优化既有城市空间的宏观结构和微观结构，不断提高城市公共空间的“宜游性”。优化的具体手法包括：形成线路的不同结构、在大空间中创造亲人尺度的二次结构、强化空间转换与连接的对景结构，以及改善旅游空间的环境结构、信息结构和设施结构。这些对于旅游城市的持续发展，进而对城市规划、建筑和景观的总体和细部设计将起到有效的整合与目标引导作用。

7

实证研究：重庆城市空间结构优化建议

7.1 突飞猛进：重庆的都市旅游经济

通过强势促销，大力巩固、拓展海内外客源市场，广泛开展交流与合作，重庆旅游自直辖市成立以来保持着健康有序的发展，旅游经济实现持续增长。但在全国范围内比较起来，重庆旅游经济发展相对滞后（表 7–1）。与北京、上海、四川、广东等旅游发达省市比较，一是旅游业总收入差距很大。2005 年重庆旅游业总收入仅相当于北京的 19.63%、上海的 18.77%、广东的 16.02%、四川的 42.94%。二是污染和交通问题亟待解决。根据渝中区旅游局的问卷调查，国内游客对重庆旅游服务质量的评价中，交通问题是重庆旅游的最大瓶颈。老工业基地、相对落后的市政建设和较低的市民素质导致城市环境不尽如人意。重庆方言生动有趣，但外地游客难于听懂，造成游客与市民的交流不便。国际游客对重庆旅游服务质量的评价中却是环境污染和语言不通问题突出（表 7–2）。

2005 年部分省市旅游经济统计数据 **表 7-1**

项目 \ 省市	全国	北京	上海	四川	海南	广东	深圳	重庆
旅游接待人次（万人次）	133229	12863	10400	13270.27	1500	10000	5782.29	6017.71
其中：接待入境者人次（万人次）	12029	363	400	106.3	43.2	1897	1251	52.39
接待国内旅游者人次（万人次）	121200	12500	10000	13163.99	1456.8	8103	4531.29	5965.32
旅游业总收入（亿元）	7686	1594	1604.26	721.26	122	1880	421	301.12
其中：入境旅游收入（万美元）	2929600	360000	473000	31600	12027	640000	200869	26400
国内旅游收入（亿元）	5286	1300	1216.34	695.67	112.14	1355.2	256.18	279.17
GDP（亿元）	136986.3	6814.5	9143.95	7385.1	900	21701.28	4926.9	3069.1
旅游收入占 GDP 的比重（%）	5.61	23.39	17.5	9.77	13.56	6.9	8.54	9.80

资料来源：中国旅游通讯，2006（3）；重庆市旅游局，重庆市统计局 . 重庆市旅游业统计公报［R］，2005.

游客对重庆旅游服务质量的评价 **表 7-2**

—	服务态度	语言不通	环境污染严重	交通状况差	旅游信息指示或咨询服务不足	当地人不文明友好	其他
国内游客	3.3%	14.40%	31.40%	40.50%	9.80%	3.30%	11.10%
国际游客	1.2%	30.60%	30.60%	20.00%	5.90%	8.20%	2.40%

资料来源：重庆市渝中区旅游局 . 重庆旅游服务质量问卷调查报告［R］，2005.

7.1.1 都市旅游在重庆发展中的作用明显

1. 旅游业在国民经济中举足轻重

从统计数据看，2005 年全市共接待海内外旅游者 6017.71 万人次，同比增长 13.99%，旅游总收入为 301.12 亿元人民币，比上年增长 15.91%，相当于重庆市 GDP 的 9.8%（表 7–3、表 7–4），旅游业在重庆国民经济和社会发展中的作用举足轻重。

1999~2008 年重庆市旅游经济统计数据　表 7-3

指标 \ 年份	1999 年	2001 年	2002 年	2003 年	2004 年	2005 年	2007 年	2008 年
一、接待旅游者人次（万人次）	2495.19	3981.33	4665.84	4286.25	5279.04	6017.71	7595.2	10100
其中：接待入境旅游者人次（万人次）	18.49	31.33	46.15	23.45	43.44	52.39	74.6	87.2
接待国内旅游者人次（万人次）	2476.70	3950.00	4619.69	4262.80	5235.60	5965.32	7509	10012.8
二、旅游业总收入（亿元）	108.37	177.60	219.62	203.92	259.77	301.12	421.1	561.5
其中：入境旅游外汇收入（万美元）	9726	16300	21800	11323	20300	26400	37000	45000
国内旅游收入（亿元）	100.30	164.07	201.53	194.52	242.92	279.17	397.5	530
三、旅游收入占全市 GDP 的比重（%）	6.78	10.15	11.10	9.06	10.30	9.80	10	11

资料来源：重庆市旅游局，重庆市统计局．重庆市旅游业统计公报（各年度）[R].

1997~2008 年重庆市旅游经济增长情况统计　表 7-4

指　标	与上年同期比增长（%）								1997~2008 年均增长（%）
	1997 年	1998 年	1999 年	2000 年	2001 年	2002 年	2003 年	2008 年	
一、接待旅游者人次（万人次）	32.5	17.1	13.6	24.1	28.6	17.2	–8.1	24.8	18.7
其中：接待入境旅游者人次（万人次）	61.4	–37.3	13.0	43.9	17.7	47.3	–49.2	14.5	13.9
接待国内旅游者人次（万人次）	32.1	17.8	13.6	23.9	28.7	17.0	–7.7	35.1	20.0
二、旅游业总收入（亿元）	53.4	22.8	20.2	37.1	19.6	23.7	–7.2	26.4	24.5
其中：入境旅游外汇收入（万美元）	48.8	–16.2	10.1	41.9	18.1	33.7	–48.1	17.8	13.2
国内旅游收入（亿元）	54.0	28.0	21.1	36.6	19.7	22.8	–3.5	35.0	26.7

资料来源：重庆市旅游局，重庆市统计局．重庆市旅游业统计公报（各年度）[R].

2. 旅游接待设施较齐全

从接待设施看，2005 年年末，重庆共有 AAAA 级旅游区（点）21 个、AAA 级旅游区（点）9 个、AA 级旅游区（点）19 个、A 级旅游区（点）4 个；工农业旅游示范点 12 个；星级宾馆 190 家，其中五星级 6 家、四星级 25 家、三星级 73 家、二星级 79 家、一星级 7 家；涉外游船 42 艘，国内旅游定点游船 52 艘；旅游客运车辆 630 台；全市 40 个区县中有 19 个获得“中国优秀旅游城区”称号；国际国内旅行社 220 家，其中国际旅行社 23 家，国内旅行社 197 家。重庆市旅游接待设施初具规模，旅游接待能力在全国处于中上水平。

从景区景点看，国内游客普遍认为最能代表重庆的旅游景点是红岩村、白公馆、渣滓洞、三大广场（人民广场、朝天门广场、解放碑购物广场）、长江三峡和山城夜景。特别是红岩文化等景点在国内享有很高的知名度，国内游客对“红、渣、白”景点的认知度达到 66.0%；国际游客认为长江三峡和大足石刻等景点最能代表重庆旅游的国际形象。同时，重庆旅游最为满意的景点依次为“夜景及两江巡游”、“长江三峡”、“大足石刻”等。

3. 区位优势明显

从地域空间看，重庆是长江上游的特大城市，目标是建成长江上游的经济中心，是“成渝城市群”的重要极核，在区域经济社会发展中具有不可替代的作用。2007年4月，国务院批准重庆设立全国城乡统筹综合配套改革试验区，成渝经济区将成为继中国长三角、珠三角、京津唐之后的第四大城市群，扮演带动西部发展的重要角色，成为中国新的经济增长极。

4. 山城风貌魅力无限

调查显示，在对重庆旅游形象的认知和旅游动因方面，“最年轻的直辖市”成为国内旅游对重庆最突出的本底感知形象，重庆火锅、山城等由来已久的人文特色仍在游客心目中占据重要位置。国际游客多为看“山城”而来，占41.2%，为品重庆火锅的占20%，为领略中国最年轻直辖市风采的占11.8%（表7–5、表7–6）。66.7%的国内游客来渝是为了看三峡，长江三峡游仍然是重庆市最响亮的旅游品牌，巴渝文化、陪都文化、抗战文化等浓厚的历史文化氛围以及新兴的都市风情风貌也成为国内游客来渝的重要动机（图7–1）。

图7–1 重庆都市区鸟瞰（资料来源：Google卫星图）

游客对重庆旅游形象的认知 **表7-5**

—	抗战陪都	中国最年轻的直辖市	山城夜景	重庆火锅	重庆女孩	红岩精神诞生地	其他
国内游客	1.3%	34.6%	36.8%	30.1%	23.5%	19.6%	0
国际游客	9.4%	11.8%	41.2%	20.0%	10.6%	—	8.2%

资料来源：重庆市渝中区旅游局．重庆旅游服务质量问卷调查报告［R］，2005.

游客来渝的动机 **表7-6**

—	历史文化	新兴都市风貌	长江三峡	到四川顺便来渝	公务、商务	其他
国内游客	12.4%	11.1%	66.7%	7.8%	6.5%	7.2%
国际游客	14.1%	9.4%	63.5%	3.5%	22.4%	9.4%

资料来源：重庆市渝中区旅游局．重庆旅游服务质量问卷调查报告［R］，2005.

重庆都市风貌的特别之处：一是山城风貌的独特。“片叶沉浮巴子国，两江襟带浮图关”，是重庆山水园林城市风貌的真实写照。城市地貌类似香港，长江、嘉陵江环绕主城，城市依山而建，天际线、水际线、建筑轮廓线景观非常丰富，山、水、绿相映成趣、相得益彰、动感十足。二是山城夜景独具魅力。以万家灯火、路灯为背景，以主干道、桥梁、轻轨华灯为光带，以高、中层建筑和城市制高点闪光、激光灯为点缀，以城市中心区、繁华地段灯饰组群为中心，构成生机勃勃、动感十足、远近相衬、错落有致的山城夜景美丽画卷。三是“桥都美景”。主城区横跨两江，桥梁遍布，已经建成大佛寺大桥、石板坡长江大桥及其复线桥、菜园坝大桥、鹅公岩大桥、高家花园大桥、石门大桥、华村大桥、嘉陵江大桥、渝澳大桥、黄花园大桥、朝天门大桥等十余座大桥，造型各异、巍峨壮观，向游人展示着“桥都”的魅力和风采。嘉陵江共规划建设 16 座大桥（含现状 8 座），长江共规划建设 16 座大桥（含现状 5 座），两江远景预留 7 座大桥位及 4 座越江隧道，市域内大桥将达到 32 座。

7.1.2 重庆主城是否宜游

重庆都市旅游在客观上存在发展障碍，致使都市旅游活动的舒适度、“宜游性” 降低，主要体现在以下几个方面。

1. 景点孤立形成连续性中断的空间结构

1）缺乏旅游集散中心，散客出游不方便

重庆开辟有“山水都市一日游”线路，将红岩村、渣滓洞、白公馆、规划展览馆、三峡博物馆、湖广会馆、南滨路、北滨路等景区（点）串联成线，有旅行社提供的组团、包车、导游等服务。但是，重庆缺少旅游集散中心，散客出游显得不便。在上海，政府投入可观的资金和大量的人力培育出区级、市级旅游集散中心，使之成为服务周到、信誉度高、颇受欢迎的上海旅游集散中心网络体系，取得了良好的经济和社会效益。

2）旅游专线开设不够

作为特大城市的重庆，都市旅游景区（点）众多，其间很少设置旅游专线车连接，比如 813 路公交专线将江北观音桥商圈、铁山坪生态区与渝北区的玉峰山等景区有效连接起来，但市区内多数景区（点）之间并无直接、有机的公交专线连接和旅游接待配套服务，旅游景区（点）没有得到有效整合，没有连点成线、形成连续型都市旅游空间结构。

3）景区（点）功能重复，服务链条中断

由于行政体制、经济体制等原因，层层分税的体制和党政班子政绩考核机制，使做大做强区县经济板块成为地方政府的“第一要务”。因此，资源割据、各自为阵、争资立项、竞相发展，显现出诸多负面影响：资源没有得到有效的整合、景区（点）重复建设、都市旅游功能互补性不强、市场机制作用不明显、缺乏联合宣传促销机制等，结果导致城市公共空间和都市旅游景区（点）的功能重复、景点分割和服务链条中断。《重庆市旅游发展总体规划》指出，重庆“旅游资源开发水平和旅游产品被认同的总体水平较低。产品开发层次不够，旅游精品不足，其中多数产品开发只求规模，不求质量，较少考虑游客的参与。”[1]

2. 公共信息系统不健全，公共标识不醒目

重庆市区公共信息系统不健全，没有形成标准规范、醒目完整的标识系统，标识系统有待进一步完善、规范和统一。在城市公共信息系统建设中，旅游公共信息尤其不丰富，市区旅游交通图，各都市旅游景区、景点的 DM 单、画册、DVD 光盘等宣传品，在车站、

[1] 重庆市旅游局 . 重庆市旅游发展总体规划（文本）[Z]，2002（6）.

码头、机场、宾馆、饭店、大型购物中心等公共场所、人流集散地难觅踪影。在标识系统建设中，重庆城市标识主要存在四个不足：一是不醒目。重要地段、岔路口、公共空间缺少相关信息系统，指路、导游（览）、导停（车）、导购（物）、导餐（饮）、导娱（乐）、导（如）厕等标志要么却省，要么因为太小或颜色区分度不够而不醒目，要么被广告牌或树枝遮挡。二是不完善。仔细考察整个城市，路牌数量相对较多，但都市旅游区（点）的导游系统很缺乏，城市公共空间、旅游服务指引标识设置数量过少，多是快进入景区（点）时才设置有标识，住宿、餐饮、停车、购物、如厕等标识的设置也是如此。事实上，应该在相应公共设施目标500m之内连续设置相关标识，以防止都市旅游者产生迷路的心理负担。三是不规范。很多标识制作粗糙，在材质、规格、字体、颜色、风格、语言等方面不符合国家标准，给都市旅游者反而带来辨识困难。四是不实用。在国家A级景区评定标准中，规定游客接待中心必须设置电子触摸屏，这对提高景区（点）的信息自动化很有好处。最近，很多城市在城市公共空间启用了电子“导航”系统，运用电子显示屏、电子触摸屏等设备，为游客提供指路、导游（览）、导停（车）、导购（物）、导餐（饮）、导娱（乐）、导（如）厕等全方位的服务。但是，这些设备的操作需要相应的文化素养，其使用效率和使用寿命受到影响。加之，电子设备维护的复杂性和设备构造的脆弱性，此类设备多数成了摆设。都市旅游者文化层次的多样性，决定了城市公共信息系统建设的多元性，纸质的DM单、悬挂式标识、张贴式说明、电子显示屏、电子触摸屏等信息载体同等重要，都有其存在的合理性。

3. 景区景点宣传不够，旅游者目的性不强

重庆都市旅游景区（点）大小有上百个，可以为组团都市旅游者或散客开展丰富多彩的都市旅游活动提供载体，但是对外宣传缺乏力度，对公众的影响力不够，外来都市旅游者旅游的目的性不明确。表现为：一是宣传力度不够。重庆都市旅游景区（点）没有高度重视对外宣传，创名牌意识不强。二是对外渗透力不强。在重庆电视节目中，有一段集中展示重庆城市风貌的风光片，虽定时重复播放，但时段不好，收视率很低，影响力大打折扣。在《中国旅游报》等全国性媒体中，鲜见重庆都市旅游景区（点）的介绍。民国陪都、远东抗战指挥中心等历史文化远播海内外，渣滓洞、白公馆和红岩精神在国内堪称家喻户晓，但新兴的重庆都市旅游景区（点）在全市、全国的知名度低，尚未对客源地市场产生吸引力。三是宣传形式单一。目前对景区景点的宣传形式主要有：媒体宣传——在电视上播送专题栏目、新闻报道或广告，在报刊上登载介绍性文章（软文）、新闻报道，或者广告；多媒体宣传——设立相关网页、网站，播放风光片；电子产品宣传——制作景区景点风光专题片；纸质品宣传——制作景区景点DM单、画册、出版物等，在旅游交易会、推介会、公共场所发放。第一类宣传方式效果明显但费用较高，第二、三、四类宣传方式效果递减但费用也递减。重庆都市旅游景区、景点大多采用第二、三、四类宣传方式，尤其偏爱在旅游交易会、旅游产品推介会上派送宣传资料，没有重视旅游指南、景区景点光盘和手册的派送渠道利用和宣传效果的最大化，旅游宣传停留在简单阶段。香港、新加坡等旅游业发达地区或国家在机场、车站、码头、宾馆、饭店、餐馆、广场等人流汇聚处设置信息台，游客可以免费获取相关旅游资料和信息，给了游客很大的方便，既体现了人文关怀，又为

各景区景点引来了蜂拥而至的游客。浙江省的很多景区，与电视等媒体签订协议，利用媒体自身的优势对旅游景区进行宣传，媒体自景区门票收益中分红，实现双边赢利、共同发展的目标，值得借鉴。

4. 清洁卫生状况欠佳，公共文明程度不够

一方面，是城市公共卫生欠佳，环境污染问题还没有得到根治。随意横穿马路、见缝插针似地超车、随地吐痰、乱丢杂物、乱涂乱画、在公共场所吆五喝六、不讲诚信……在重庆城市并未绝迹。有一位人大代表在检查验收完卫生城区之后坦言，在主干道，清洁光鲜，很是耐看。但在背街小巷，摆摊设点，以路为市；乱扔垃圾，四害横行；乱涂乱画，牛皮癣铲之不尽；车站候车室禁烟不力，烟雾弥漫，空气污浊。在城区边缘或城乡结合部，这类现象尤为突出。少数工厂偷排污水，有的工程车不按要求实施清洁环保，造成江水污染或带来飞扬的尘土。

另一方面，是公共文明程度不够。在清早或深夜，大街上汽车鸣号尖锐，而且长时间按着不放；发卡族见人、见箱包、见车辆就塞卡片；男士在盛夏光着上身大摇大摆地行走在大街上，形成“光胴胴一族”。如此等等，表现出城市公共文明程度不够，有损重庆人的形象。

再一方面，是城市公共交通服务水平有待提高。近年来主城公交车辆基本更新，硬件与香港、上海、北京相比，没有明显差异。但在服务水平上，尚存差距。比如说报站，很多公交车，驾售人员不报站，或报站语言不标准，或语速过快，外地人无法弄明白；在改成自动售票后，公交公司取消了售票员岗位，驾驶员既要看管投币箱，又要开车，人工报站很难做到准确、及时，录音报站，设备又是十有九坏，无法正常运行，给外地游客带来很大的不便。

5. 城市绿化、美化不够，园林风貌特色不明

2005 年 10 月，第五届亚太市长峰会在重庆的召开，有力地推动了重庆主城基础设施的建设、城市形象的提升和城市知名度的提高。山城掀起了一场声势浩大的绿化、美化运动，在诸多地段拆危建绿、拆房种树。近来，重庆市将“森林城市”作为建设目标，通过大规模的森林营造活动，明显改善了城市生态环境和公共环境，提升了城市的亲和性和宜游度。但绿量还不足，山水园林风貌特色展示不够。

首先，绿化数量不足。城市中心区、旧城区、背街小巷的公共绿化明显不足，乱占绿地现象突出。不过，各级政府与公众对实现人与自然和谐发展的认识更加深入，改进和维护城市公共环境的自觉性不断增强。为捍卫主城四大肺叶，市政府“绿盾 3 号”行动启动。在对破坏林地资源行为进行明察暗访的基础上，重拳整治南山、歌乐山、缙云山、铁山坪、中梁山等林区的非法占用林地、盗伐滥伐林木的行为，以及违规建设农家乐等破坏林地资源的案件。重庆创建园林城市的总体目标是：2007 年，主城区人均公共绿地达到 $7.5m^2$ 以上，建成区绿地率达到 31% 以上，绿化覆盖率达到 36% 以上，环境保护、历史文化保护等各项指标达到或超过国家标准。具体内容包括：六大任务——城市园林绿化建设、城市景观建设、蓝天碧水行动、历史文化保护、生态建设、市政公用基础设施建设。5 个“一批”——新建一批城市生态林，新增公共绿地 $332.85hm^2$；新建一批城市绿化亮点；新建

一批城市公园（特别是规模较大而又有品位的公园，如江北区鸿恩寺公园、九龙坡区两河口公园或大渡口区双山公园）；新建一批社区公园，解决旧城区群众出门见不着绿的问题；新建一批城市鲜花大道。园林绿化三年总投资约 33.25 亿元。到 2008 年建成后，人均绿地由原来的 6.27m^2 上升至 7.56m^2。在江北区，政府通过努力，在 2008 年实现创建“国家园林城区”目标后，全区建成区绿地率达到 34.24% 以上，绿化覆盖率达到 36.41% 以上，人均公共绿地面积达到 13.76m^2 以上，城市中心区人均公共绿地达到 5.3m^2 以上，城市环境、城市景观、文物保护及其他市政基础设施项目超过国家园林城市标准，顺利通过国家园林城区的验收[1]。

其次，绿化质量不高。多数公共绿地绿化理念不新、绿化形式单调，大面积的草坪、单一的树种，没有形成乔、灌、藤、草、花立体绿化，没有大面积植树造林形成森林绿地。城市森林较少，真生态地块不多。森林具有较草皮高数十倍的生态功能，自蓄水能力强而耗水量较小。森林在吸附大量灰尘、制造新鲜空气、改善大气环境、降低噪声、维护生物物种多样性、保持自然生态平衡、保持水土和空气湿度等方面具有强劲作用。城市所呼吸的新鲜空气，只能靠城市自身、靠城市森林来解决。位于嘉陵江岸的鹅岭公园，本是重庆主城的都市绿洲，原来绿树成荫，森林郁郁葱葱，植被良好，天际轮廓线美丽。随着城市中心区建设的推进，鹅岭公园的山顶冒出了若干高楼，破坏了原本良好而且是非常宝贵的主城区天际线；鹅岭公园的山脚滨水区，人们建起了成片的大厦，原本美好的亲水空间和水际线不复存在。还有一个倾向，就是对洋树、洋花、洋草的过分钟爱，外来植物大行其道，既增加了种植成本和维护开销，又难于适应本地土壤、气候和湿度条件，植物成活率低或寿命短暂，降低了城市绿化的质量。城市绿地经常“变脸”也没有必要。

再次，绿化品种不丰。在城市周边，重庆主城区缙云山、歌乐山原生林较多，林相复合。但铁山坪、南山林相比较单一，抗森林病虫害能力弱，植被再生能力不强，且近年开发速度过快，近乎大开挖，没有统一规划、统一建设、统一管理的农家乐、山庄悄然拔地而起，毁坏、吞噬着一大片一大片的城市肺叶，加大城市现有森林的保护力度，已是刻不容缓。按照国家园林城市的标准，城市公共绿地率大于 30%，人均公共绿地大于 6m^2，绿地可以是草皮、草坪，也可以是乔木、灌木，可以是一小块一小块的星星点点、星罗棋布，也可以是一大片一大片的城市森林、城市绿洲。可见其弹性较大，不利于提倡森林城市的构建。人们在行道树、花坛或公园等公共绿地的营造方面，对绿化美观比较关注，往往采取单一树种簇群成团布置，结果造成生物群落失去多样性，美观度增加，再生能力降低，生态作用减小。正确的方法应当是，绿化地带植物品种多样化，立体交叉、错落有致地布置，形成复合林相，增强植物群落的再生、发展能力，提高公共绿地的抗病虫害能力。树种应以本地树种为主，不提倡大量移栽名贵、稀有、古老树种，时常发生百年古树在移栽过程中因保养不善而大批死亡的现象。实际上，将大山深处或农家庭院生长多年的名木古树搬迁到城里，应当看成是城市抢夺乡村资源的行为，与城乡统筹、和谐发展的理念相悖。

最后，从城市建筑风貌来看，一是高楼太多、太挤，以至有人认为：“重庆密集林立

[1] 重庆市江北区人民政府．重庆市江北区 2006—2008 年创建国家园林城区实施方案［Z］，2006.

的高楼，仿佛是人工一线天，而在深圳，这样的楼间距只会在农民村出现。”❶仅仅是因为山地条件、用地紧张吗？二是屋顶处理简单化，建筑轮廓线单一。近、现代建筑多是黑油油的平屋顶，没有绿化，没有装饰，从制高点或高楼鸟瞰重庆城市的风貌，视觉效果非常平庸。这在国内是一个普遍存在的问题。

6. 城市文化彰显不足，城市个性张扬不够

首先，城市建筑文化缺失。重庆城的现代气息很浓，古城门、古城墙、古建筑和历史地段在现代城市建设中损毁得体无完肤，重庆城生长的发轫点——江北城，原本存在的诸多古城墙、古建筑和历史遗迹，在挖掘机、推土机隆隆的吼声中灰飞烟灭。《一个深圳人眼里的重庆印象》作者“老虎不吃鱼”认为，“重庆人骄傲于自己的成就，这种骄傲缘于与过去的比较。行走在高楼林立的这片崭新的‘重庆森林’里，还记着梁思成抱着北京古城墙痛哭失声吗？”“3000年的重庆历史，被遗忘用不了30年”❷。可喜的是，政府花大力气，修缮了湖广会馆，再造了磁器口古镇、洪崖洞吊脚楼等一批历史符号。但重庆“九开八闭”的古城门等众多古老的传说至今还只是留在人们的闲聊中，已难觅多少遗迹的现实标本。

其次，重庆的三峡文化、火锅文化、棒棒文化、码头文化博大精深，红岩精神、移民精神、黔江精神脍炙人口，在国内传播比较深远。但重庆在抗战时期曾是国民政府的陪都、远东抗战指挥中心，并历次遭到日寇的狂轰滥炸，最终没有让日本侵略者涉足，“重庆＝抗战精神图腾”的文化，却没有被很好地传承，在国际上具有影响力的城市个性没有迸发其应有的张扬力度。

最后，原本有深厚文化底蕴的重庆城，文化氛围却不是很浓。重庆人豪爽、耿直、大气、吃苦耐劳，但文化素养的提高应受到普遍重视。“把眼光聚焦在花边、趣事、绯闻、无厘头之上的媒体；大学城里面成对的情侣而没有树荫下读书的学生；满口粗话的重庆美女……”❸还有游客曾经感慨，在解放碑商业中心难觅文具踪影，在朝天门难找听评书的茶馆，坐在茶楼的市民多在打麻将、斗地主，图书馆、阅览室、读报亭等公共设施很难寻觅。尽管有些说法属于一孔之见，有失偏颇，但也折射出重庆人对历史文化、现代科技、当代知识求解的兴趣不是很浓。

7. 点面发展不平衡，缺乏震撼性景区

重庆市副市长谭栖伟在市旅游局工作汇报会上讲道：“由于主客观原因的制约，当前我市旅游业还存在着不可忽视的困难和问题，比较突出地反映在，缺乏一批有震撼力的旅游产品，以至于重庆旅游在整个西部没有取得优先‘发言权’，特别在西部片区显得相形见绌……长江三峡在很大程度上还是一个概念，整个长江三峡由若干个景区景点组成，但都未上规模、上档次和特色，整体效应没有发挥出来，让游客有不过如此的感觉。到广西、云南、四川等省区考察，给人印象最深刻的就是大项目。古镇丽江、桂林山水、九寨天堂，一个比一个鲜活，旅游大项目就是旅游目的地。”❹从空间品质和空间结构方面来看，重庆

---

❶ 杨冰，代峥.《重庆印象》：被刺痛和被颠覆的［N］. 时代信报，2006-05-31（10）.
❷ 同上。
❸ 同上。
❹ 谭栖伟. 在市旅游局工作汇报会上的讲话［R］，2005.

都市旅游目的地建设中尚存在以下四个问题：

首先，城市发展受阻。城市发展需求强劲，现有城市用地严重不足，导致城市进一步向心集聚发展，开发商见缝插房，用地不符合规范，容积率过高，生态环境恶化，人口密度、建筑密度过大，公共空间、公共设施供给严重不足，社区服务设施不完善，城市资源利用与保护的矛盾更加突出。据统计，解放碑 0.92km^2 地区聚集常住人口 7 万人，流动人口 30 万人，人口密度居全国之首。这其中有规划体制上的原因，也有政策方面的缺陷。在规划上，城市用地整体上缺乏控制性详细规划。某特定地段的控制性详细规划，政府要么未做，要么没有来得及做，或者是没有作与时俱进的修编，开发商就委托乙方编制修建性详细规划，可能没有突破总体规划，但失去了细节控制；在地块使用的审批体制上，开发商往往先设法从国土局弄到土地使用批文，到发改委获得立项批复，再到规划局批来“两证一书”，再到建委搞来“施工许可证”，开发项目就可以堂而皇之地开工了。控制城市地块开发建设的四个重要部门之间缺乏有效的沟通与衔接，结果在客观上给开发商留下了盈不义之利的空间，比如红线后退不足、突破限高、容积率超标、绿地率不够、公共空间未保证等。在美国，只有规划局一个部门掌管地块使用大权。规划局可以根据地块所处区域的特点，通过反复论证之后，向开发商提出代征绿地、道路或公共停车场等公益要求，从而有条件地换取其在一定限度内突破限高。欧美有些建筑的主楼后退红线，形成一个广场或停车场，从而使主楼建得更高一些，成为某个地区的地标。这种以平面换空间的做法是国外经常使用的双赢手法和技术策略，称为交易（Trade in）。可见国外的规划细致、严密，同时也有原则性和灵活性的统一。

其次，交通疏解困难。一是建成区道路网系统比较脆弱，难以承受城市人口剧增引发的对交通需求快速增长的压力，加上私车的快速发展，越拓越宽的马路还是不堪重负，还是无法满足永无止境的道路需求；二是公共交通存在线网密度低、覆盖范围不足、重复系数高等问题，服务水平降低，对市民的吸引力有降低趋势；三是由于财政包袱沉重，公交补贴严重不足，冷线公共交通培植困难，无法实现渝中、江北等城市中心区人口向北部新区等近郊的有效疏解，也影响了城市新区的发展速度；四是交通枢纽建设滞后，轻轨、公交、出租等各种交通方式融合不够，交通换乘系统不健全，都市旅游者出行不便。

再次，公共空间点面失衡。就渝中、江北、九龙坡、南岸、沙坪坝五区来说，近年相继建起了解放碑、朝天门、人民广场、观音桥商圈、杨家坪步行街、南坪步行街、三峡广场等大型公共空间，对于聚集人气、赚足财气发挥了重要作用（表 7–7），成为都市旅游的良好载体。但是，如果从面上对上述主城五区的公共空间进行考察，不难发现以下问题：一是公共空间规模不够。除观音桥商圈外，其他城市副中心的公共空间规模偏小，聚集能力有限，辐射带动作用不强。二是公共空间功能不完善。目前只有观音桥商圈拥有大面积绿地（嘉陵公园）、综合性娱乐中心（金源地下不夜城、金源方特科幻公园）、综合性购物中心（北城天街、金源时代购物广场）、观音桥步行街和紧邻的豪华饭店（金源大饭店、君豪大饭店），观音桥商圈业态齐全、功能完善，聚集能力很强。有媒体称之为 2006 年“‘五一’黄金周最大的一匹黑马”。三是文化底气不足。解放碑为纪念重庆解放而立，是近现代重庆主城的“市中心”，在市民心目中场所精神突出，因而成为重庆 3000 万市民向往的都市旅游目的地之一。郊区市民来主城区购物、逛街，必然首选解放碑。除开解放碑本身尚存外，其他近代建筑已经不复存在，该地区的历史文脉和城市肌理早已断裂。其他新建商圈的文化内涵更是不足。沙坪坝搞了一个三峡广场，集中了壮美三峡的重要景观，但是大题小作，十分小气。四是景观单调。解放碑购物几乎全是30层以上的高楼大厦，游客犹如行走在刀辟一线天的峡谷之中，压抑感油然而生。其他商圈高楼没有解放碑多，但建筑物之间的协调对话不够、体量惊人、墙面和屋顶的立体处理手法平庸，有碍观瞻。而且多数商圈采取装点式的绿化手法，树阵缺少，没有成林成荫，游客在炎炎夏日里暴露在烈日之下。

重庆五大商圈2006年“五一”黄金周营业收入表 **表7-7**

—	解放碑商圈	观音桥商圈	三峡广场	杨家坪商圈	南坪商圈
销售额（万元）	17000	14400	9600	9668	7939
同比增长（%）	20	48	29.6	14.45	43
规模（hm^2）	92	42.21	—	—	—

资料来源：重庆市渝中区商业委员会统计数据［Z］，2006.

最后，有震撼力的大型都市旅游景区（点）不足。

7.2 任重道远：重庆未来的城市空间结构

7.2.1 和谐城乡空间：和谐重庆的载体

“社会和谐是中国特色社会主义的本质属性，是中国实现国家富强、民族振兴、人民幸福的重要保证。”党的十六届六中全会提出了到2020年构建社会主义和谐社会的九大目标和任务，强调遵循坚持以人为本、科学发展、改革开放、民主法治、改革发展稳定和党的领导等六项原则。

和谐是“宜游城市”的基本内涵，和谐的城乡空间是实现重庆统筹城乡综合配套改革发展目标、构建和谐重庆的载体。和谐城乡空间必然涌动人与自然和谐、人与人和谐、城市与乡村和谐的韵律；建立有机生长、生态平衡、持续发展、机会均等、公平正义、环境优美、文化丰富、民主法治的和谐城乡空间需要全体公众，包括城乡规划师、设计师、建设者、管理者和城乡居民的共同努力。城乡规划体系和方法也需要作一些与时俱进的变革，这也是一项系统工程（图7–2）。

1. 和谐城乡空间

和谐的城乡空间是和谐社会的物质载体。首先是指公共的户外空间与保证空间功能和质量的公共设施，也包括私人和家庭的空间。作为物质环境的城乡空间格局，虽然不能涵盖所有社会现象和问题的全部根源，但是却在很大程度上影响着人们的行为，更是一定社会政治、经济、文化状况发展的结果，显示出人们的苦乐、贫富、安危的生存状态。我们正在全社会的规模上推进城市化的伟大历史进程，因而也就不可避免地、急剧地改变着大地的外部形态和生态结构，我们应当保证这种改变是良性的和可持续的发展模式。从最高

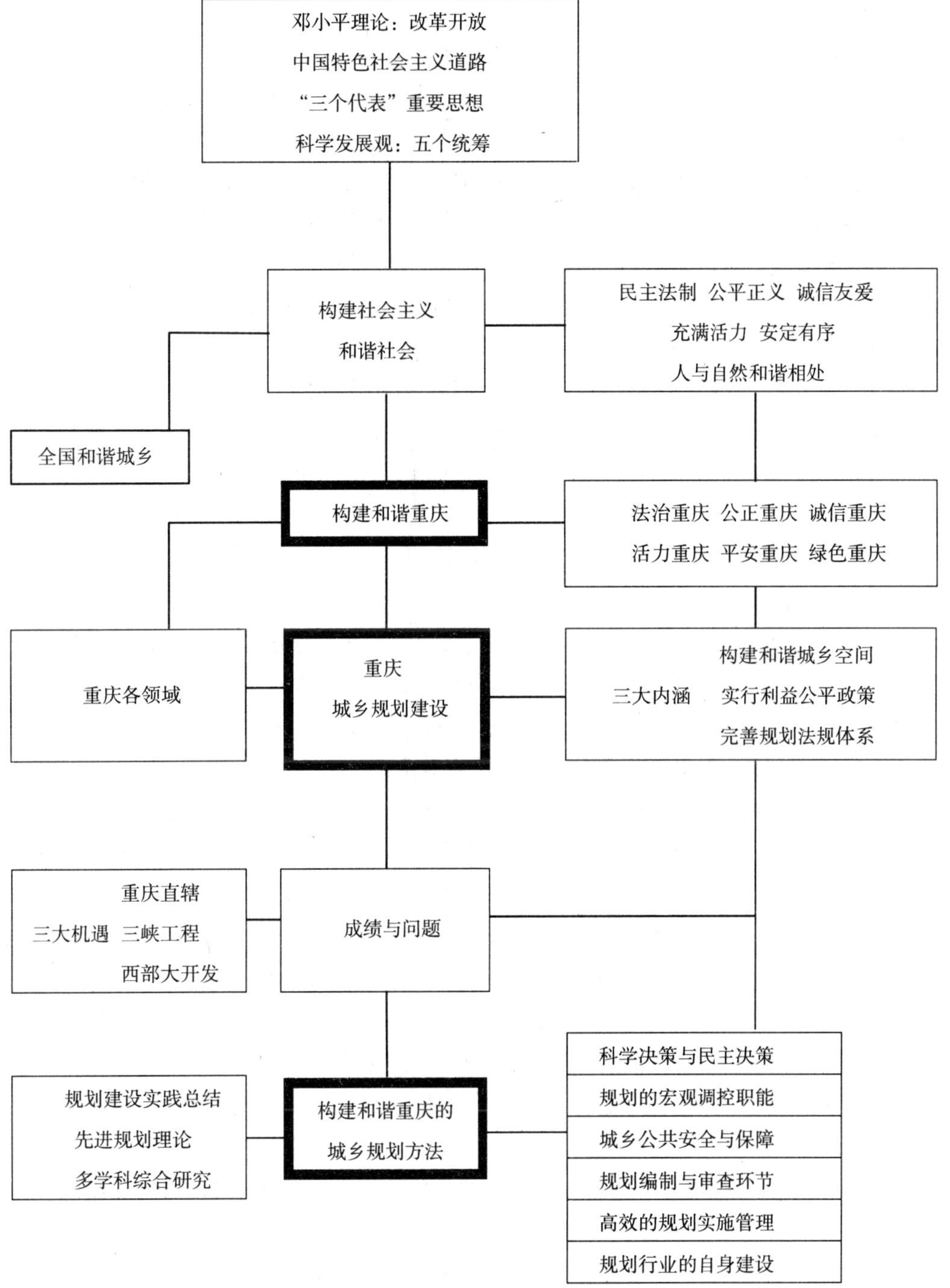

图 7-2　和谐重庆与城乡规划方法关系图
（资料来源：重庆市规划局，重庆大学 . 面向“和谐重庆”的城乡规划方法研究［Z］，2006.）

的逻辑层次来讲，我们要建构生态式的城市空间文化，把科学原理和伦理观念融汇在一起的城乡和谐空间。[1]

---

[1] 重庆市规划局，重庆大学 . 面向“和谐重庆”的城乡规划方法研究［Z］，2006.

2. 城市空间"五境"说

针对作为城市建设成果的城市空间的社会性体现——服务于人的问题，重庆大学建筑城规学院黄天其教授在20世纪80年代提出了"城市五境"说❶，将城市地区的空间分为五种状态或等级：

危境：各种危及市民生命财产安全的城市地段。如危崖滑坡、无人行横道线的大马路、居住在不符合安全距离规定的危险品仓库附近、治安状况恶劣的严重问题地段。

困境：居民在生活上遭遇种种困难的城市地段。如环境污染严重，经常停水停电，交通、购物、上学、医疗等不便之类的问题地段。一些城市的贫民区、棚户区，经济萧条、环境恶劣，往往成为被人们遗忘的角落。

常境：生活环境还过得去，平实无华，无大问题的城市地段。

适境：生活环境舒适、方便、安全、有益健康的城市地段。

华境：在适境的基础上达到华美境界的城市地段。如城市中心的商业步行街，作为城市休闲观光的滨江路、高等级住区等。

城市的适境、华境是"宜居宜游城市"的重要空间。

3. 城乡空间的品质

我们可以经过调查把整个城市地区按一定比例画出这五境分布图，可以说在某种程度上相当于城市社会学上的生态地图，并加以分析。通过进一步的调查统计，我们可以从中得出若干有意义的数据：

（1）城区各等级地段即五境的面积和构成百分比，从而反映出城市建设的实际成果。

（2）城区各等级地段中居住和享受服务的人口百分比。如果调查发现，住在或享受适境和华境的人数与此类用地面积之比，大大低于后三等地段的相应比率，就反映出某种不公平性。而高质量的为全体市民共享的公共空间，则反映出社会的公平性。

（3）城市中处于危境和困境的地段面积和人数，反映出城市建设的水平和问题。需要认真研究和采取对策。还可分为短期危（困）境和常年危（困）境。可用两个指数来加以评判：

$$\text{困危人口指数} \quad I_P=(P_K+P_W)/P$$

$$\text{困危面积指数} \quad I_A=(A_K+A_W)/A$$

式中，P_K：困境人口；P_W：危境人口；P：城市总人口。A_K：困境面积；A_W：危境面积；A：城市总面积。

（4）公共财政对华境建设的投资与用于改善后两种境地的投资分配比例，用以分析、判断其作为社会决策的合理性。

（5）城市在发展过程中，被动迁移户的生存环境，迁移后的升降比率。设迁移人口为P，迁移后改善的人口为P_s，恶化的人口为P_X，则通过P_S/P，P_X/P可以评定其社会后果。

城市"五境"的区别，是历史形成的一幅社会分化的图景。构建一座社会和谐的城市，决策者应该关注各类群体在城市中所处的境遇，但这并不意味着时时处处的绝对平均。打造靓丽、宜居、宜游的城市公共空间，为大众所往而乐之，有如家室的客厅，相对富丽一些，

❶ 黄天其．城市五境说［N］．中国市容报，1989-05-19.

以为家人聚会和待客之所，是合乎情理的。随着城市经济的发展，城市的“适境”和“华境”必然会逐步扩大，而惠及更多的人群，逐步进入普惠的发达状态。[1]

图 7-3、图 7-4 显示，重庆五大商圈、南北滨江路、江北城、朝天门等地区，近年成为重庆主城区的“华境”地段，为提升直辖市形象、发展都市旅游作出了贡献；江北、北部新区、茶园等地区成为适宜居住的“适境”地区，是吸引人们安居乐业的“人居环境”良好地带，也是“宜游城市”的代表地区。

图 7-3　重庆市中心区“华境”、“适境”分布
（资料来源：黄天其绘）

图 7-4　重庆主城的风貌（资料来源：自摄）

就广大的乡村地区而言，山清水秀、生态良好、公平正义、富裕文明、交通畅达、生活方便，是维持地区持续发展的条件，也是建设和谐、小康、节约型社会，实现统筹城乡协调发展的物质载体。

7.2.2　多中心组团：重庆主城空间结构形态

《重庆市城市总体规划（2005-2020）》（后简称《总规》）所指的都市区是体现重庆城市特征、建成长江中上游经济中心的重要载体。《总规》确立了重庆都市区的“定位”——要把重庆建设成为“世界知名，富有山城江城特色和历史文化传统，充满吸引力和竞争力，适宜创业发展和生活居住的活力之都、魅力之都”。《总规》明确了重庆都市区的发展目标——要将重庆打造成为适宜居住的城市。重庆都市区将成为西南地区和长江上游的中心城市，重庆直辖市的政治、经济、文化中心。《总规》确定，重庆都市区面积将扩大 4.5 倍，由原来的 600 多 km^2 扩大为 2737km^2，将跨过中梁山向西、跨过铜锣山向东，并继续向北拓展城市发展的新空间。未来都市区范围为渝中区、大渡口区、江北区、南岸区、沙坪坝区、九龙坡区、北碚区、渝北区、巴南区九个行政区的全部辖区，总面积 5473km^2。都市区发展的主要方向是内环线以北、中梁山以西及铜锣山以东。城市人口规模，至 2010 年都市

[1] 黄天其 . 城市五境说［N］. 中国市容报，1989-05-19.

区人口 730 万人，其中城镇人口 660 万人；至 2020 年，都市区人口 930 万人，其中城镇人口 880 万人。城市用地规模，至 2010 年，城镇建设总用地 580km^2（人均 88m^2）；至 2020 年，城镇建设总用地 820km^2（人均 93m^2，图 7–5）。

图 7–5 重庆都市区建设用地规划（资料来源：重庆市规划局）

作为全国城乡统筹综合配套改革试验区都市区的重庆主城，也是“1小时经济圈”的核心。城镇空间分为两个层次，主城和外围小城镇。主城为集中进行城市建设的区域，范围主要为外环线以内区域，面积为2737km^2，与1998年版的《重庆市城市总体规划》比较，面积扩大了4.5倍，主城以外的区域为小城镇发展区。都市区是市域中心城市，为特大城市。城市性质为，我国的直辖市之一，国家级历史文化名城，西部地区重要的中心城市和长江上游的经济中心。

1. 城市空间结构

在城市布局结构方面，为更好地维护和发展重庆特有的“多中心组团式”布局结构，新的总体规划提出“一城五片、多中心组团式”空间结构。“五片”指中部、北部、西部、南部和东部片区；“多中心”指一个城市中心和六个城市副中心，城市中心包括渝中半岛、江北城、弹子石在内的重庆CBD地区，六个城市副中心由观音桥、沙坪坝、杨家坪、南岸中心区及茶园、西永中心区组成。在此基础上，主城共分为16个组团和8个功能区。规划目标是各片区未来的人口规模均在100万人以上，各具特色，能形成具有中心集聚力和自我生长力且相对完整独立的城市。片区之间为公园绿地、郊野公园、农田、大型交通设施等。

“多中心、组团式”发展策略，可以有效规避“城市病”。

首先，多中心、组团式发展策略最早源自芬兰学者埃利尔 · 沙里宁的“有机疏散”理论，这种既分散又集中的城市结构是世界上众多特大城市所共同追求的目标。重庆是一座独特的山水交融的城市，东西方各有铜锣山、中梁山护卫，长江、嘉陵江穿绕其间，重庆城在这样的山山水水分割的丘陵地区生长、繁衍。重庆在历次规划建设中一贯坚持并得到高度评价的多中心组团式的城市结构，既顺应了重庆城市发展的自然条件特征，又是一种可持续的城市发展形态。在经济社会发展策略上，引导城市经济走向合理的空间，促进经济结构转型升级，保障发展需要，提高发展效益，提升城市竞争力；促进区域城乡一体化发展，通过加强城乡社会公共设施建设及公共空间开发，改善城市面貌，提升城市中心地位；确保区域资源与环境的合理开发利用，改善城市生态环境，提高资源利用效益。

其次，这种城市形态是集中与分散的有机统一，将特大城市分解为一系列相对独立、有完善的生产和生活设施的组团，大部分居民的日常活动基本在组团内完成，有效减少通勤交通的压力。同时通过增设城市副中心，减小城市规模扩张后对城市中心的压力。这种城市结构既保持了特大城市的规模优势，又尽量减少了由于城市规模过大带来的交通拥挤、环境恶化、就业不便等城市病。在拓展地区，采取集中紧凑发展策略，通过相对集中的混合土地利用，增加土地使用效率，促使人口、功能和经济的集中，保持公共服务设施系统的活力，有助于城市交通问题的解决和增强经济社会发展的可持续性。建成区与生态绿地间隔镶嵌的空间肌理，可以有效改善城市生态环境。

最后，在城市生态空间发展策略方面，运用“生态优先”的反规划方法，在规划过程中首先划定需要严格保护的空间和资源，再确定城市拓展的空间。体现了规划编制从注重开发项目逐步过渡到注重保护和合理利用各种资源，明确空间管制的要求，突出保护资源环境的强制性内容。重庆未来的发展立足于保护和建立多样化的生态环境系统，维护和强化整体山水格局的连续性和自然性。建设都市区森林生态大屏障，设立自然保护区、湿地保护区、风景名胜区、森林公园、郊野公园、水源涵养与保护区、绿色廊道，将外围大片绿地与城区内的绿地、绿岛串联起来，在都市区形成网络型、开放式的复合生态系统。未来都市区的生态空间结构由森林生态屏障、组团生态绿化带、城镇生态景观绿地系统、绿色通廊共同组成。规划特别强调对山体、河流、湖泊、水库等自然要素实行严格的保护。都市区内诸多郊野公园的设立，将成为都市旅游者亲近自然、享受自然的天地。未来重庆城市 $2737km^2$ 的用地中，建设用地为 800 多 km^2，仅占总面积的 29%，其余为公园、绿地、水体等生态用地（图 7–6）。

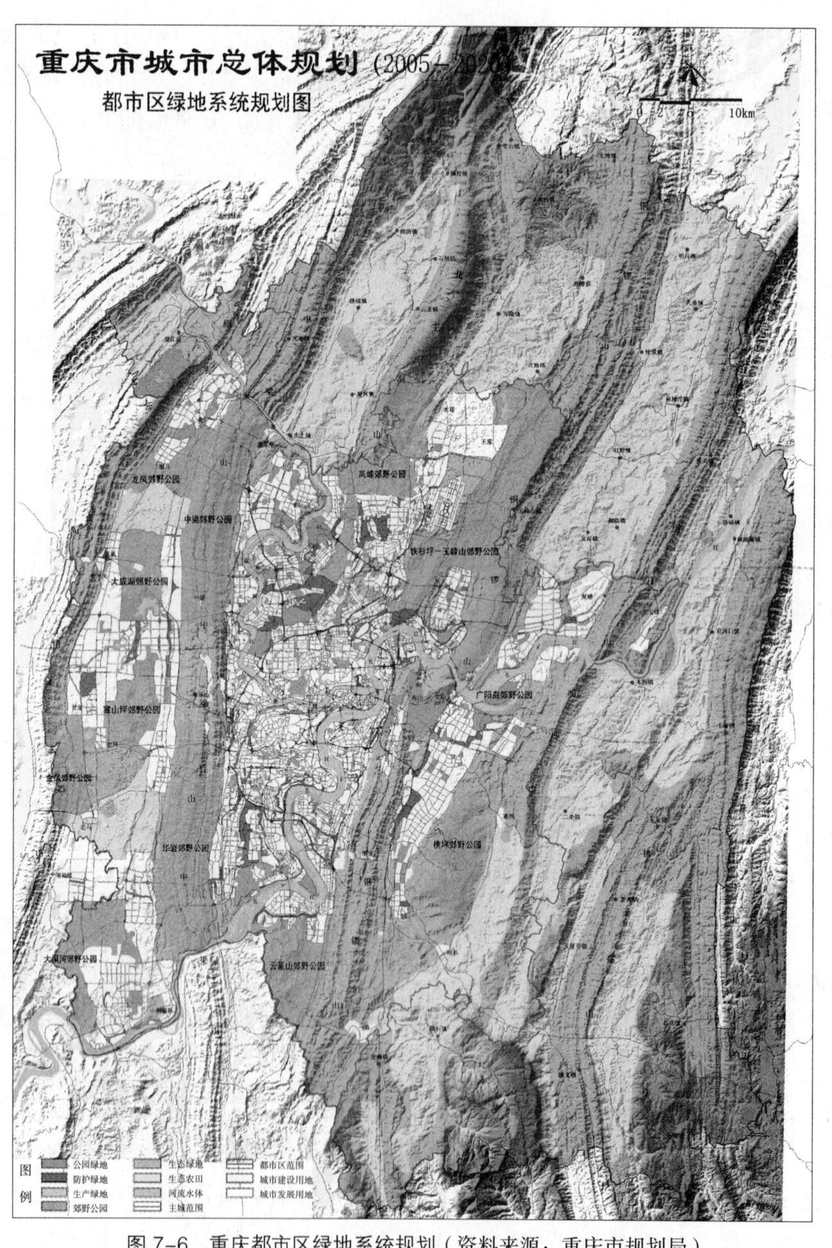

图 7–6　重庆都市区绿地系统规划（资料来源：重庆市规划局）

2. 公共交通与停车

在公共交通方面，规划建立以大运量快速轨道交通为骨干，地面快速公交和普通公交为主体，其他公交方式为辅助且有效连接的公共客运交通体系（图 7–7）。

第一，轨道交通以 354km“一环六线”轨道线网为基本网络。三级公交走廊解决市民出行问题：轨道交通 1、2、3、5、6 号线为一级交通走廊；轨道交通环线为将三个城市副中心和对外交通枢纽以及中央商务区的江北城和弹子石连为一体的二级公交走廊；轨道交通 4 号线为连接鱼嘴、石坪、江北客站的三级公交走廊。沿公交走廊规划的轨道交通线网形成“一环六线”结构。根据城市空间拓展的需要，增加对轨道线

图 7–7　重庆都市区道路网络规划（资料来源：重庆市规划局）

网的远景控制，形成由轻轨、地铁组成的“一环九线”（522km）布局形态。北碚、西永、西彭的二级公交走廊利用现有铁路西铜便线和成渝线的一段规划为城市铁路线。沿莱园坝—九龙坡—大渡口—西彭的三级公交走廊利用成渝铁路线规划作为城市铁路通道（表 7–8）。

重庆主城轨道交通规划　　表 7-8

线路	经　停	里程（km）
1 号线	朝天门—大坪—三角碑—双碑—西永（远期可达壁山）	47
2 号线	较场口—大坪—杨家坪—大堰村—新山村—鱼洞，及新山村—中梁山支线	39
3 号线	鱼洞—李家沱—二塘—南坪—两路口—观音桥—新牌坊—江北客站—两路—机场，及机场—空港开发区支线	60
4 号线	鱼嘴—唐家沱—寸滩—江北客站—海峡路	39
5 号线	冉家坝—松树桥—石桥铺—中梁山—西彭（远期可延伸至江津）	62
6 号线	长生—上新街—五里店—松树桥—冉家坝—北碚	62
7 号线	西彭—西永—歇马—北碚	62
8 号线	跳蹬—白居寺大桥—李家沱—茶园—鱼嘴	55
9 号线	三角碑—大石坝—弹子石—黄桷沱大桥—唐家沱—江北机场	40
环线	四公里—上桥—三角碑—冉家坝—江北客站—五里店—弹子石—四公里	47

资料来源：重庆市主城区综合交通规划（2006–2020）[Z]，2006.

重庆主城区现有公交站场严重不足，只有 22 个，仅能满足三分之一的公交车停车需求，大多公交车占道停泊，既影响交通，又不安全。由于没有“休息”处所，大多数公交车跑完单程后无处容身，只能利用转盘、环线立即调头返程，加重了原本十分拥挤的城市道路交通压力。仅有的停车场也不尽如人意。为更好地养护车辆，正规的停车场应该设置遮盖挡篷在车辆上方，应该有加水、洗车设施，但现有停车场基本没有，而且超负荷运行，十分拥挤。为此，《重庆市主城综合交通规划 2006–2020》提出，在渝中区人和街、朝天门、较场口、东水门、临江门等地建地下车场，除停车、保养、调度外，还可以作为多条线路的首末站。《重庆市都市区公共汽车站场布点规划》表明，到 2020 年，主城区将新增站场 99 个，总数达 121 个，适当考虑增加地下停车场。为解决公交车站与轻轨换乘的不便问题，规划依托轨道交通车站、客流集散地和大型客运站场周边设置 43 个交通换乘枢纽。其中，两路口、大坪、牛角沱、观音桥、红旗河沟、江北城、冉家坝、沙坪坝、南坪、杨家坪、西永、江北机场、铁路江北客站、西彭等地布置 20 个一级公交换乘枢纽车站；在大学城、李家沱、唐家沱等地布置 23 个二级换乘枢纽站。

针对目前沙坪坝、两路口、杨家坪、南坪等中心地区交通拥堵现状，制定了《重庆主城交通近期建设规划》，在“半小时主城”的基础上，5 年内实现“一小时外环”目标，即实现外环高速公路以内任意组团（主要节点）之间一小时通达（表 7–9）。

"一小时外环"快速路网结构　　表 7-9

（1）一横线全线：北碚蔡家—礼嘉—鸳鸯—石坪—鱼嘴	（7）五纵线双凤桥—外环线段
（2）三横线石马河立交—双碑—西永段	（8）六纵线鱼嘴—茶园段
（3）五横线跳磴—建胜—内环线段	（9）三联络线全线，位于西彭组团中部，西接绕城高速公路，东至渝泸高速公路
（4）一纵线全线：北碚—回龙坝—土主—函谷—白市驿—石板—西彭—江津	（10）四纵线全线：九坑子—马家岩
（5）二纵线蔡家—二郎—西彭段	（11）五联络线全线水碾—华岩段；改造水碾—李家沱大桥段
（6）四纵线大石坝—嘉划大桥—青龙嘴段	（12）七联络线全线西起李家湾立交桥，东至岔路口

资料来源：林克勇 .15 年内 10 条轨道直达你家门口［N］. 重庆时报，2006-03-18（2）.

第二，快速公交系统（BRT）作为一种中运量快速公交方式，具有运量大、投资小的特点，是轨道交通系统的有效补充、延伸和完善。利用公共交通走廊建设快速公交系统的公交专用道，提高营运效率和服务水平，可作为二、三级公共交通走廊联系方式的首选。有效解决组团内部和组团之间交通的办法，是发展专业化交通道路。在各组团内部，不同的车，应走不同车道，以缓解道路的拥塞现状。只有在确保组团内部道路畅通的前提下，才能让内部的人群走出去，才能实现组团之间的流通。

第三，组团之间的交通发展，也应该走专业化的道路，以实现组团之间的无障碍交流。重庆市的山地形态提供了地下空间开发的条件，主城核心区约 713.8km^2 地面空间所对应的地下空间应是主城立体拓展的重要资源。通过地下街建设，可以连接各类地下设施，通过完善地下交通，特别是步行交通功能，最大限度地发挥综合效益。地下街建设应强化步行交通功能，以缓解地面交通的拥堵。

第四，"公交优先"原则保证了都市区每个组团之间有快速道路连接，分别构建 5 大片区的快速路网络，逢山开隧道、遇水建桥梁，配合各组团之间及其内部的主次干道与外界联系，形成"二环九射"为骨架的都市区快速交通网络。根据规划，快速路网密度可达 1.31km/km^2，彻底改变重庆的道路形象。比如即将建设的南北快速干道，起点在渝合高速与环城高速的交点余家湾立交，向南经大石坝，穿鸿恩寺隧道，跨嘉陵江嘉华（华村）大桥，又穿隧道直通黄沙溪（菜袁路），然后经过直港大道在毛线沟接李家沱大桥。全线贯通之后纵向穿越主城核心区只需 10 多分钟。

第五，到 2020 年，主城核心区地下停车车库将新增泊位 6.5 万个，用地面积 195hm^2，其中解放碑地区新增泊位 2274 个、杨家坪中心区达 2633 个、江北城地区达到 4037 个。

3. 居住、购物、安全与休闲

居住：2002 年，重庆都市区城镇人均居住面积 22m^2，人均住宅面积 12m^2，未达到全市城镇平均水平。现有住宅建设标准差异较大，高中档商品房与拆迁安置住房、农转非安置房、城中村，以及老城区的旧房形成强烈的对比。目前公共设施用地面积仅占城市建设用地的 11%，绿地面积不足 6%，缺少公共开敞空间，与良好的生活、休闲、游憩环境差距较大。在重庆都市区新一轮总体规划中，规划未来将以发展适应市民需求的住宅为主，重点解决好中低收入家庭的住房问题，提高廉租房的供给比例，增加中档商品住宅的供给，控制高档商品住宅的发展。实现人均住房建筑面积30m²的小康水平，住房成套率达到100%，2006~2020年新增住房面积15500万m²。改善住宅设施，运用新的技术手段，提高住宅的舒适性、安全性和节能性，推动智能住宅和生态住宅建设。

购物：按照多中心组团式的城市空间结构，商业购物将形成市级、片区级、组团级和社区级商业中心4级商业网络体系，形成市民和外来都市旅游者方便、快捷的购物条件。商业网点规划以解放碑为市级商业中心，辐射全市和邻近省市，继续加强商贸服务功能，完善文化、娱乐、休闲、旅游等功能。巩固江北观音桥、沙坪坝、杨家坪、南坪4个片区级商业中心和各组团、社区中心布局的中小型商业服务实施。

安全：近年来，城市规模急剧扩张，随着人口的增长，相形之下，基础设施建设存在方方面面的隐忧，建立完善的公共保障体系和综合应急救援体系，建立城市综合安全防灾指挥体系，加强城市公共安全立法，依法进行安全防火管理，建立应急救援管理体制，逐步建立城市安全应急联动系统，成为城市发展的当务之急。针对涉及城市公共安全的重大危险源、城市基础设施、重大工程、公共聚集场所、自然灾害、交通、突发公共事件、公共卫生事业等方面的公共安全问题，科学地进行公共风险分析，制订科学的应急救援方案，充分利用安全防灾分区内的城市公园、绿地、学校体育场、停车场和街头广场等公共空间，确保城市有足够的疏散避难空间和通道。

休闲：目标是打造全国最大的都市绿岛。按照规划，现有的歌乐山国家森林公园、桥口坝国家森林公园、白塔坪森林公园、铁山坪森林公园、玉峰山森林公园、凉风垭森林公园、南泉森林公园和东泉森林公园等多数位于铜锣山、中梁山的9个森林公园将建设成为郊野公园。新规划突破了铜锣山、中梁山的限制，将东部的茶园—长生组团和鱼嘴组团、西部的绿色屏障打造成全国最大的城市绿岛。为保证“绿岛”名副其实，规划中还特别规定了开发原则：在郊野公园内，以生态保护为主，提供休闲康乐设施为辅。要减少人为开发，突出保护生物的多样性和生态资源，简化登山道路，保护郊野公园的自然生态。郊野公园是生态绿地的主要组成部分。为了形成完整的生态绿地系统，规划划定了南山风景区、华岩风景区等17个风景名胜区，充分展示自然和人文遗产，提供都市旅游景区用地。都市区内保留一定的农业生产活动，以维护生态平衡，实现经济、社会、资源、环境与人口的可持续发展。规划在东西谷地及都市区外围地区保留生态农田区，积极发展生态型农业和都市农业。

4. 城市发展方向与发展策略

在发展方向上，重庆城市发展东、西、南、北四面出击，北部强劲。新城市规划突破铜锣山、中梁山，由中部向外围区域在东、西、南、北四个方向拓展用地。

向北：跨越环城高速向北拓展，主要是嘉陵江和长江之间的中低丘陵区，是两山之间最大的未成片开发处女地。现有观音桥、大石坝、江北城、龙溪、两路等城市建成区62km²，可发展区域为338km²，主体为北部新区。发展优势是自然条件良好，可拓展用地大，没有大山大水地形的阻隔。目前，北部新区和两路组团发展势头非常强劲。该片区拥有两路空港、寸滩集装箱码头、龙头寺火车站和渝长、渝邻、渝合、渝遂等高速公路组成的水陆空立体交通枢纽；十里汽车城、出口加工工业园区、空港工业园区、光电产业园等初具规模；观音桥商圈如日中天、旺气十足，众多市级机关云集于此；龙湖—人和、冉家坝—南桥寺片区作为重庆规模最大的高档住宅区，引领着重庆房地产业的健康有序发展；江北嘴 CBD 建设进展顺利，基础设施、重庆大剧院、科技馆等标志性项目已经建成投用（图 7–8）。

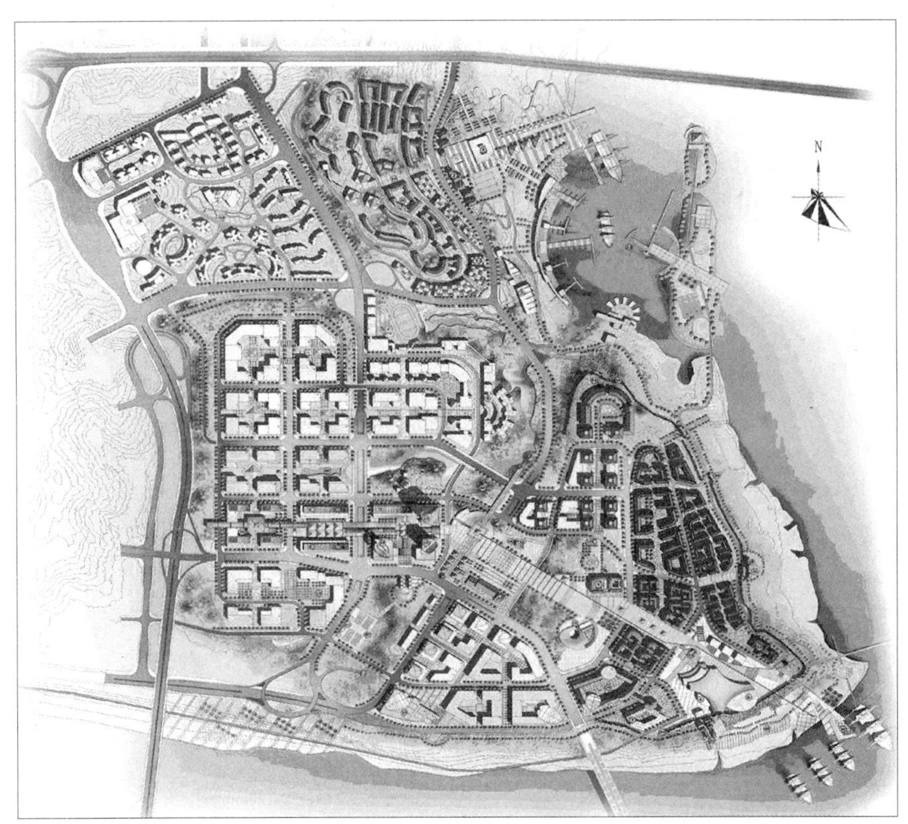

图 7–8　重庆 CBD 的硬核——江北城建设规划（资料来源：因特网）

（江北城 CBD 的概念将区别于解放碑，更多地体现现代感，展示重庆现代都市风貌。江北城 CBD 不仅有商务楼，还有 1/3 左右的建筑是高档住宅。因此不但会白天兴旺，晚上也将是不夜城。江北城基础设施建设已于 2008 年完成；重庆大剧院、重庆科技馆等标志性建筑，即将建成投用。未来规划在江边建设一栋 300 多米高、两栋 200m 高的双塔大楼，形成地标性建筑）

向南：铜锣山、中梁山之间的南部地区，即大渡口组团和李家沱组团，剩余可发展区域约 79km^2，所属南部新城、花溪工业园等已经起步。但用地较少，不是重庆未来发展的主要区域。

向西：跨过中梁山向西，发展中梁山与缙云山之间的区域。经过土地适宜性分析，西部适合城市建设区约为 320km^2，还有 293km^2 的发展区域，地势平坦开阔。已建成的有北碚和西彭等片区，规模宏大的重庆大学城已经基本建成投用。可拓展用地较大，具有区域辐射能力，能辐射市域西部城镇及加强与成都方向的联系。劣势在于，必须跨山发展，交通投入较大，生态环境比较脆弱，缺乏水源供应，城市排水问题也难于解决。

向东：穿过铜锣山，规划的茶园—长生组团和鱼嘴组团隔江相望，江心发展以大型休闲娱乐场所为主的广阳岛。现有建成区约 10km²，而适宜城市建设区约 400km²，发展空间广阔。向东地块处于城市下游区域，生态环境影响较小。但这些用地绝大部分位于鱼嘴以北的铜锣山、明月山之间，远离城市中心，发展的动力较差，可供城市未来发展的区域用地较少。

在新旧城区发展策略上，采取旧城更新与新区拓展相结合的策略。以新区拓展带动旧城区更新，改变旧城区不合理的城市用地布局，降低旧城密度，改善旧城环境，完善城市功能。通过强化历史文化名城保护规划、城市设计和绿地系统规划，加强对重庆"山城、江城、绿城"的特色保护，增加绿地面积，改善人居环境，营造美好家园（图 7–9）。城市

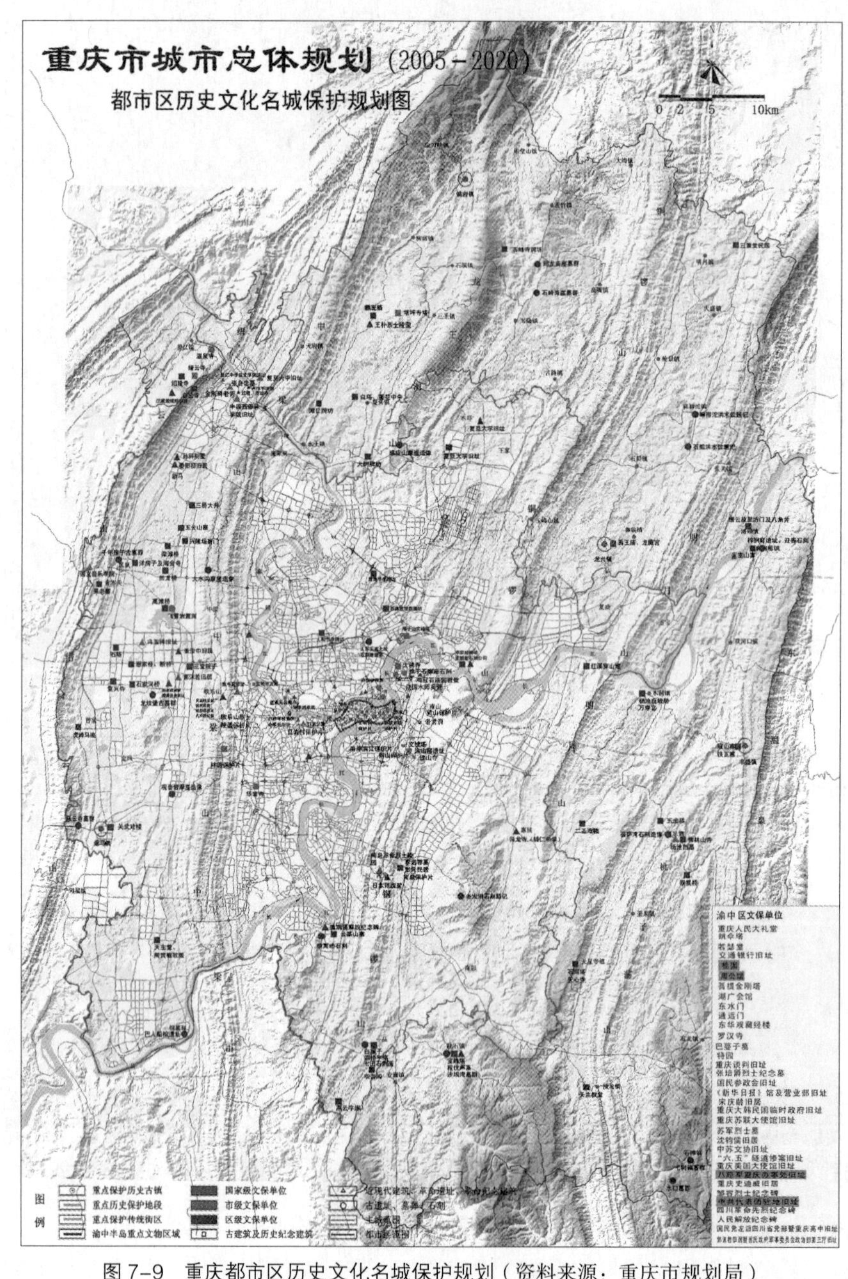

图 7–9　重庆都市区历史文化名城保护规划（资料来源：重庆市规划局）

新区或组团必须达到一定的规模（最小规模应不低于30万人，有条件的区域规模应达到50万人以上），才能使城市基础设施形成良好的投入、产出循环，支撑公共服务体系和公共交通体系（如轨道交通），吸引人口聚集，使城市运行成本实现最优化。因此，城市空间发展应依托现有条件，根据优先顺序集中力量建设，避免全面铺开。根据城市发展方向，先期启动交通设施建设，引导城市向外围地区拓展。鼓励面向公共交通的土地开发和高强度综合利用交通节点的城市用地布局方式。公共交通导向应以公共交通站点为中心，在周围设置商业、公建、公共开敞空间、商务设施等，形成城市节点，在核心外围布置居住用地。通过在公共交通站点周围形成高强度、综合土地开发利用和步行设计，增加公共交通使用率，优先发展公交，减少对小汽车交通的依赖。

最近，900余平方公里的重庆两江新区规划方案已经制订，正待国务院批准。届时，一个包含两路—寸滩保税港区，覆盖江北、渝北、北部新区和北碚部分地区的新开发区，将在行政改革、城乡统筹、内陆开放等方面成为西部改革开放的高地，引领西部地区发展的前沿，为实现胡锦涛总书记关于重庆发展战略的“314”总体部署提供强大支撑。

7.2.3 四通八达：重庆主城的对外交通

水运：黄金水道长江四季通航，三峡大坝175m水位形成之后，万吨级船队可直达重庆主城，是大宗货物出海的重要通道。随着渝怀等铁路和沿江高速公路的开通，长江客运功能正在退化，但货运仍然是长江的重要功能，库区蓄水后，高峡出平湖，景观更为丰富，长江旅游功能增强，三峡旅游仍然是重庆市蜚声世界的旅游品牌。嘉陵江于重庆汇入长江，是川渝地区的重要航道之一。“十五”期间，水路交通以加快建设重庆市沟通东西部地区、通江达海的水运主通道为重点，以三峡水库为条件，建成以长江干线为主轴，以南北辐射的三、四级航道为主结线，以沿江主要港口为枢纽的水运网。重点建设以长江、嘉陵江、乌江水运主通道和渠江、小江、大宁河等四级以上骨干航道即“三主三干骨干航道”和重庆、万州两主枢纽港，涪陵、奉节、合川、江津、彭水港即“两枢纽五重要”港口，相应建设基础性航道和中小型港口。“十一五”期间，将加强库区港口建设，增强旅游接待功能和货物吞吐能力，完善水上交通设施。

公路：“二环九射”高速公路网络已基本形成，未来将达到455km。具体包括：内环高速、外环高速、成渝高速、渝武高速、渝宜高速、渝黔高速、渝邻高速、渝湘高速、渝遂高速、渝泸高速、沿长江以南至涪陵的高速公路—江南通道。其中内环高速公路也是主城区市政道路与高速公路之间的转换节点，全长75km，布置20个互通式立交，有6条高速公路经由5个枢纽立交向重庆周边发射，2006年年底建成15条575km的县际公路，2007年建成42条县际联网高等级公路，形成全面、快捷的对外公路交通网络。重庆—垫江—忠县—石柱—湖北恩施的垫恩高速公路、重庆—长寿—万州—云阳—奉节—巫山的渝宜高速公路即将贯通。“十一五”期间，重庆交通将历史性地超越全国平均水平，成为经济快速发展的“引擎”。到2010年，主城区公路将形成“五横”（二横线、三横线部分）、“六纵”（三纵线、四纵线部分）、“一环、六联络”的快速网络结构（图7–7）。

航空：通达国内各省会城市、旅游城市和直达香港、新加坡、首尔、名古屋、巴黎、洛杉矶、温哥华、法兰克福等的国内、国际航班。在现有基础上，江北国际机场正在再次扩建，新建一条3200m长的机场跑道，机场航站楼将增容1倍，达30万m^2，设计年旅客吞吐量达1500万人次，实际可满足3000万人次需求。

铁路：市域内规划了“一枢纽十干线一专线”的铁路路网。“一枢纽”为重庆铁路枢纽；“十干线”为成渝、遂渝、兰渝、湘渝、渝怀、渝黔、涪利、万宜、达万、安常等铁路干线；“一专线”为连接西南与华东地区快速客运专线，渝沪、渝蓉铁路专线。除了“十五”期间建成的达万铁路、渝怀铁路、渝遂铁路、渝怀铁路江北新客站和唐家沱货场，远期还将建设沿江铁路（即重庆—泸州—宜宾—乐山—攀枝花铁路），最终形成攀枝花经重庆、武汉、南京至上海的沿江铁路。这样，由重庆至宜宾铁路接内昆线与昆明至缅甸的泛亚铁路相连可通向东南亚；由渝怀铁路可通向东南沿海。“十一五”期间，重庆将投入310亿元打造西部铁路枢纽，续建襄渝铁路二线、铁路集装箱重庆中心站，开工建设兰（州）渝铁路、涪（陵）利（川）铁路、遂（宁）渝铁路二线、渝怀铁路二线等项目。通过建设新的进出通道，完善铁路路网结构，扩大枢纽能力，改善技术装备，提高运输质量和效率，形成8条铁路交会于重庆的对外便捷通道，重庆将一跃成为西部铁路密度最大的地区，长江上游交通枢纽的地位将由此确立。届时，重庆到上海只需10h，到武汉只需4h，到湖南7h，到成都2h。

长江上游交通枢纽地位的确立，将使重庆主城的可达性进一步增强，有助于沿途旅游资源的整合，使景区景点连点成线、连线成环、环线成面，为重庆构建“宜游城市”奠定坚实基础。

7.3 改善公共环境：营造亲和的“宜游城市”

7.3.1 改善城市公共交通，提高都市旅游效率

1. 交通拥堵问题局部存在

目前，重庆主城区主干道平均车速在25~30km/h，高于国内其他大城市中心区的平均车速（深圳为20km/h，上海为15~20km/h）。30%的出行依靠公共交通，公共交通在城市客运中起着主力军的作用。但是，仍有部分地区存在交通拥堵问题（图7-10）。重庆市规划局的调查研究分析表明，形成主城区拥堵的原因主要有四个（表7-10）。

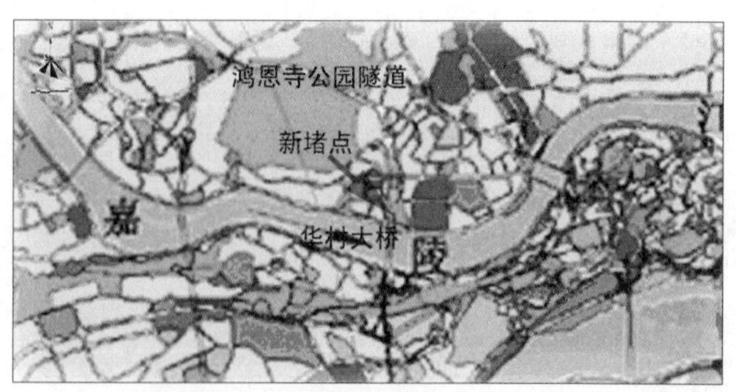

图7-10 嘉华大桥北桥头成为新的堵点（资料来源：自绘）
（最近建成的嘉陵江华村大桥，有效连接了观音桥、大坪、石桥铺和沙坪坝，但由于北桥头与滨江路有效连接不够，鸿恩寺隧道尚未建成，车流无法适时疏解，造成北桥头新的拥堵）

结合改善主城交通的基础设施建设，重庆市将出台系列解决交通拥堵的政策措施。

一是收费站设年票车专用车道。年票车过内环收费站时，目前不缴费，但仍要停车刷卡，一定程

度上影响了内环的通行能力。在收费站设立年票车专用车道，利用电子监控设施，不停车刷卡直接通行，将大大提高内环线的通行能力，转化为城市快速干道。

重庆主城区交通拥堵的原因及解决方案　　表 7-10

交通拥堵原因	解 决 方 案
缺乏轨道等大容量公交系统，市民出行仍主要依靠地面交通	加快轻轨 1、3、6 号线的建设；其中地铁 1 号线即将动工；城市铁路建设正在研究中
路网结构不完善，存在断头路等	完善周边的路网结构，分流过境交通，均衡路网交通流量
公交网利用率低，普通公交车通过加大线路密度、增加运行班次等来满足	加大换乘枢纽建设，诱导部分小汽车和地面公交客流向轨道交通转移，增加中心区的客运集散能力
机动车辆增长过快	根据经济发展情况，暂不限制私家车，主要通过修桥修路，加强和完善基础设施来解决，但应限制私家车进入城市中心区

资料来源：重庆时报，2007-02-10（6）.

二是收费站全部搬到二环上。目前内环线上的收费站将全部搬到二环线上，保证二环线以内的畅通。城市内环扩大，主城交通更畅通。

三是恢复挪用停车场，对挪用停车场作商场而未限期恢复的，纳入容积率计算，补交土地使用费、配套费等税费。停车场增加，路边停靠现象减少，有助于道路畅通。

四是停车收费区域有差别。对渝中半岛等地区，实行停车位适度从紧的供应政策。同时实行价格差异，提高中心区的停车收费标准，形成显著的收费水平级差关系，以此限制私家车进入中心区，减少车流，缓解拥堵。

五是实施快速公交线。加快轨道交通线网建设，轻轨 1、3 号线将于 2010 年建成，以后每年以 10km 的轨道建设速度发展；在有条件的地区研究实施快速公交线。使城市交通形成以轨道交通为主、地面交通为辅的结构，市民出行将更通畅、准时。

六是开通城市铁路。利用成渝线、梨菜线、西铜便线、渝万城际铁路等铁路线的富余运能，开行城市铁路列车，延伸城市道路，使城市周边地区可达性更强。

2. 主城干线选择性差

近年来，主城区内的交通条件改善已经有了飞跃性的发展，各种大型立交工程的投入使用及干线拓宽，使得许多原本堵塞严重的干线区域交通压力大幅度缓解。但是，区内交通的改善情况比对外交通更为复杂和困难。由于地理条件的限制，使得主城区内许多交通干线都只有一条，例如南岸通往解放碑的交通干线、解放碑经七星岗至两路口的干线、大坪至石桥铺的干线等，经常堵车，其原因就在于这些区域的连接干线太少，车辆无法得到分流。据统计，重庆市每年汽车平均销售量约 7 万辆，截至 2003 年年底，重庆市机动车辆保有量为 75.26 万辆，比 2002 年增长 18.1%，其中私家车保有量 12.98 万辆，增长率为 24.3%，且近几年机动车增长率平均维持在 20% 左右。倘若车辆继续增加，即使现在主城区所有的道路全部拓宽，也无法解决交通压力问题。随着家用轿车的普及，重庆市主城区的交通压力将进一步增加，倘若仅仅停留在干线拓宽方面，而不是另外增加干线公路，有可能目前投入改造交通的各种拓宽工程所取得的成果将被小车增长所淹没。

3. 节点处理不够完善

主城区交通目前需要改善的不仅仅是主干道太少的问题，就现有的道路，其功能也未能完全发挥出来。道路交通功能发挥的关键是要形成网络，每个看似独立的道路必须与其他道路联系在一起才能够发挥作用。目前重庆交通网络之所以没有完全形成，其主要症结在于“节点”处理不够完善。南滨路与大桥的连接没有处理好，人们一直在研究怎样才能使滨水区域经济发展起来，但结合重庆山地城市之实际，分流车辆也是滨江路的重要功能，滨江路应成为整个城市交通的有机组成部分。老重庆人很容易感受到上、下半城之间通道的选择相当有限，例如解放碑至两路口沿线，能够快速通往大礼堂方向的支路只有两条，而且其中一条道路狭窄。这实际上使上、下半城的交通都在独立承担交通压力，在缺乏更多通道的情况下，上、下半城各自出现的交通堵塞也就难以通过分流缓解。倘若将节点问题放大，那么存在问题的范围也就更大。城市交通网络体系的建立，应当是形成一个由地铁、轻轨为主，公路为辅，连接航空、码头、火车站、汽车站等交通节点的、多种交通设施相互配套的城市交通网络。

4. “两山”阻隔

未来重庆都市区面积将达 2737km^2、人口将达 930 万人，向东必须跨过铜锣山、向西必须穿过缙云山，近 30% 的新增城市人口将向西部新城（包含西永大学城、两路、人和、长生、鱼洞、界石、西彭、白市驿及北碚）转移，交通的便利是必须的条件，现在这些新城与主城区之间联系最主要的障碍就是中梁山和铜锣山。为解决这一问题，《重庆市城市总体规划》确定穿越两山的公路隧道共 14 座。

改善重庆都市区的公共交通，增强干道选择性，完善交通节点，消除堵点，健全步行体系，提高都市旅游活动的效率，应当是“宜游城市”建设的首要问题。

第一，增加城市干道。城市干道选择性的增强是车辆分流、疏解交通的重要条件，为此，要做到“四个方面”：

一是要增加城市干道，增强干道的可选择性，实现车辆通行有效分流。平原城市容易做到这一点，山地城市道路要形成网络相对比较困难，更需要在城市规划建设中给予特别的关注。渝中、江北、南岸、沙坪坝等沿江城区应该增强城市主干道、次干道与滨江路的连接，增强车辆进出滨江路的便捷性，强化滨江路的干道交通功能，使之成为城市交通网络的重要组成部分。在旧城改造中要注意城市道路形成网络及路网密度的加强，确保城市交通畅通无阻。

二是强化纵横向联系，通过网状环道增强道路功能的发挥。方格道路网络系统是平原城市规划上经常使用的手法，这样做可以方便道路网络系统的形成、提高开发项目的可达性、提升周边地块的价值，但通达城市中心的便捷度降低，因此更多地采用“方格＋放射路网”的道路结构。对于山地城市，道路规划大多只能依山就势、沿用地等高线绕行，难以形成规则的路网结构体系。但加强道路的纵横交错、四通八达，是我们在规划设计、建设城市时尤其应该重视的大问题。很多城市道路双向改单行，实质是对车辆增多、交通压力增大的一种无奈反映，“公交优先”因此显得尤为重要。

三是完善交通节点。对于交通节点的巧妙处理，有助于解决城市交通拥塞问题，消除交通堵点，有效疏解交通。渝中区上清寺、江北区红旗河沟等交通节点的立交化，消除了原来交通拥挤、人车争道的现象。上清寺采取地下、地面行车，空中架设过街天桥行人；红旗河沟采取地下通道行人，地面和上空高架行车，巧妙处理人行、车行关系，成效比较明显。值得渝中区两路口、大坪，沙坪坝区三角碑，九龙坡区杨家坪，南岸区南坪等堵点处理时仿效（表 7–11、图 7–11、图 7–12）。在新城规划建设中，首先要对交通节点处理给予特别的关注。

重庆主城区部分堵点的解决方案　　表 7-11

交通堵点	解　决　方　案
沙坪坝中心区	①控制开发：沙坪坝中心区将加强土地开发控制，减少交通需求。②新增分流道：中心区外围将新建杨梨路、天梨路、平顶山路三条分流道，将三角碑地区的过境交通与内部交通分离。③建换乘枢纽：在沙坪坝火车站处建换乘枢纽，将轨道交通 1、9 号环线与城市铁路、公交等多种方式换乘。④新增公车停车港和人行过街天桥、地道等
杨家坪	①新建二环线：结合杨家坪环道东侧南北快速干道的建设，同时新建杨家坪商圈环线外的二环线，经过谢家湾正街、石杨路、杨九路等地，切实分流杨家坪地区的过境交通。②新建换乘枢纽：在轻轨 2 号线杨家坪车站东侧，拟建集轨道和公交车站于一体的换乘中心。③完善环道人行设施，减少人车争道现象
上清寺—两路口	①建换乘枢纽：结合轨道 1、3 号线的建设和两路口旧城更新，在原教委地块规划建设换乘枢纽，将地面交通压力转入地下。②新增南北向高架通道：从渝澳大桥，经体育场，到长江一路，建南北向高架桥，分流江北与大坪方向的车辆，提高上清寺与两路口的车辆通行能力。③新增东西向上跨桥：结合两路口环道内中山城市之冠的建设，修建上跨桥，从长江三角一路路口，横穿两路口内部地区，直通到解放碑方向路口，减少两路口环道上的交通流量。④拓宽中山三路南段：从皇冠大扶梯出口，到市三医院门口，由四车道拓宽为五车道，并调整公交停车位置
菜园坝	建设菜园坝立交，火车线路一半以上调整到重庆北站，长途客车等自然减少；长途汽车站搬迁
朝天门	将服装批发等物流中心及长途汽车站搬迁
渝中半岛	①新建中兴路立交，使中兴路车辆可以直下长滨路；同时建设兴隆路等断头路，提高内部道路等级。②打通文化宫新路，利用文化宫中、后门之间的道路，使两路口车辆可以不经过上清寺，直接经过学田湾到达大溪沟。③在临江路十字交叉路口，建设下穿道，打通这一解放碑旁边的最大堵点。同时，对大溪沟、小什字等堵点进行渠化改造，减少节点拥堵

资料来源：重庆时报，2007–02–10（6）.

四是提倡道路专业化。公交车、货运车、私家车应该各行其道，提高交通效率。在各组团内部、各组团之间，利用二、三级公共交通走廊建设快速公交系统（BRT）的公交专用道，提高营运效率和服务水平。

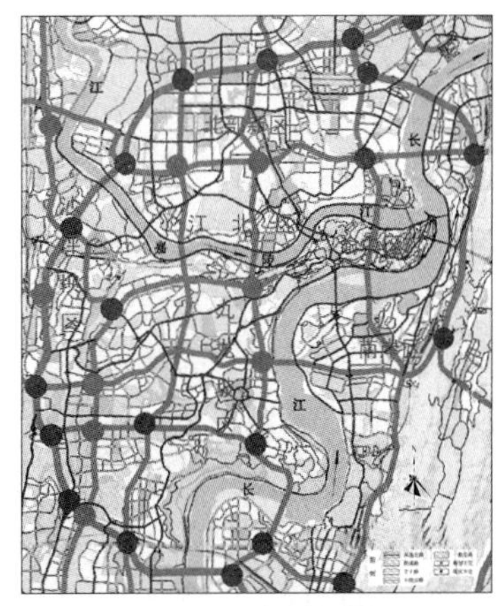

图 7–11　重庆主城交通网络及节点
（资料来源：自绘）

第二，健全步行体系。山地城市尤其强调纵坡通行，也就是梯道的运用。山地城市梯道的综合运用，可以实现依山就势走向的城市道路之间更加有效的连接。城市道路规划设计中合理配置机动车辆通道与人行步道，需要规划设计时给予足够的关注。一个区域、一个地块的步行体系是否完善，事关这个区域、地块是否具有生机与活力的大局。我们在强调区域、地块内部步行体系完

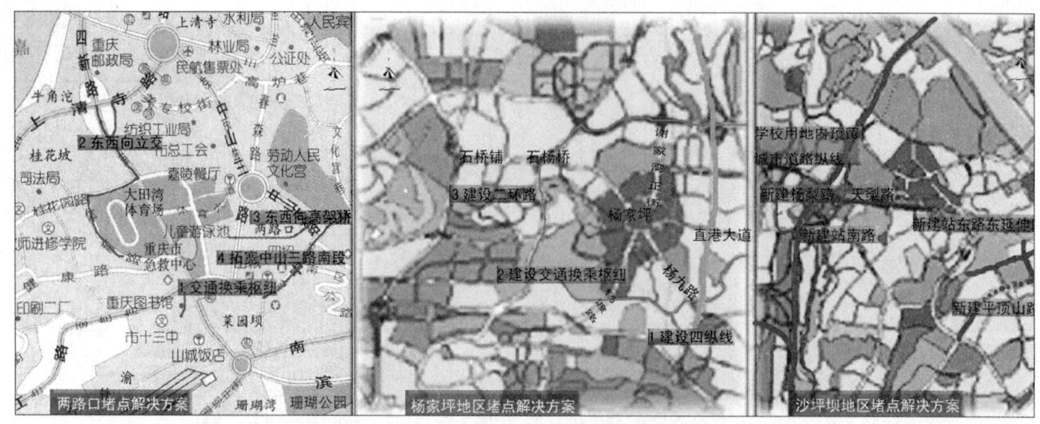

图 7–12　重庆主城部分交通堵点问题的解决方案（资料来源：自绘）
（两路口：建交通换乘枢纽、东西向立交、东西向高架桥，中山三路南端拓宽；朝天门：将批发等物流中心及长途汽车站搬迁；杨家坪：建设四纵线、交通换乘枢纽及二环路；沙坪坝：新建平顶山路、站东路东延伸段、站南路、杨梨路及天梨路，学校用地内预留城市道路纵线）

善的同时，尤其要注意区域之间、地块之间步行体系的有效连接，设法让都市旅游者安详地步行。在红旗河沟立交桥，设置有地下转盘式人行通道，但相隔 100m 左右的汽车北站出口设置的地下通道，因缺乏明显的公共信息符号而使外来旅游者不知去向。李家花园隧道口的天文台附近有很多公共建筑，但与马路对面缺乏有效的步行连接，行人常常是冒着危险穿过马路之后，跨过陡坎，再过另一条马路，显得十分不便。在袁家岗，重庆医科大学门前人流如潮，同样缺乏便捷宜人的人流集散步行道系统。类似问题在重庆还很普遍，需要我们用心观察、体验之后，加以巧妙解决。

第三，完善道路标识系统。内环高速公路是重庆市“二环九射”高速公路网的重要组成部分，也是主城区市政道路与高速公路之间转换的接口。全长 75km 的内环线，布置互通式立交 20 个，有 6 条高速公路经由 5 个枢纽立交从重庆对外发射。内环高速是由渝长、渝黔、上界高速公路项目组成，分期建成，标识系统没有统一，相互之间连接较差，“标识不清楚，经常下错道。” 由于高速公路交通标识不准确，不仅是外地车辆，本地司机也经常在内环高速公路上迷路。近来，有关部门对内环高速公路的 500 余块标识作了全面更新，规范了高速公路简称，对内环立交名称进行了统一，对公路起点和里程进行了规范，确定了东环互通式立交（原童家院子立交）作为内环高速的起点，按顺时针编排里程标识，各射线高速公路与内环高速公路相接的枢纽立交作为射线高速公路的起点，并放射编排里程标识。但是，重庆高速公路的标识密度和连续性还不够，特别是在立交转换枢纽，应在一定的间距内设立若干标识牌，连续引导车辆驾乘人员。

在欧洲，添置前往公厕的标有距离的标识牌，就是 “导厕”的诀窍。牌子很多，沿着街道走可以看到“350m”的牌子，接着是“150m”、“50m”、“30m”和“此处”。荷兰一座小城市实际公厕只有 6 处，却能满足需求。在街上几十个地方设置路标以引导游客去使用少量的公厕，这是一个让人觉得贴心的构想呢。为方便信息传递，设置“会跑的邮筒”这个做法值得称道。在荷兰，每个公共汽车后面都挂着邮筒，到终点站后都有专人取件运送。邮筒在街上“跑”，然后再定点收件，此类便民贴心的做法，就是城市标识系统完善、亲和力强的表现。

在重庆主城区，城市道路标识系统已经在2005年的峰会期间作了更新，但还存在三个问题：一是不全面。峰会期间主要更新的是城市主干道和重要连接道，但是次干道和背街小巷的标识没有得到全面、彻底的更新。二是缺乏都市旅游景区（点）的明显标识。除在景区（点）附近设立标识外，市内交通没有统一考虑公共空间、都市旅景区（点）的交通线路指示。国外设置旅游红线道路标识的做法值得效仿。三是公共设施标识系统有待进一步完善。停车场、购物中心、宾馆饭店、公共厕所、公园、长途汽车站、火车站、客运码头、机场等公共设施的标识系统很不健全，应该载明到达线路、里程、乘坐公交车的线路、资费、道路现状等情况，给都市旅游者提供明确、具体、全面的信息，真正体现贴心、便民。四是利用全球卫星定位系统和地理信息系统，为机动车辆提供卫星导航服务，为机动车辆运行带来便捷，提高都市旅游景区（点）的可达性。

7.3.2 优化城市空间结构，营造亲和的“宜游城市”

按照弗朗西斯 · 蒂巴尔兹的观点，亲和城市的要素包括：“场所”最重要，人性尺度，行之自由，人皆可达，使之清晰，可持续的环境，控制变化，功能综合等方面[1]。我们将其归纳为“宜游城市”空间结构优化“四原则”：消除困境、丰富体验、自主选择、统筹规划。都市旅游活动开展的丰富程度和频率，与城市公共空间（都市旅游景区景点）的亲和度成正相关。要发展重庆都市旅游，建设“宜游城市”，必须坚持“以人为本”，大力改善城市公共环境，着力优化城市空间结构，努力营造亲和城市。

1. 改善城市交通，提高景区（点）的可进入性

为满足城市发展的需要，重庆主城开发了大学城、北部新区、九龙园区和茶园新区，分别担负文化教育、高新技术产业发展和居住等功能，大学城等新区也是都市旅游的重要目的地，居民已达数十万人，通勤交通量大且高峰期时间集中，但公交组织还没有跟上，造成上述四新区乘车难（图6-6、图7-13）。师生们盼望开通一条经渝遂高速至大学城的

图7-13 重庆主城新区居民出行困难（资料来源：自摄）
（通往重庆主城西城区—九龙园区的高九路上，已经开通BRT，但是“门庭冷落车马稀”，居民出行困难）

[1]（英）弗朗西斯 · 蒂巴尔兹著．营造亲和城市——城镇公共环境的改善［M］．鲍莉，贺颖译．北京：知识产权出版社，中国水利水电出版社，2005.

公交线，也可以考虑设置大学城—龙头寺火车站的公交线路。在北部新区的龙头寺新溉路、九龙园区、茶园新区等地区，乘车难、出行难，是困扰居民的共同难题。

在主城其他边缘地段和部分公共空间，类似现象客观存在，降低了城市公共空间的可达性和吸引力，减少了都市旅游活动的开展。《重庆城市总体规划（2005-2020）》为公众勾画的都市区道路网络以及公共交通规划是美好的，但在轨道交通建成之前的区域，其他形式的公共交通线路设置必须跟上城市发展的需求。在南、北滨江路，已经开通的公交线路也太少，使都市旅游者出入这些景区时甚为不便，不利于滨江路餐饮、商业和休闲经济的繁荣。

公共交通资源配置，政府应起主导作用。在都市旅游景区（点）尚未成熟之前，为培育市场，对冷线公交线路实行一定的财政补贴是必要的。

除机动交通外，都市旅游景区（点）的步行体系建设同等重要。成功的城市公共空间和都市旅游景区景点表现在行人的“可渗透性”上，“即它们允许或鼓励行人向各个方向走动。带拱廊、通道和庭院的建筑形式吸引人们穿越其间，无论是路过还是近距离观赏都令人感到有趣。”[1]“很少有人反对25年前柯林 · 布哈南爵士（Sir Colin Buchanan）在《城镇交通》（Traffic in Towns，1963）一书中的一段话：‘……一个人可以四处走走看看的自由是判断一个城区文明质量的极有用的指针。”[2]城市公共空间步行体系的建设无疑是实现都市旅游景区（点）“行之自由”目标的基本手段。反观我们的城市，建筑体量大得惊人，可是，又有多少空间是留给公众的呢？公共空间实现行走的自由仍有很多障碍，主要源于机动车辆的空间占用以及建筑物对公共空间的排挤。

一是要预留人行步道空间，并使之连为一体，四通八达，构成体系。重庆主城最近建成的两江大桥，没有预设人行通道，其目的是使大桥成为快速通道的连接和降低建造成本，给都市旅游者带来的是“望桥兴叹”。即使在专为行人保留的空间里，仍然存在影响步行舒适性的许多障碍，比如路桩、电线杆、护柱、座椅、垃圾箱、广告设施、部分或整个停在人行道上的小汽车、摩托车、绿化设施和花木桶、破损的路面、泥潭、垃圾、碎石，有时甚至还有路面豁然出现的大坑。

二是要关注步行体系的舒适度。通常，人们喜欢在下雨天或烈日照耀下能有遮蔽风雨和烈日的地方，能便捷安全地穿越繁忙的街道。在香港，人行天桥和步行体系大多设置有顶棚和充满诗情画意的廊柱。然而，这在重庆几乎是一种奢望。两边基本上完全封闭的行路环境、地下通道或是天桥令人非常不舒服，迷失方向且相互疏远。保留街道层面上的行人和活动是非常重要的，天桥、高架平台和地下通道是普遍不受欢迎的，现在许多城市正在拆除它们。重庆城的步行便利化可以通过一些手段加以强化：让机动车辆架空通行，尽量保证地面人行系统的完善；设置步行体系路标或标志性建筑；增强物质上与视觉上的联系，鼓励毗邻建筑物在街道的层面上开展适当的活动（比如建筑后退，留足公共空间）；

---

[1]（英）弗朗西斯 · 蒂巴尔兹著 . 营造亲和城市——城镇公共环境的改善［M］. 鲍莉，贺颖译 . 北京：知识产权出版社，中国水利水电出版社，2005：50.

[2]（英）弗朗西斯 · 蒂巴尔兹著 . 营造亲和城市——城镇公共环境的改善［M］. 鲍莉，贺颖译 . 北京：知识产权出版社，中国水利水电出版社，2005：49.

通过设计道路材料、街道小品和公共艺术来寻求步行空间的连贯性；使用特别的或增强型的街灯或在建筑物上使用泛光灯；沿路设置绿化或景观连接；关注具有令人难忘特征的高层和拐角建筑，这对帮助、引导行人穿越城市十分有用。

三是要限制小车进入城市中心区。该目标可以通过“劝导”来实现——给人们提供优质公共交通工具，包括快速轨道交通、区间铁路、高速铁路网等，在城市中心区停止新建停车场；用经济手段“惩罚”司机——通过高额停车费、停车计时等；用“强制”手段改变城市外形结构——通过步行化和交通管理规划，如缩窄马路、减少四周空间，使得小汽车无法穿越我们不想见到它们的地方，甚至可以考虑一些市中心、副中心的完全步行化，如解放碑—江北城—弹子石（CBD），观音桥、沙坪坝、杨家坪和南坪五商圈，并通过高效率的公共交通连接（图 7–14）。

2. 建设城市文化，提高城市的公众认知度

提高公众对城市的认知度，可以通过城市文化建设，丰富都市旅游内涵，加强城市及其都市旅游景区（点）的宣传来实现。

首先，可以将城市识别系统进行城市形象设计、景区（点）形象设计，通过各类媒体、赛事、节庆活动和大型会议展览等公众关注的事件来加以张扬。重庆市应当办好“两节”(三峡国际旅游节、山水都市旅游节)，创新形式，注重实效。2006 年 6 月，“第十一届重庆三峡国际旅游节”与“世界旅游小姐大赛开幕式”同时举办，来自世界各地的外交参赞、旅游形象大使通过入城仪式、开幕式、慈善晚会、演唱会等活动展示风采，配合各类旅游景区系列活动，为重庆城市宣传发挥了重要作用。2008 年 9 月在江北区举办的“重庆第十二届山水都市旅游节”，其大气磅礴的开幕式、丰富多彩的系列活动，引来各类媒体的广泛

图 7–14　重庆五大商圈的串联之势：串联形成旅游环线（资料来源：自绘）

关注和宣传，在策划理念、活动规模、宣传效果等方面达到空前的程度，迅速提高了观音桥商圈的知名度，极大地提高了公众对重庆山水都市旅游的认知度。

其次，巴文化、码头文化、抗战文化等地域特色文化和山城民风是认知重庆城市的重要元素，应着力加以发掘和彰显。记载着巴渝历史的江北城在南岸区部分复原，该历史街区的再生，成为重庆主城区商圈唯一的山地步行街。拾阶而上，圆觉寺、文昌宫、织布厂、老戏园子、老洋房子等江北老城特有的明清古建筑一一“复活”，其原有的青石板、老黄桷树、石梯等也在这里重现，老城古建筑的一砖一瓦按编号归位，与湖广会馆、法国水师兵营、磁器口等共同成为重庆主城对古建筑整体保护开发的范例（图 7–15）。根据《重庆历史文化名城保护规划》，未来 15 年内，重庆市将重点保护 20 处“国家级文物保护单位”、148 处市级文物保护单位；重点保护 6 个国家级历史名镇、20 个市级历史名镇；重点保护两个传统历史街区，包括东水门、磁器口以及湖广会馆传统街区；保护历史文化风貌区，例如上清寺的“抗战时期风貌保护区”、歌乐山的革命文化保护区等。

图 7–15　增广时期重庆地形图、东北部江北古城图及其历史建筑（资料来源：重庆市档案馆，自摄）
（江北城是古代巴人溯江而上在重庆安身的聚居地，也是重庆主城的发祥地，具有数千年历史，包含着重庆城的文脉。山地之城的建设规制、亲切宜人的街道、古老的城墙、典雅的建筑、依山傍水的恢弘气势……处处彰显重庆城的深厚历史文化底蕴，堪称山地城市建设的典范）

再次，宣传促销活动应多样化。据考证，80% 的重庆人是移民的后裔，重庆的人文精神离不开移民文化。有专家建议，利用湖广会馆的影响力，每年秋天可在湖广会馆举行“移民寻根祭奠”活动。政府正着手研究保护城市文化遗产，包括无形遗产，如生活方式、习俗、语言、戏剧、礼仪、业态等，以使重庆的历史更为厚重，同时改善重庆的文化生态环境，张扬城市的个性，丰富都市旅游内涵。

又次，挖掘抗战文化，唤醒重庆记忆。抗日战争期间，重庆作为中国战时首都，世界反法西斯战争远东地区的指挥中心，经历了日机的多次狂轰滥炸，繁华街市变成废墟，数万市民遇难。重庆城区有战时首都遗址 24 处、抗战遗址 10 余处，其中，国民政府遗址、韩国临时政府旧址、同盟军中国战区司令部旧址、张自忠烈士陵园、抗建堂、大隧道惨案遗址等八大抗战遗址，记忆着当年的血雨腥风，是中外十分闻名的重庆名片，具有很高的开发价值。

最后，加强各组团隔离带的保护，有效防止各组团之间的粘连，重蹈城市“摊大饼”式发展的覆辙，维护重庆城市各组团内部及其之间的生态平衡，强化各组团的城市印象，强化城市认知元素。为此，很有必要适当保留一部分原生态。江北区在鱼嘴组团保留双溪村的生态原貌，建设“流淌奶与蜜的都市村庄，充满田园牧歌的天堂”这一做法值得称道（图 7–16）。

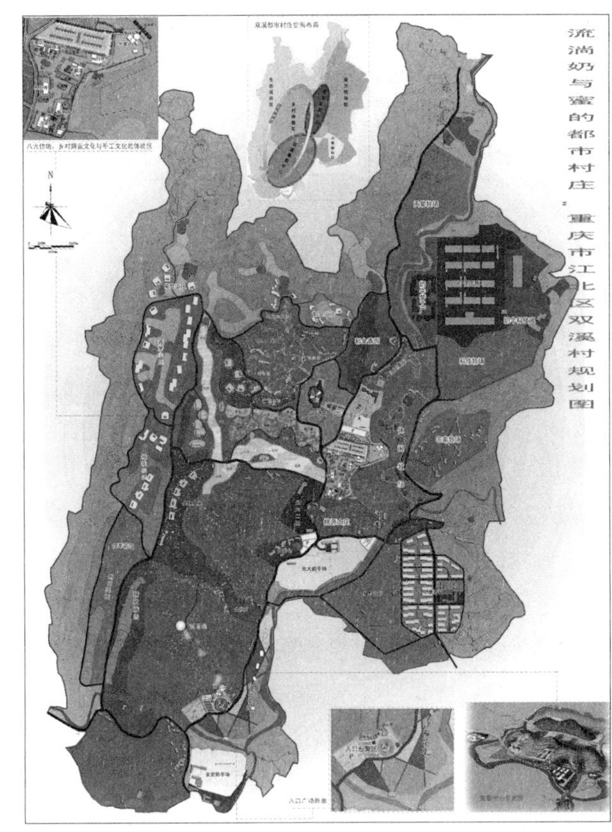

图 7–16　都市村庄——重庆市江北区双溪村（资料来源：江北区政府）

3. 提升城市形象，张扬城市特色与个性

提升重庆的城市形象，可以从以下几个方面入手：

第一，整治建筑形态，强化风貌建设。与欧美各国的城市相比，重庆城的建筑风貌存在色彩互不协调、屋顶缺乏生气、体量过于庞大、外形缺少变化等突出问题（图 7–17）。为此，一要更新建筑立面色彩。通过峰会筹备期间的城市建设，主要干道和重要地段的建筑立面得以重新装饰和粉刷，基本实现了建筑色彩的统一和协调。但非主干道、非重要地段，特别是背街小巷的建筑色彩仍然是凌乱无序、缺乏统一。政府应通过积极引导、帮助、督促改进。二要强化屋顶处理。新建建筑屋顶必须讲究，提倡协调多元，做到变化之中的统一；旧建筑屋顶必须作绿化、美化处理。三要注意建筑体量控制，严禁有碍观瞻的建筑物出现。重要地段的地标建筑必须经过严格论证（包括市民参与）和审批。地处嘉陵江大桥、渝澳大桥北桥头的原华新广场二期工程用地 11966m^2，建筑面积 11.98 万 m^2，容积率达到 10，两栋建筑高 32 层，体量巨大，容积率过高，与桥头景观很不协调。四要控制建筑形体和高度。强调建筑之间的对话与协调，高低错落有致，实现建筑景观多姿多彩、富于变化。严格限制或禁止沿江建高楼，把亲水空间、亲水视廊和通风廊道留给整个城市。渝中半岛李子坝滨江地区、江北董家溪滨水地区，建起了高楼群，应是重庆主城滨水区规划建设的败笔。五要关注桥头地区的景观建设。重庆主城现有桥梁 14 座（远期将达到 32 座），各具形态的桥梁是展示“桥都”风采的窗口，我们应该关注桥头景观建设，实施绿化美化工程，设立品质高雅、做工精美、展示重庆地域文化特色的地标建筑、雕塑或者构筑物。

第二，整治公共空间，体现安全文明。据观察，重庆公共空间在一定程度上存在乱涂乱画、安全设施不足、人文关怀不够等问题。有的地下通道墙面上布满张牙舞爪的假证制

图 7-17　中国重庆与美国纽约的城市建筑屋顶比较（资料来源：自摄）
（外国城市的屋顶变化多端、多姿多彩；中国城市的屋顶大多千篇一律、很少变化、缺乏生机）

作电话号码或各类小招贴，地面垃圾未及时清扫或污水遍地；有的地下通道被流浪者占作栖身之所，或成为小贩摊点；多数地下人行通道路灯不亮，缺乏安全感或造成治安事件。首先，公共空间必须加强整治、强化管理、确保整洁、卫生、安全。解放碑、观音桥商圈设立专门的保安队伍，对所辖地区不停巡逻的做法，有一定效果。其次，增加公共设施，体现人文关怀。比如尽量多设置坐憩设施、可以遮挡风雨的廊道、太阳伞、自动饮水设备、导游图，等等，事无巨细，就像荷兰将邮箱挂在公共汽车尾部，流动收件，集中处理的做法一样，处处考虑以人为本，予人方便。最后，重拳整治“牛皮癣”。“牛皮癣”“无孔不入，像一堆毒草，在我们的城市里生根发芽，并很快成为城市的顽疾。” “呼死你”、承包“治癣”、高压枪清理、“六管齐下”（公安、市政、电信等部门联合严治“制癣者”、建立有奖举报制、建立语音警示系统、成立专项治理小分队、使用“一喷灵”等油漆速溶剂、建立群防群治机制）等方法，都是值得借鉴的。同时，建立法规，让“制癣者”承担相应法律责任；疏堵结合，以疏为主，让内容健康、适应社会需求的合法小广告有其合法的传播渠道和场所，坚决打击非法小广告；加强联合执法检查，加大处罚力度，震慑“制癣者”；加强对小广告的及时清理等措施，应是“牛皮癣”的“治本”之策。

第三，培植城市森林，建设森林城市。城市森林是城区真生态型绿地，山水条件得天独厚的重庆，在“森林重庆”的行动中，应十分重视城市森林的培植，努力营建森林城市。首先，在高速公路立交、城市干道立交等大型景观空间，比如内环高速公路的 19 个立交，广植树木，营造森林。其次，主城 10 余座大桥和城市干道立交下面的空旷地带，如渝澳大桥、渝澳大道东方家园立交等下面的大面积空旷地带，都可以考虑遍植树木，绿化成林，前提是保证来往车辆的视线通畅。再次，滨江路两旁、内侧以及高架（含轻轨）下面及其护坡、两江四岸的消落带，其绿化处理必须受到重视，栽种树木，培植成林。最后，公园、社区小游园、小块绿地、花台、花池等，凡是能栽树的地方，尽量考虑栽树。种植与养护并举，政府与民间同步，大力建设生机勃勃的森林城市。

第四，规范广告设置，改善视觉效果。一到香港，人们往往会被香港浓郁的商业氛围所感染。身临其境，细细观察，你会发现满街的广告牌令人眼花缭乱、应接不暇，但有零乱之感。重庆城的广告阵容稍微整齐些，但还有值得改进之处。首先，规范广告设置场所。在主城人行天桥上取消广告的做法，值得称道。视野开阔的公共空间不应该设立“T”形广告，尤其是巨幅广告。在桥头设置大型广告的做法不宜提倡，因为挡住了桥头建筑景观，有损城市形象。其次，街头广告的设置应该统一规划、统一风格、统一材质、统一标准，防止杂乱无章。观音桥地区建新东西、南北主干道的广告牌得到有效整治，使街道面貌焕然一新。最后，广告牌尽量贴建筑立面设置，少设或不设横空广告牌。所以，我们提倡设置墙体广告，建筑立面设计、建设时要考虑墙面广告位的设置。自2006年6月1日起，试行《重庆户外广告设施设置技术规范》，规定户外广告设置的10大禁区：严禁在主、次干道设置横跨道路的广告；严禁在主干道临街建筑物的楼顶、墙面和电杆上，设置非夜景类的灯饰广告；严禁在人行护栏上设置广告；严禁在立交桥、人行天桥上设置广告；严禁在宽度不足3m的人行道上设置落地式广告；严禁在违规、违章建筑物和危房上设置广告；严禁在重要标志性建筑物、公共建筑和重要广场上设置广告；严禁在各类占道亭棚上设置广告；严禁在城区主、次干道和临街建筑物上悬挂布幅广告；严禁遮挡交通信号灯、交通标志、交通监控设施设置广告。此外，《重庆户外广告设施设置技术规范》还明确了一般情况下“不能设置户外广告”的地方：交通安全设施、交通标志设施、行道树、交通转盘花坛、道路防护绿地、公园绿地、国家机关、文物保护单位、革命传统教育基地、名胜古迹等。《重庆户外广告设施设置技术规范》还要求设立者定期检测、清洗户外广告，保持其安全、整洁。

第五，控制发展速度，完善配套设施。重庆一直将城市化进程作为解决“三农”问题、实现城乡统筹发展的根本途径。按照重庆市城市总体规划，重庆未来主城面积将超过800km^2，人口达到900万人。各区对城市新区建设保持着高昂的热情，在扩城问题上不甘落后：巴南区开始在龙洲湾花200亿元造城、渝北区规划在20年内建立200km^{2}的航空城、沙坪坝区在虎溪镇打造大学城、北碚区在打造温泉城、南岸茶园新区正大干快上。“调查发现，重庆扩城的大饼所到之处原来都是农村。无论是医疗机构、商业、市政还是交通基本上都处于起步阶段。如果要完全达到城市的配套水平和规模则意味着初期高额的投入和较长一段时间内由于人流量不足而造成的严重亏损……一方面，新城区的商业、交通没有办法配套，普通市民如果迁入居住将难以支撑不断上涨的生活成本；另一方面，普通市民根本没有足够的资金购买高档物业，这使大量的别墅和花园洋房难以找到市场。”❶大量失地农民没有了生产资料，根本无法在竞争激烈的职场中谋求工作岗位，多数处于失业、半失业状态，生活水平、购买能力实际降低。有人惊呼，缺少配套、缺乏人气、没有产业支撑的北部新区成了一座“睡城”。北部新区三大盘奥林匹克花园、融科蔚城、建工未来城已经卖出了数千套住房，但入住不足200户。重庆的扩城计划不会因为“国六条”等宏观调控有大的变化，但从资源供给、配套建设、地方财力、产业发展等方面考虑，扩城运动应该放慢脚步，防止城市无序扩张，给市政、交通、治安、环境等方面带来过大的经济、社会和环保压力。酝酿18年之久的重庆地铁，最近获得批准。未来地铁由朝天门经两路口、

❶ 李星辰．重庆扩城：开发商痛并煎熬着［N］．时代信报，2006-06-21（30）．

大坪、小龙坎、双碑到大学城。同时获得批准的还有轻轨3号、6号线。其他公共交通亦应提前考虑，优先发展。

4. 增进人文关怀，提高城市亲和宜游品质

坚持科学发展观，遵循以人为本原则，增进城市的人文关怀度，是提高城市亲和力、舒适度和宜游性的重要思路，为此，可从以下几个方面去考虑：

首先，增加城市公共空间的人性尺度。城区为人类而存在，无论是渝中半岛错综复杂的街道，还是观音桥商圈黄金海岸的“乡村基”快餐店，使建筑接近人的视觉层面都显得很重要。所以，“我们应设法赋予我们的城镇以人性的品质和尺度。”[1]从根本上说，一个舒适的人性尺度的环境与行人的尺度和节奏有关，而与飞速行驶的车辆无关。重庆是山地城市，天际线不应呈现出随意偶然的状态，高低不同、形状各异的建筑物不应随意地散落于整个城区。这需要恰当的设计，规划设计师不但要注重城市的平面，还需要关注城市的剖面和立面。必须使建筑在都市旅游者行走时的视觉层面上与人恰当地接近。建筑高度在特定的环境应该受到重视，只有少数地标建筑可以例外。然后，是对道路层面的恰当处理，使之形成令人愉悦的界面和行人环境，不应使建筑与周围环境不相称，在道路层面上展现出无趣、丑陋、不友好的立面。去沙坪坝三峡广场转转，那些高大的建筑各行其是，大家不会认同它们与临近的行人环境相谐调，因为它们没有创造出符合人性尺度的对行人友善的临街空间。街道是城市肌理的关键要素，人们打着“行商入市、取消马路经济”的旗号，大肆兴建大型商场之类的购物中心，其实给城市街道肌理带来创伤和裂痕，在某种意义上造成街道生活的空洞化。在城市主干道不这样做是不行的，但在某些特定的区域，比如抗战遗址等历史街区和滨江路，是否非得将马路的全部或大部分让给机动车辆呢？有些新建筑立面光鲜，但令人感到冷漠而不友好，你甚至弄不清楚哪里是正面，哪里是背面，哪里是入口。比如观音桥商圈的同聚福大厦，经过烂尾楼的改造成为玻璃幕墙的闪亮建筑，但要找到它的入口还真得费一番工夫，因为它的入口在大楼的背面！购物是一种行人层面上的主要功能，它可以与拱廊、庭院、巷弄相结合，以形成一个魅力十足、半遮半蔽、符合人性尺度的行人环境。城市公共空间不应取缔室外市场，有序运行下的室外市场可与当地大型购物中心相得益彰，给都市旅游者带来便捷和愉悦。少建平板式大体量建筑，多设立拱廊、庭院、巷弄，以鼓励小部分行人活动穿插于建筑内部或建筑之间，使与之相联系的小尺度的使用功能构成的传统交通网络得以延续，强化城区的可渗透性。在城市的新区建设和旧城改造中，这一点尤其需要注意。不论是解放碑商圈、观音桥商圈、杨家坪商圈、三峡购物广场，还是南坪商圈，步行体系的建设给各个商圈带来了活力，为都市旅游者寻求一般意义上的保护与安宁创设了条件，但几乎所有的室内购物商场都没能做到内部清晰明了、特色鲜明、购物环境舒适，而外部又不单调枯燥。都市旅游者置身其中，仿佛处于喧嚣的闹市，缺少应有的宁静和安详。人民广场、朝天门广场、五大商圈等大型城市公共空间应该保持简洁，不宜让各种街道小品——护柱、花盆、花坛、售货厅等杂乱地充斥其间，

[1] （英）弗朗西斯 · 蒂巴尔兹著 . 营造亲和城市——城镇公共环境的改善［M］. 鲍莉，贺颖译 . 北京：知识产权出版社，中国水利水电出版社，2005：39.

“其结果是看起来往往就像一个巨人为了给行人创造一个看上去混乱无序的、用来练习超越障碍的训练场，而打开了一个装满什锦展品的盒子。[1]况且这些障碍般的设施对于老人、孩子、残疾人、盲人或者弱视的人来说也存在潜在的危害。弗朗西斯 · 蒂巴尔兹认为，“步行公共空间的特征和品质不应产生于街道小品的卡通化拼凑，而应来自于街道的整体形式、街道的围合、街外的景观以及沿街的使用功能和活动的性质。”[2]观音桥商圈的防滑大理石地面铺装，就比人民广场、解放碑的抛光地面砖铺装显得人性化。重庆城的大型公共空间适宜设计小树林、林荫道，普通街道适合提倡简单而鲜艳的盆栽、灌木、蔓草和垂挂的藤萝，道路交叉口可设雕塑之类的、富有活力的标志性公共艺术品作为点睛之笔，“使街道作为一个整体的尺度及其完整性”[3]。类似位于红旗河沟李家花园隧道口的重庆天文台大厦这样的大型公共建筑，将天文仪器、艺术雕塑放置在室内外、周围与建筑物之间的做法，很值得肯定。“要把艺术和装饰（无论是雕塑、壁画、雕刻品、图案、镶嵌工艺、建筑图形，还是其他许多别的形式）作为建筑或空间设计的一部分。也就是说，艺术家必须成为设计团队的一分子，比较理想的是，如果可行在项目一开始就尽快让艺术家参与。”[4]

其次，提倡建筑的功能综合。多功能混合的概念应该应用于整个城市中心、一个街区、一块单独的场地甚至单栋建筑。重庆江北观音桥商圈的金源地下不夜城、北城天街、金源时代购物广场等，位于充满活力的商业中心和多层次的公路、轻轨交通系统的背景下，综合了商场、停车场、休闲娱乐、影视欣赏、餐饮、健身、科学体验等功能，就是这种功能综合的范例，运行非常成功。重庆城区的公共空间建设应多考虑此类建筑综合体的设置，以实现场所的功能混合，满足各类人群的消费需求，造就都市旅游景点的繁荣昌盛。创造出具有功能混合性质的城市公共空间环境，并有意使之具有丰富多样化的特征，应是重庆建设“宜游城市”的重要手段。

再次，公共设施人性化。我们强调公共设施的人性化，主要包括：减少都市旅游者暴露于强烈阳光、风雨之中的机率，行人无障碍通行，旅游者能够及时、便捷地满足需求（尤其是内急、口渴之类的需求）、交往的需要（一个人的安全、愉悦往往与他人的存在有关，这就是人们交往的需要）。所以公共空间的设计和建造，事无巨细，事关空间活力成败之大局。城市公共空间不同于乡间旷野，那是人流汇聚、都市旅游者光顾的场所，所有设施必须为各类都市旅游者群体着想，设法满足他们的各种诉求，处处体现人文关怀。观音桥商圈充足的坐凳、自动饮水机、绿荫、防滑大理石铺地等与人友善的设施，简洁而齐全，备受都市旅游者的青睐。如果城市环境造就一个糟糕无趣的氛围，而最坏的可能则是导致街头独自漫步的人感到充满威胁、警惕和恐慌。如果在侵犯、抢劫、强奸和其他治安案件多发地段设置警示牌、电子眼，加强治安巡逻，让都市旅游者，特别是妇女、儿童、老人、

[1] （英）弗朗西斯 · 蒂巴尔兹著．营造亲和城市——城镇公共环境的改善［M］．鲍莉，贺颖译．北京：知识产权出版社，中国水利水电出版社，2005：44.

[2] 同上。

[3] 同上。

[4] （英）弗朗西斯 · 蒂巴尔兹著．营造亲和城市——城镇公共环境的改善［M］．鲍莉，贺颖译．北京：知识产权出版社，中国水利水电出版社，2005：46.

虚弱胆怯者提高警惕，增进安全感，这何尝不是人文关怀的体现呢？

最后，信息准确、便捷。说到公共信息问题，重庆城尚需作出重大改进。一是交通、公安、工商、旅游、商业、电信、旅游服务商等部门，应该组合制作、发布信息，利用各种媒体、载体和渠道，形成完善的信息网络。在车站、码头、机场、高速公路出入口、饭店、酒吧、宾馆等公共平台放置，让都市旅游者随需随取。二是完善电子引导系统，指引都市旅游者停车、购物、如厕、餐饮、住宿、行车等行为的顺利完成。电子引导设施可大可小、可繁可简，但一定要清晰明确、便于维护和使用。三是在大型公共空间设立游客接待中心或问讯处，为都市旅游者提供咨询、导游、讲解、引导等公益服务。

5. 加强城市管理，建设和谐文明礼仪之城

首先，要提高市民素质，倡导文明礼仪和诚信。重庆人大气、豪爽、耿直，包容性强，但含蓄、礼仪表现不够。应树立“八荣八耻”荣辱观，倡导文明礼仪、诚实守信新风尚。公安、交通、城管、旅游等部门应加大执法力度，严厉打击黑出租汽车、出租车宰客、野马导游、牛皮癣等城市不文明行为，塑造重庆都市人的文明礼仪新形象。

其次，要严打犯罪活动，营造公共安全环境。安全是城市发展的根本保证，是发展都市旅游的重要前提。没有人身、财产安全保障的城市，与穿行野兽肆虐的荒漠郊野一样使人恐惧。政府要采取多种措施，安装电子眼，发动市民参与，鼓励见义勇为、预防为主、防治结合，营造良好的治安环境。坚决打击黑恶势力，铲除地痞流氓势力，讴歌正气，抨击邪气，让黑恶势力无处藏身，建设和谐之都、安全之城，为建设“宜游城市” 提供安全保障。

最后，要提倡学习，创建学习型城市。大力提倡“爱科学、树新风”，使科学工作成为人人景仰、崇敬的职业，促进市民爱好学习、崇尚科学、追求创新，尽量避免市民无所寄托、无所事事、惹是生非。让广大市民在不断追求卓越的生活品质中寻求快乐，逐步树立全体市民追求文明的新风尚，从源头上减少治安案件的发生，为建设和谐小康社会争当先锋，以实现城市经济社会的良性发展和物质文明、政治文明、精神文明的共同进步。

6. 努力构建和谐城乡空间

1）构建人与自然和谐的空间

首先，城乡空间达到人工与自然环境生态的平衡和有机互补，形成生态安全格局和景观优化格局。具体落实到建立城乡空间复合生态平衡结构，包括生态拼块、基质、廊道、边缘区的合理构成，体现为山、水、城、林、田的宏观和微观空间结构的合理化，以及建立在生态优先基础上的城市景观美学原则的有效遵守。

其次，通过生态地图的编制和生态系统平衡分析、城乡空间景观系统分析进行验证，建立相应的生态监控系统和景观监控系统，实施有效的城乡总体监控和分区监控。通过生态立法制定，应用生态限制、生态补偿和生态复原等措施保证城乡空间的良性开发，确定改善生态欠佳地区的相应措施，从而将城市总体规划提高到可操作的生态城乡规划的新水平、新阶段。

最后，构建和谐社会必须落实到对具体的土地和空间状况实行量化的动态监控机制，以充分、真实地反映城市化过程中出现的问题，据此采取有效的规划对策。地理信息系统

（GIS）技术应用不可忽视。建立从宏观、抽象的总体控制到微观具体的生态导向的城乡空间设计评估和管理技术体系，因此成为必要。

例如，用一套生态环境评价指标评价作为全市 CBD 的解放碑、朝天门、江北城地段，揭示出这些地段在夏天白昼，由于硬地率过高、密集的建筑物空调排热，加剧了热岛效应，室外近地气温达 45℃以上，使市民在整个夏季都难以忍受。因此，如果从以人为本出发改善这里的人工环境，有必要作出原则性的城市环境改善的城市规划和设计对策。政府最近拆除嘉陵江北桥头的建筑，在滨江地区大面积建设绿地，以及拟将原市公安局、国泰影院地块作绿地改造，实为科学发展之举。

又如，近年来城市园林景观建设蓬勃开展。园林景观设计公司和园林建筑公司大量涌现，但有的景观公司缺乏景观建筑学的专业理论素养，所做的景观工程只顾景观的华丽，忽视了遮阴、挡雨、通风等小气候条件以及物种多样性等生态学原则，建成后城市环境一方面实现了“美化”，一方面被更大程度地“硬化”，热岛效应加剧。缺乏城市景观设计的环境生态控制指标和规范是一个原因；根本原因在于追求气派而忽视市民真正需要的公共空间品质。

通过对市民到公共绿地的距离、使用频率和满意度的调查和分析，掌握问题地区的分布，进而求得改进城市绿化建设效益的途径，通过规划调控有效地促进这一目标的实现。制定分单元的城市空间人居环境生态评估标准，发现城市景观设计中的环境生态问题并及时纠正，从而将城市规划管理提高到生态城市建设和管理的新水平、新阶段。

2）构建人际和谐的空间

这一命题涉及城乡建设的政治原则和目标，即社会财富公平分配问题，这也是统筹城乡综合配套改革的目标之一。目前城市规划建设中问题不少，包含宏观和微观两个层面。今后在实现城市发展、建设“宜游城市”的同时，我们应当为乡村的人居环境建设投入更多的资金，实行工业反哺农业、城市反哺农村的“新农村” 建设政策。关于乡村地区的建设，也可以采用“五境”的区分方法，建立系统的量化指标，发挥村镇建设自身文明家园的积极性，建设社会主义新农村。兼顾环境优美、村容整洁、生产发达和富裕文明，实现城乡统筹发展、共同繁荣。

（1）城乡土地和环境等公共资源的公平分配。一方面，近年来我们的城市开发越来越醉心于趋向构筑“富人的天堂”，媒体上开发商的广告中充斥着为白领和金领服务的口号（图 7–18）。另一方面，扩展城郊土地，肆意侵占农民的利益，而城市土地增值的效益没有进行公正的分配。城市建设破坏自然生态平衡的规划决策屡见不鲜。因此，今天我们应以构建和谐城乡空间为目标，反思过去的错误

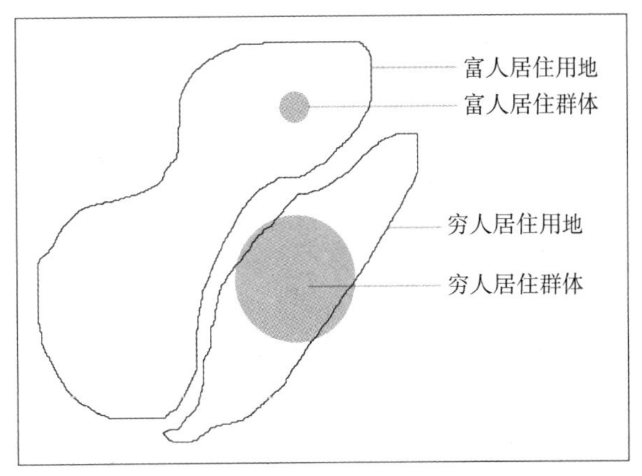

图 7–18　不同收入阶层居住土地占有差别（资料来源：自绘）

观念和政策偏差，总结经验，吸取教训，建立城市与乡村人居空间共生共荣的新格局。从理论上讲，这几乎已经涵盖在20世纪70年代以来世界上所共识的有关人居环境建设的先进思想、国际宪章和成功范例之中。在过去为城市发展所制定的政策反映的城乡关系，使农村和农民居于弱势，并被剥夺了谈判的平等地位，加剧了严重的“三农”问题。原重庆市委书记汪洋指出，“必须着眼于支持农业、帮扶农民，逐步消除不利于统筹城乡发展的体制障碍。尤其要高度重视城镇化工业化、过程中对农民的利益补偿问题，加快建立对农民的利益补偿机制，真正从体制上保证大城市带动大农村战略的有效实施。”

（2）遏止城市建设项目中华而不实的“烧钱”倾向。应当重视城市形象，但是更应当把握好城市空间的尺度，避免浪费摆阔，要把城市建设资金用到更需要的地方，包括低收入阶层的居住环境改善、开辟就业空间渠道等方面的投入。从实践来看，真正先进和进步的规划设计成果应经得起长期和全人类文明标准的检验，以及跨时代、跨文化的历史检验。

近年来全国各地不少城市追求大广场、大干道、中轴线，以带动新区开发为名大建豪华阔气的行政中心，背离了广大人民群众的切身利益。为建设这些“华境”弄得城市财政拮据，老百姓急需的项目支出捉襟见肘，足以令人反思。应当建立城乡重大建设项目的全程透明审议和监督制度。

（3）以人为本，提升公共空间的社会效益。重庆直辖以来，城市公共空间的建设得到高度重视，建成了一批步行广场和步行街，使狭窄的山地城市公共空间得到拓展，保障了居民的安全和舒适，体现了现代人渴求的城市“场所”精神。和其他许多城市相比较，重庆的这些广场、街道面积基本上都比较适中，尺度宜人，具有较好的亲切感。这是体现和谐重庆的一种积极因素。今后适宜规划建设更多的充分体现以人为本的小型广场、绿地、宽阔的人行道——各种有利交往的步行空间，形成城市的人际和谐与安全的绿色步行空间体系（如渝中区山城步道）；进而拓展到城市郊区，发扬“黄桷古道”等各类山城山乡特色，给都市旅游者更大的身心舒展空间。村镇规划建设中也应因地制宜地考虑创造公共休闲、游憩环境。

（4）大力发展公共设施。如用发达的现代公交（如城市快速公交专用通道）取代大部分小汽车功能，提高城区间的可达性，减轻能源、交通和环境压力。结合重庆的轻轨交通规划，大力发展TOD（着眼于完善公共交通服务的）社区，是当今各国城市建设的正确方向。城市其他各项现代基础设施应逐步普及到各个社区，让现代社会服务惠及社区居民。

（5）加强整治“问题地带”。“问题地带”指存在较严重社会问题的城市地带。这些地方应优先采取规划对策结合综合治理手段加以解决。当然，今天城市空间中的社会治安问题有其深层次的原因，规划措施不限于空间规划，还要配合社会综合治理规划来解决。这方面国外已有许多文献可供参考。如重庆菜园坝火车站为流动人口聚集地带，历来欺骗和敲诈勒索现象严重，重庆北站边建边开放，问题也不少。规划措施可采取设置监控设备、治安亭、信息服务台、全市地图显示等服务，完善市内交通换乘设施等，保证初到客人的安全、方便、舒适和亲切感。由于环境的整治，现在菜园坝治安状况已有明显改善。新投入使用的龙头寺新站，如能超前关注这些问题，将为重庆提供一个和谐城市的新窗口。

在这些目标的界定下，我们未来的城市规划与设计不仅是一幅幅土地利用和设施分布的画面，还是表征社会发展目标的未来社会生态地图，从中可以读到城市空间发展中的社会信息，并对我们的规划决策的合理性作出社会学的评价。

3）构建城乡和谐的空间

重庆是典型的大城市、大农村，幅员大、人口多、产业支撑不足、基础设施脆弱，二元经济结构矛盾突出。实现城乡和谐是建设和谐重庆的重要任务，也是实现大城市带动大农村、城乡统筹发展战略目标的关键。在加快主城远郊城乡基础设施建设的同时，还应注意：

首先，加强库区城乡建设。三峡工程动迁了重庆市的巫山、奉节、云阳、忠县、丰都等县城和数十座集镇、建制镇，催生了一座座现代化新城镇。但部分搬迁居民点、集镇、建制镇出现新问题：一是选址不当，地质灾害频发，滑坡治理代价沉重；二是商脉断裂，人气不足，成为居者寥寥的“空城”；三是规划考虑不周到，公共设施不配套，居民生活不便。特别是个别移民新城，规划过于超前，规模过大，以至于移民补偿费告罄，后续资金短缺，城市基础设施和公共服务设施建设不足，造成新城活力下降。因此，强化库区村镇规划编制、审批、实施和建设监管，有序推动库区新农村建设和小城镇建设，是一项紧迫的任务。

其次，加强库区产业发展。库区发展缺乏产业支撑，农村居民增收困难，区域经济、社会发展乏力，是不争的事实。为改变这一现状，一是可以加大移民后期的扶持力度，移民后扶资金多数集中使用、定向投入，通过举办实业来增加就业、增加居民收入；二是面向全国市场，发展库区特色农业，实现资源共享、优势互补，避免产业重复和“一窝蜂”；三是鼓励打工人员回乡创业，培育民营经济，带动农村居民转变观念、创新思路、发展生产、增加收入。

再次，实施区域特色战略，快速建设“1小时经济圈”。发挥主城带动作用，利用渝西农业基础设施比较完善的优势，加快重庆“1小时经济圈”的构建；促进渝东北和渝东南“两翼”的发展，突出特色、互补优势、共同发展。

最后，加快“两翼”发展，实现城乡共荣。推行集约用地、集约经营，培育中小企业，将“两翼”的特色经济和支柱产业做出知名品牌、壮大产业规模、扩大产业渗透力。充分利用渝怀铁路干线，强化渝湘合作，大力培育民营经济，把旅游、武陵山珍、森林业等培育成为渝东南的支柱产业。

7.4 江北区城市空间结构优化建议

7.4.1 江北区城市空间结构现状

就江北区来说，以观音桥为中心的江北区城市发展，在20世纪80年代成功地完成了建成为重庆副中心的历史使命。人们记得那时的渝北商场曾是重庆市民星期日购物的目的地之一。随着重庆北部城区的向北延伸和新机场的建成启用，穿越副中心的建新南北路逐渐蜕变成车辆交通频繁的过境大道。黄花园大桥通车之前，商业中心向五里店方向的延伸当时缺乏强有力的交通支撑，所以势头不旺。结果，观音桥一带商业过度密集，交通干道城市景观杂乱，噪声和废气充斥，副中心的魅力有逐渐丧失之势。

1988 年石门大桥的建成形成了以大石坝为中心的第二个聚集带，高家花园大桥建成，进一步加强了石马河地区与沙坪坝区的联系，但也由于其交通干道功能的影响，城市的有机联系被割断。大石坝因开发很早，未能确立最佳的城市空间结构模式，仍然是一种人车关系紧张的空间格局。

后来黄花园大桥、嘉华大桥的建成，完成了江北区与主城中心区联系的第三、四通道，有力地推动着江北区的城市建设。但是，这两座桥的两邻接区属于一种低活力、低密度地带，特别在渝中区一侧，由于桥路衔接处地形的限制，一号桥、李子坝附近几乎不增加商机；桥北一侧亦然。从大地区而言，这两座桥当然至关重要，既加强了渝中区与江北区的联系，可以给江北区带来巨大的开发潜力。而问题在于采取什么样的空间结构，从目前展现的规划结构来看，由于零碎的房地产开发，分散的公共设施，很难保证为居民提供真正理想的生态式的宜居环境，五里店、观音桥、猫儿石、大石坝之间尤其缺乏连续的步行商业文化空间，将观音桥商圈与其他商业活动中心和住区安详地连接起来（图 7–19）。

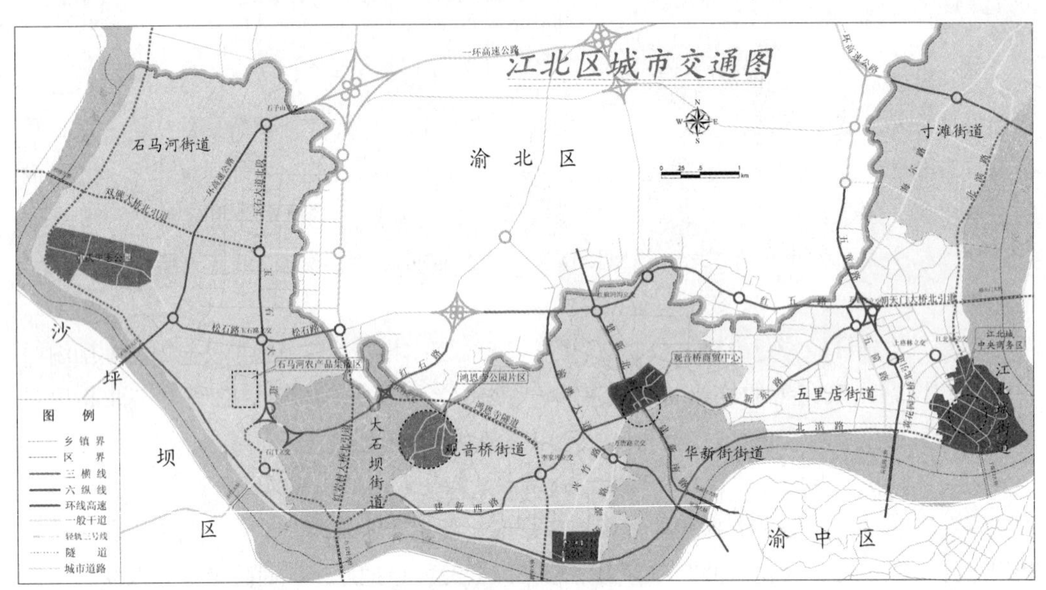

图 7–19　重庆市江北区城市交通图（资料来源：江北区建委）

五里店—黄泥塝—南桥寺干道的开通，为缓解建新南北路的交通压力、带动南桥寺和渝北区相邻地块的开发和江北城市空间结构的改善，发挥了重要的作用。最近江北滨江路及其连接道五简路、华新支路、金源路、华福路、兴竹路、水滨路等道路的建成和改造，使江北区形成了三横六纵的道路和空间格局，在交通功能上得到很大改善，并将观音桥商圈与滨江路、金源时代购物广场、金源方特科幻公园等重庆新兴重要都市旅游景点有效地连接起来（图 7–20~ 图 7–23）。

但如果只注意交通功能，而忽略了城市空间的人文价值和生态价值的创造，这样的城

图 7-20　江北区滨江路及其城市形象（资料来源：自摄）

金源方特科幻公园

超五星级大饭店

北滨路地块夜间效果图

金源时代购物广场，为西南地区最大的购物中心，总面积 60 万 m^2，其中大型购物中心 SHOPPING MALL40 万 m^2，金源方特科幻公园 2.3 万 m^2，五星级饭店 5.5 万 m^2，公寓式写字楼 4 万 m^2，高级公寓 9.4 万 m^2，中间设有超大停车场，停车位近 7000 个。除 SHOPPING MALL 即将开业外，其他项目均已建成。

金源时代购物广场

作为集购物、休闲、餐饮于一体的超级综合项目，通过北滨路的主要连接道路—金源路与观音桥商圈直接相连，从而使江北区观音桥商圈、北滨路、金源时代购物广场等城市公共空间连点成环、从而形成江北区城市中心的活力，使之成为重庆开展都市旅游活动的良好载体。该项目的建设，无疑是对重庆“宜游城市”建设的一大卓越贡献。

图 7-21　金源时代购物广场（资料来源：自摄）

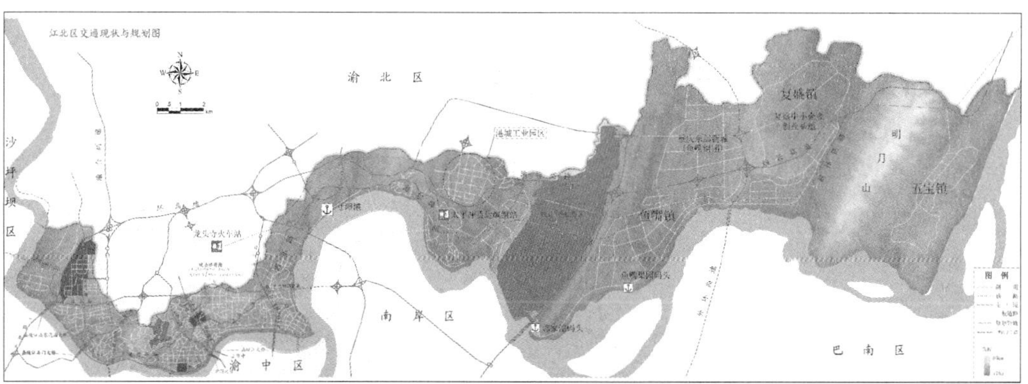

图 7-22　江北区道路现状与建设规划图（资料来源：江北区建委）

市空间格局绝不是好的，我们可以称这种道路和空间结构为灰色的 "田"字串联结构。这种结构的形成反映了人们对交通效率的关注，尽管道路景观建设比较完善，但休闲、坐憩、观光、游览设施较少，"以人为本"理念体现不够。马路是为汽车设置的，人行道排在两边，行人穿越马路危险重重，所以后来加工高高的护栏和人行天桥，这是20世纪90年代的一道城市风景线，这道风景线使我们的城市与欧美发达国家相比，在观念上显示了差距。在商业中心区和繁华地带这样做，其无奈的负效应是十分明显的。

图 7-23　江北区佰富江景高尔夫球场（资料来源：自摄）

Bruce Appleyard 等人认为，缜密思考的设计可使城市拥有高度美学意义上的吸引力，鼓励人们在其社区花费时间而不是待在车里。比如，尺度合理、园林化的人行道和自行车道，为人们提供了荫凉和舒缓，交通造就了舒适诱人的城市空间[1]。

重庆的历史性进步是解放碑地区和沙坪坝商业中心街道的步行化。20世纪40年代末至今荷兰鹿特丹的世界第一条步行商业街建成至今的半个世纪中，步行街风靡全世界。这标志着城市建设向人性的回归，人车分流，购物休闲，都市观光，相得益彰。北京于1985年才搞了条"琉璃厂清式一条街"，但那是远离城市中心的假古董。北京真正的步行街是2000年王府井大街的改造，这比重庆还晚了近两年。就现代意义上的步行街而言，重庆解放碑步行街在全国是比较领先的。

2004年，江北区拆除了大量旧建筑，建起了长430m的观音桥步行街，与嘉陵公园、金源地下不夜城、北城天街融为一体，体现了购物、娱乐、酒店、休闲、商务、会展等"功能综合"的规划设计理念，以至于很快被评为"中国著名商业街"。金源时代购物广场、金源方特科幻公园的建成，成为重庆都市旅游的新景点；江北文化艺术中心、北滨路二期湿地公园、盘溪体育公园在北滨路的开建，将为重庆都市旅游业的发展提供新的载体。

7.4.2　江北区城市空间结构优化建议

虽然江北区城市空间结构有了很大改观，但从江北区整个城市空间结构来看，要形成规划所定的、以观音桥商圈为核心的大石坝—观音桥—五里店"三点一线"的大商圈格局和宜居宜游江北的发展优势，还要进一步理清思路（图 7-24、图 7-25）。

江北城区空间结构的合理化和现代化，基于"以人为本"，实现经济、社会和环境效益的全面优化目标，在步行化和节点上将得到重要的体现。具体说来，在现有的"田"字串联结构中，如何处理人车交通需求，在保证步行环境和商业与商业文化空间的有机结合上大有文章可做。需要研究和解决的具体问题包括：

---

[1] Bruce Appleyard，Yeqing Zheng，Rob Watson，Laura Bruce，Rachel Sohmer，Xuanyi Li，Jingjing Qian. Smart Cities：Solutions for China' s Rapid Urbanization［M］.Copyright 2007 by the Natural Resources Defense Council：17.

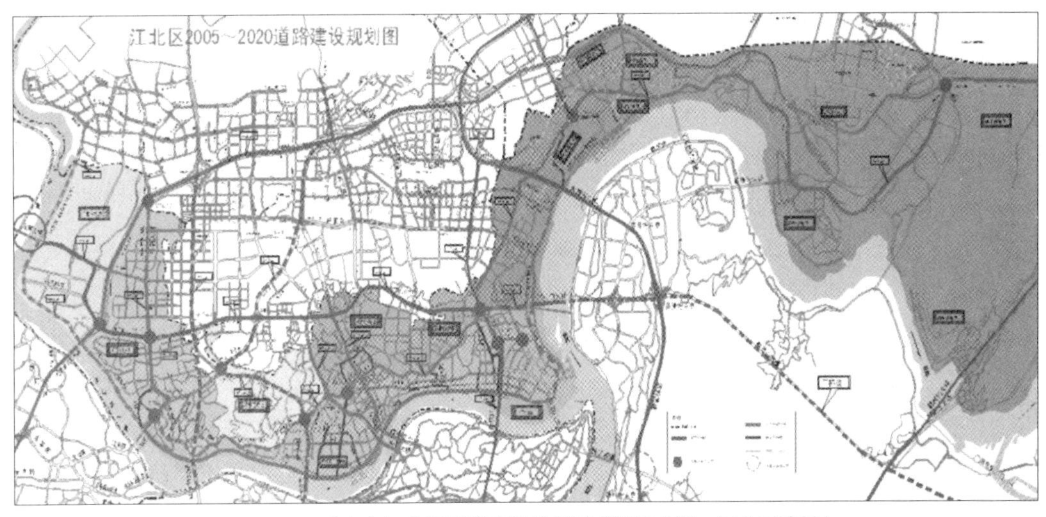

图 7-24　重庆市江北区干道建设规划图（资料来源：江北区建委）

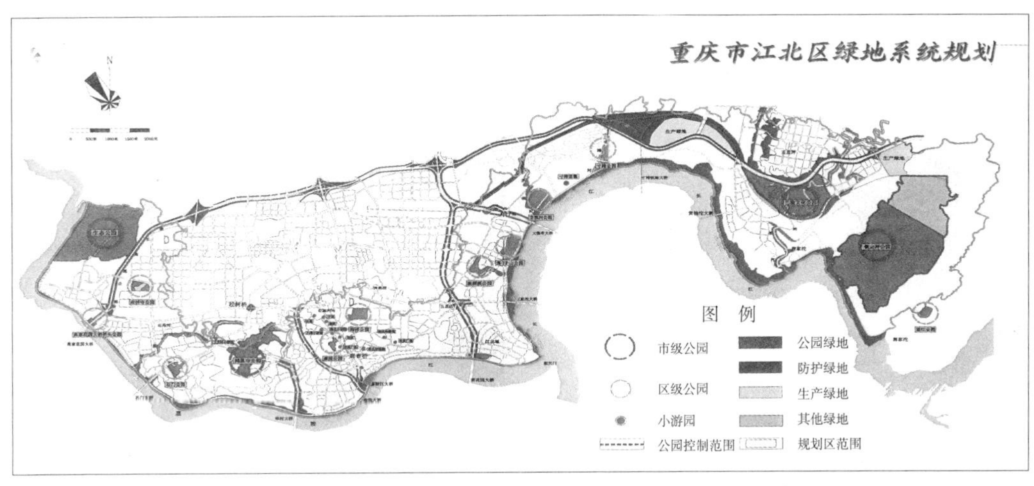

图 7-25　重庆市江北区绿地系统规划图（资料来源：江北区建委）

一是观音桥节点步行体系的完善，包括观音桥商圈至滨江路内侧各城市公共空间的步行体系与城市景观建设，整治原农贸市场一带以扩大商圈容量时，要注意生态绿化、标识系统和休闲设施的建设。

二是盘溪地区商业步行体系的完善，包括观音桥农贸市场片区的立体交通组织和步行体系建设，改变盘溪地区目前车辆出入不便，人流、物流不畅的格局，为观音桥农贸市场的进一步扩容和发展创造条件。

三是滨江路步行空间的开拓，可以参考英国泰晤士河的开发模式，其滨江路完全步行化，为市民提供高品质的亲水、休闲、健身、游憩空间。北滨路内侧开发过程中尤其要关注亲水空间、步行游憩、休闲观光等功能。金沙水岸前亲水空间和公共绿地的建设为重庆城滨江休闲设施建设提供了范例。

四是黄花园大桥、嘉华大桥、高家花园大桥、大佛寺大桥北岸的五里店地区、猫儿石地区、石马河地区和金港新区，要注意建设步行空间体系、桥头景观和城市地标。尤其是大佛寺大桥，南岸是洋人街，北岸应有与之呼应的景观和景点。

五是大佛寺长江大桥北桥头新的行政中心、金科廊桥水岸一带的步行体系建设和桥头景观建设，以形成与南岸“洋人街”相呼应的都市旅游景区（点）。

六是构建江北城区绿色步行商业文化空间网络，强化空间上的纵横联系，实现大石坝—观音桥—五里店三大商圈和江北城中央商务区的步行空间网络化，以形成三足鼎立、相得益彰之势，构建“千亿商贸物流区”。

七是如何突出江北区城市空间结构和各个具体空间环境的特色，这也是江北区今后建设和发展的文化性课题，尤其是建立一个有特色的公共空间系统，能把各个新旧区居住、商务、游憩与工作环境有机联系起来。这在江北区旧城改造中尤其需要引起高度关注。

此外，在道路交通的组织上，江北区应加快推进滨江路二期、复盛—五宝道路建设，并增强城市主干道与滨江路的有机联系。

一个城区空间的定型是历史发展的结果，就像混凝土凝结后具有了不易改变的刚性，当其暴露出在变化了的功能要求下的诸多缺陷后，就会要求改造，这是很难的事。但人们是能想到办法的。新区的发展、新的建设，就更要求新的观念和技术、新的社会组织方式，在这两类城区的规划建设中张扬城市发展的超前理念，体现我们的与时俱进。

为此，在牢固树立科学发展观，认真落实“五个统筹”，努力推进“三中心两基地”建设的今天，我们提出审视城市过去发展在空间结构上存在的问题，进而对这些空间问题进行研究，找到解决途径，使未来的发展达到新的文明的高度，也有利于推进城市经济、社会、环境、资源与人口的全面、协调、可持续发展。对前述江北区城市空间结构七个问题的研究，可分别作出不同的具体方案，用一套指标体系评估，能够很快地求出最优的方案，那就是总体规划制定或修编时应当给予关注的大问题。

要制定目标，大动作与小动作并举，投入与产出兼顾。观音桥步行街、北城天街、金源时代购物广场的建设为市民提供了生态、便捷、舒适的枢纽性公共空间，但大石坝、五里店地区尚没有这样的公共空间。在这些地区的城市建设中，多种几棵树，多塑几座小雕像，多铺几块草皮就可以使一个地段的面貌改观，就可以为建设“宜游城市”作出积极的贡献（图7-26）。

图 7-26 都市里的村庄——重庆市江北区双溪村奶牛梦工场（资料来源：光大奶牛梦工场）

（位于重庆市江北区鱼嘴镇双溪村的奶牛梦工场，是一个现代牧场、快乐小镇。奶牛梦工场浓郁的迪士尼风格，充分彰显牛文化主题，是一座流淌奶与蜜的都市村庄。悉心打造的奶牛科技馆、主题餐饮、乡村酒店、拓展训练营、青少年科普教育基地等，为游客了解牛奶生产，手工制作奶酪、冰淇淋等提供了独特的体验）

8

结　论

国发［2009］41 号文件指出："把旅游业培育成国民经济的战略性支柱产业和人民群众更加满意的现代服务业。"标志着我国旅游业地位的历史性提升。建成一座合格的、名副其实的旅游城市，已成为我国许多城市重要的发展目标。我国国家旅游局从 1998 年制定《优秀旅游城市检查标准》并开展优秀旅游城市评选以来，到 2007 年，已有 8 批 306 座城市被评为优秀旅游城市。这意味着我国近一半的城市都先后建设成为了优秀旅游城市。但是，即使这样多的检查项目达标，也远未意味着我国都市旅游空间已经尽善尽美。旅游者到那些城市旅游，总会发现种种"硬伤"和"软肋"。可能是缺乏规划和建筑师参与制定的缘故，《优秀旅游城市检查标准》中对直接影响旅游者感受的城市空间的一些品质却没有给出规定。我们通过旅游城市的规划、管理实践和城市旅游体验，逐步得出旅游城市空间结构及其优化这一概念。这是建设"宜游城市"空间的重要内涵，通过对城市旅游空间结构由粗到精的推敲，将开启从规划设计上实现城市空间品质提升的新视角，真正创造出具有高度文化品位的"宜游城市"空间。

城市空间结构指构成城市空间的要素和单元的构成、大小形态、空间分布及其整体的有机联系，在城市规划与设计中是一个涉及多个层次和方面的概念，有着极其丰富的实际内容。用结构的整体性统率与整合单体和细部，是城市设计的重要原则。城市空间某一方面结构的优劣，总是对应其特定功能而言的。对于旅游城市规划来说，旅游者在城市中的旅游活动是否圆满惬意，感到不虚此行，除了自然和人文的旅游资源外，还取决于这个城市宏观、中观和微观三个层面的旅游空间结构。在已建成的城市空间中，通过旅游空间与旅游行为（感受）的对应分析，我们可以发现城市空间结构所存在的问题，从而决定采取结构优化改造的规划设计措施，而不可随意大手大脚地全部推倒重建。对于新城区来说，则应当在空间结构的宜游性分析的基础上再进行空间规划构思，经过方案比较、优化确定最佳的空间结构。

一座旅游城市总是由旅游资源开发建成的若干旅游点，进而组成旅游线路，形成点—线—区乃至网络的线路结构。要使旅游者在城市旅游历程中取得良好的实际感受，有赖于从宏观到微观的全面的空间组织，形成最佳的旅游空间结构，这是一个综合应用规划学、建筑学、景观设计、社会学、经济学、文化学、人体工学、行为学和心理学等多学科的多价城市空间创造。

都市旅游活动的开展与城市空间结构密切相关。城市空间结构生成要素——场所与路径——包含物质要素和精神要素。场所的物质要素包括广场、街道、步行体系、公园、绿地、购物中心、娱乐中心、休闲中心等建（构）筑物；精神要素指场所的文化内涵。只有富含文化的场所才能赋予都市旅游景区（点）的特征，只有由行之自由、人皆可达、富于亲和力的景区（点）构成的城市才是"宜游城市"。"宜游城市"是一种既适宜居住又适宜休闲游憩的城市形态，是城市经济、社会、环境、资源与人口全面、协调、可持续发展到一定阶段的产物，也是物质文明、精神文明同步发展、融合共生的成果。

1."宜游城市"建设的主要任务

改善城市公共环境，营造亲和城市。城市公共环境包括街道、广场、公园、水岸、大型建筑综合体等物质环境，也包括场所精神、历史文脉等人文环境。亲和城市主要指具备上述特征的城市。“宜居城市” 和“宜游城市”必然是亲和城市，要求城市空间，尤其是公共空间，具有人皆可达、行之自由、场所的归属感强、空间尺度人性化、路径清晰、方位感强、功能综合、景观丰富等特征，人们能够以少而准确的视觉信息建立起城市的“整体印象”。“宜游城市”拥有由多向、可逆、开放的城市空间序列集群组织而成的网络型城市景观体系和便捷舒适、安全畅通的立体交通体系。

2.“宜游城市”建设的主要途径

通过改善城市公共环境、优化城市空间结构，可以营造和谐宜游城市。一是以科学发展观统揽我们的城市建设，建设生态和谐城市；二是强化规划管控作用，调控城市有序发展；三是加强城市管理，促进人际和谐；四是注重文化建设，丰富人文内涵；五是改善城市环境，营造亲和宜游之城。在改善城市环境、优化城市空间结构方面，一要吸取教训，重视场所营建；二要综合考虑，复兴公共空间；三要以人为本，既关注城市景观体系的宏观层面，又重视城市景观的细部打造和体验设计。

3. 城市空间结构“宜游性”的判定标准

城市空间结构“宜游性”的判定要素包括：经济发展水平——生产发达、就业充分，供需两旺、生活富裕；社会发展水平——民主法治、公平正义，安全和谐、保障普及，管理有序、安居乐业；文化发展水平——文化多元、地域特色，场所精神、富含文化，教科发达、健康时尚；空间环境状况——生态良好、功能完善，景观连续、交通便捷，行之自由、人皆可达；人口素质——文明礼仪、尊老爱幼，讲究秩序、崇尚科学，诚实守信、奋发图强；旅游服务系统——信息服务、接待服务、救援服务不断完善，向特色化、个性化、人性化和无缝连接服务发展，特别要发展针对高中低不同收入、不同活动能力和不同文化背景游客的适宜性服务系统。根据城市空间结构各层面上的“宜游性”的判断要素，可以设定分值和权重，制定量化评价指标体系，科学评价城市的“宜游性”。

4.“宜游城市”空间结构优化“四原则”

原则 1　消除困境。都市旅游者容易面临的困境包括：交通困境、识别困境、生活困境和交流困境。城市游憩空间设计中，应刻意消除上述困境，努力建设舒适之境。必须保证都市旅游者在交通出行和开展户外活动或都市旅游活动时有足够的人身和财产安全，这也是城市空间和环境功能的基本定义。

原则 2　丰富体验。设法通过增加景点密度、增强游览线路的网络性、强化信息系统建设等措施，丰富都市旅游者的体验是城市游憩空间建设的重要任务。具体包括：景点连续——都市里一定特征区域内体现购物、餐饮、娱乐、休闲、观光等功能的城市公共空间（景点）之间必须连续，有完整的步行体系和便捷、高效的出行交通体系与管制措施，而且路径清晰，以体现“行之自由、人皆可达”。西方一些城市在市中心用地面标志线把参观点连起来，以减少外地游览者的目标困惑（如德国的汉诺威）。空间有较大距离的参观点之间则标明最便捷的公交线路。景观丰富——大尺度的建筑天际轮廓线、水际线、道路线型、建筑色彩、灯饰夜景，小尺度的雕塑小品、绿荫水体、吧台餐桌、地方表演等，必须富有特色、功能综合、景观丰富、引人入胜，体现人性尺度、亲和力强。

原则 3　自主选择。通过建设多条游览线路（环形线路最佳）、提供多样化服务增强都市旅游者游览的自主选择性。充分体现场所精神，使场所成为都市旅游者开展都市旅游活动的精神家园，场所富含文化底蕴尤其必要。表现休闲、大众、参与性的城市文化需要彰显建筑文化、构建公共环境文化、挖掘休闲与交往文化；彰显以人为本，体现对人的关怀，包括人性的尺度、富有生机的公共空间、充满活力的和谐环境、人皆可达的空间结构等，要处处闪烁人文主义的光芒。

原则 4 统筹规划。编制城市总体规划、详细规划（控制性详细规划、修建性详细规划）时，应将“城市游憩空间规划”列为“专项规划”，综合考虑“吃、住、行、游、购、娱、信息”等旅游要素。在空间层次方面，宏观上统筹考虑全市游憩空间结构的组织；中观上谋划区域性城区板块游憩空间结构的组织（回路原则适用）；微观上推敲景点空间结构的组织（需关注景观节奏）。在内容方面，应当涵盖可达性系统、生活服务系统、安全保障系统、观光游乐系统、信息系统等都市旅游硬件设施，以及价格体系（成本控制）和服务组织等软件系统。

这些基本的原则在我国许多旅游城市空间中尚未得到充分的体现。一堆漂亮的硬件盲目地纠集在一起，缺乏人性精神的统率。这种人性精神首先最重要地体现为人性的尺度。一次难忘的、美好的都市旅游体验，应当像鱼儿在水中巡游，而不是像被扔到干涸而生疏的异邦的岩岸上那样。当然，任何已有的有缺陷的城市空间都是可以改造的，让冷漠复归于亲切，生疏复归于熟识，空洞复归于丰满，浮夸复归于诚朴。一个优秀的规划师参与创建宜游城市的创造性和职责就是不断去发现问题，并且能够提出最经济可行的建议和手段去画龙点睛，使之药到病除。

5. 改善城市空间及其结构“宜游性”的规划设计方法

1）模拟旅游者的城市空间体验和问题收集

首先，模拟外来旅游者到本市的体验，尤其是困境体验；其次，模拟外来旅游者对目的地的陌生程度与信息获取难度；其三，调查不同收入群体的消费档次和消费需求；其四，模拟都市旅游者，特别是外来旅游者遭受诈骗、上当的危险度；其五，模拟外地人抵达下榻处的迂回程度；其六，调查公共服务水准和价格。

模拟调研的方式可以采取问卷调查、现场采访、模拟体验、权重分析等方法。

2）分析满足不同类型旅游者的活动模式及空间需求模式

在模拟调研旅游者的城市空间体验和问题收集的基础上，可以设计一套指标体系，利用权重分析法，对外来不同类型的旅游者——教师、医生、公务员、公司职员、务工人员、学生，分年龄层次地进行分析，弄清满足不同类型旅游者的活动模式及空间需求模式。“不同的地方对于不同的人来说有着不同的意味。我们每个人对城市环境的感知都有细微的差别，重要的是要把建筑和城镇组合得易于理解。”

3）从旅游者角度分析城市空间结构存在的问题

在弄清不同类型旅游者的活动模式及空间需求模式之后，通过比对，可以发现城市空间结构目前存在的问题。比如场所是否易于识别，是否人皆可达、行之自由，是否富含文化，是否具有很好的亲和性，到达场所的路径是否清晰，等等。将找出的城市空间结构缺陷及原因列成“问题一览表”，加以深入剖析和研究。

4）分析建立“宜游城市”的理想空间结构模式

针对上一步提出的“问题一览表”，按照都市空间功能与结构之间的拓扑类型关系，经过认真细致的研究，通过各种元素的巧妙组合与重构，提出建立“宜游城市”的理想空间结构模式。增强城市的“易读性”对于提高城市的“宜游性”至关重要。为此，通过多重的空间连接、地标抓住场所或建筑的精神和性格，并把这些意向通过仔细推敲的物质形式、材料、色彩和设计说明清晰地表达出来，同时又要易于识别和理解。城市中的抵达点，也就是通常意义上的交通节点——其所处位置、与城市其他区域的联系、在不需要地图和路标的情况下游客可以解读的清晰度，也都需要仔细地考虑，包括在规划设计中明确界定出入口、周边地区景观塑造、民俗风情彰显、地域文化张扬和街道景观建设等方面，以表达城市对来访者的热忱和欢迎。

5）分析现状城市空间结构优化适应的可能性，提出规划设计对策

根据建立“宜游城市”的理想空间结构模式，分析现状城市空间结构优化适应的可能性，提出周全的城市空间结构改善对策。内容包括：以最小破坏、最经济的方式实现局部空间结构优化（修补达标原理）、改善工程的投入产出分析（社会效益、经济效益和环境效益分析）、城市空间硬件的完善与改进、城市空间软件的提升、调查研究旅游者对城市的感受和评价，进一步优化城市空间结构。

6）将城市游憩空间规划纳入城市规划体系

在编制城市总体规划、详细规划（控制性详细规划和修建性详细规划）时，应将土地利用规划、园林绿地规划、旧城保护规划、交通规划中的步行体系规划、公共服务设施规划和旅游规划整合，形成“城市游憩空间专项规划”，内容包括丰富的旅游景观、景点及合理的旅游线路等“吃、住、行、游、购、娱、信息”诸旅游要素，建立针对“宜游城市”规划的分析、评估和优化平台，规定控制性指标，努力提高城市空间的“宜游性”。

通过以上不断规划、设计，不断优化城市空间结构的过程，逐步提高城市的“亲和宜游性”，逐渐建成“宜游城市”。

总之，采用多层面结构分析方法研究都市旅游空间的高要求，可以更为敏锐和深刻地发现问题，进而实现城市空间结构的优化。这是提升旅游城市空间品质的整体性规划策略，也是一个连续、动态、分层次深入分析、推敲的过程。需要对都市旅游者在城市空间中的旅游过程和旅游感受不断跟踪、监测、征询和探讨，发现和解决空间结构的合理性问题。应通过对城市空间适期酌情调整和精心营造，改善和优化既有城市空间的宏观结构和微观结构，不断提高城市公共空间的“宜游性”。优化的具体手法包括：形成线路的环形结构、在大空间中创造亲人尺度的二次结构、强化空间转换与连接的对景结构，以及改善旅游空间的环境结构、信息结构和设施结构。这些对于旅游城市的持续发展，进而对城市规划、建筑和景观的总体和细部设计将起到有效的整合与目标引导作用。

改善、优化城市空间结构，提高城市空间的“宜游性”，以满足都市旅游空间的高要求，应是一个循序渐进、持续努力的过程。时代呼唤“都市旅游空间规划学”的产生，而本文仅作为向此目标迈出的一小步。大量都市旅游空间建设的新鲜实践经验尚需不断总结，并有待进一步提升到理论的高度。这也是作者立志今后继续努力的方向。

参考文献

[1] 吴志强，吴承照．城市旅游规划原理［M］．北京：中国建筑工业出版社，2005.

[2] 崔凤军．城市旅游的发展与实践——20 个命题研究［M］．北京：中国旅游出版社，2006.

[3] 林洪岱．中国都市旅游发展的新趋势［M］//2000-2002 年中国旅游发展：分析与预测．北京：社会科学文献出版社，2002.

[4] 魏小安．缜密制定休闲发展规划［R］// 在北京市密云县举办的休闲发展论坛上的讲话，2005.

[5]（英）迈克 · 詹克斯，伊丽莎白 · 伯顿，凯蒂 · 威廉姆斯著．紧缩城市—— 一种可持续发展的城市形态［M］．周玉鹏，龙洋，楚先锋译．北京：中国建筑工业出版社，2004.

[6] Conference on "Tourism and the City：The Challenge of Sustainability" from 10 to 12 November 1999 in Madrid，Spain［J］.Built Environment，2000，26（2）.

[7]（丹麦）扬 · 盖尔著．交往与空间［M］．何人可译．北京：中国建筑工业出版社，2004.

[8]（英）弗朗西斯 · 蒂巴尔兹著．营造亲和城市——城镇公共环境的改善［M］．鲍莉，贺颖译．北京：知识产权出版社，中国水利水电出版社，2005.

[9] 朱喜钢．城市空间集中与分散论［M］．北京：中国建筑工业出版社，2002.

[10] 黄光宇，陈勇．生态城市理论与规划设计方法［M］．北京：科学出版社，2002.

[11] John Friedmann.Regional Development Policy：A Case Study of Venezuela［M］.Cambridge：The MIT Press，1996.

[12] 孙胤社．城市空间的扩散和演变：理论和实证［J］．城市规划，1994（5）.

[13] 林树森．科学发展观与建设现代化大都市［J］．求是，2004（12）.

[14] 中华人民共和国国家标准．旅游区（点）质量等级的划分与评定（GB/T 17775—1999）［S］.

[15] 张伶伶，孟浩．场地设计［M］．北京：中国建筑工业出版社，1999.

[16] 李天元．旅游学概论［M］．天津：南开大学出版社，2000.

[17] 国家旅游局．中国优秀旅游城市评价指标（2003）［S］.

[18]（英）斯特凡尼娅 · 佩林，多米尼克 · 佩林著．世界著名建筑［M］．韩靖等译．北京：中国建筑工业出版社，2003.

[19] 董鉴泓．中国城市建设史［M］．北京：中国建筑工业出版社，1989.

[20] 马克思恩格斯全集［M］．第 30 卷．北京：商务印书馆，1959.

[21] 清华大学自然辩证法教研组．科学技术史讲义［M］．北京：清华大学出版社，1982.

[22] 孟元老．东京梦华录［M］．海口：海南出版社，1998：248.

[23]（明）吴敬梓．儒林外史［M］．北京：北京十月文艺出版社，2004.

[24] Wang Zhongman.Moving Coupling Effect：the Cause of the 40°N Phenomenon［M］//1995 International Symposium on Asian Science & Technology and Development.Changsha：Central South

University of Technology Press，1995.

[25] 沈玉麟 . 外国城市建设史 [M] . 北京：中国建筑工业出版社，1999.

[26] 高毅存 . 城市规划与城市化 [M] . 北京：机械工业出版社，2004.

[27] 何顺果 . 美国边疆史——西部开发模式研究 [M] . 北京：北京大学出版社，1992.

[28] David Banister.Some Thoughts on a Walk in the Woods [J] .Built Evironment，1999，25（2）.

[29] Christopher M. Law.Conference and Exhibition Tourism [J] . Built Environment，1987（2）.

[30] 杨秉德，蔡萌 . 中国近代建筑史话 [M] . 北京：机械工业出版社，2004.

[31] 赵和生 . 城市规划与城市发展 [M] . 南京：东南大学出版社，1999.

[32] 汪忠满 . 都市旅游与“宜游城市”空间结构的优化——以重庆市江北区观音桥商圈为例 [J] . 党校论坛，2005（2）.

[33] 卞彬 . 三峡库区旅游产业发展战略研究 [M] . 重庆：重庆出版社，2001.

[34] 国家统计局 . 中国统计年鉴 [M] . 北京：中国统计出版社，各年度 .

[35] 宁士敏 . 中国旅游消费研究 [M] . 北京：北京大学出版社，2003.

[36] 中国旅游通讯（2003、2004 年各期）.

[37] 何光暐 . 在发展旅游促进就业高层研讨会上的讲话 [J] . 中国旅游通讯，2004（5）.

[38] Brian Goodall.Tourism Policy and Jobs in the United Kingdom [J] .Built Environment，1987，13（2）.

[39] Rob Macdonald.Urban Tourism：An Inventory of Ideas and Issues [J] . Built Environment，2000（2）.

[40] 崔凤军 . 都市休闲与休闲都市 [M] . 杭州：杭州市旅游委员会，2003.

[41] 王利平，黄江明 . 现代企业管理基础 [M] . 北京：中国人民大学出版社，1994.

[42] Huining Xiao.Tourism Development [D] .Fredericton and Saint：University of New Bruswick，2003.

[43] 王余卿 . 进入 21 世纪的日本 [J] . 科学技术与发展，1989（12）.

[44] 刘锋 . 旅游营销三十六计 [Z] . 首届中国旅游行业学习峰会系列材料，2004.

[45] 黄天其 . 城市文化学讲义 [Z] . 重庆大学，2003.

[46] 梁小民 . 西方经济学教程 [M] . 北京：中国统计出版社，1997.

[47] 汪忠满 .40° N 现象溯源 [D] . 长沙：中南工业大学硕士学位论文，1994.

[48] 黄光宇 . 山地城镇规划建设与环境生态 [M] // 全国首届山地城镇规划与建设学术讲座会文选辑 . 北京：科学出版社，1994.

[49] 孙海涛 . 用自然观念孕育城市森林 [N] . 人民日报，2004-11-24（5）.

[50]（美）朱利叶斯 · G · 法布士,S · 蓝莘 . 美国马萨诸塞大学风景园林及绿脉规划的成就（1970-）[J] . 付晓渝，刘晓明译 . 中国园林，2005（6）.

[51] 马武定 . 城市规划本质的回归 [J] . 城市规划学刊，2005（1）.

[52]（美）杰拉尔德 · A · 波特菲尔德,肯尼斯 · B · 霍尔 · Jr 著 . 社区规划简明手册[M]. 张晓军，潘芳译 . 北京：中国建筑工业出版社，2003.

[53] 把新加坡建设成为新加坡人自己也喜欢的城市 [N] . 联合早报，2005-08-23（8）.

[54] 李文同 . 城市品牌塑造及其类型分析 [OL] . 中国营销评论网，2007-05-25.

[55] 殷丽娟，刘国政 . 城市建筑切莫追高求特 [J] . 内参选编，2007（21）.

[56] 重庆市江北区旅游业发展规划（2003-2020）[Z] . 西南师范大学旅游学院，2003.

[57]（英）克利夫 · 芒福汀著 . 绿色尺度［M］. 陈贞，高文艳译 . 北京：中国建筑工业出版社，2002.

[58] 泰勒著 . 槙文彦的建筑——空间 · 秩序和建造［M］. 马琴译 . 北京：中国建筑工业出版社，2007.

[59] 周为民 . 当代西方经济思潮 · 五个当代讲稿选编［M］. 北京：中共中央党校出版社，2000.

[60] 诸大建，刘冬华 . 从城市经营到城市服务——基于公共管理理论变革的视角［J］. 城市规划学刊，2005（6）.

[61] 余秋雨 . 行者无疆［M］. 北京：华艺出版社，2001.

[62] 雷发林 . 日内瓦，瑞士的法国［J］. 旅游，2004（7）.

[63] 汪忠满 . 西部大开发中要注意保护文物建筑和历史地段［J］. 嘉兴学院学报，2003（2）.

[64] 胡萌 . 北滨地段形象设计出炉［N］. 重庆日报，2004-04-09.

[65] 黄光宇 . 山地城市［M］. 北京：中国建筑工业出版社，2002.

[66] 赵万民 . 山地人居环境理论［Z］. 重庆大学建筑城规学院，2001.

[67] 张嘉玲 . 五年后三大公园环绕滨海湾［N］. 联合早报，2005-08-24（1）.

[68] 杜和平 . 美国城市规划建设的经验教训和启示［J］. 当代党员，2005（12）.

[69] 吕斌，张忠国 . 美国城市成长管理政策研究及其借鉴［J］. 城市规划，2005（3）.

[70] 詹姆斯 · 道森（华盛顿州注册建筑师事务所）. 新西雅图规划介绍［Z］. 重庆大学建筑城规学院，2002.

[71] 王元楷 . 学习借鉴美国城市规划经验　加快推进江北都市新区建设［J］. 工作通报（重庆江北），2005（17）.

[72] 赵玉宗等 . 国外旅游地居民感知和态度研究综述［J］. 旅游学刊，2005（4）.

[73] 曹卫国 . 美国反思城市无序蔓延强调发挥城市功能——国外城市规划与建筑设计专题调研［J］. 内参选编，2007（5）.

[74] Parsons D. Jobs in Tourism and Leisure［M］//Report by Institute of Manpower Services，University of Sussex.London：English Tourist Board，1986.

[75] 陶伟，李丽梅 . 香港城市游憩商业区空间结构演变模式［J］. 城市规划，2005（6）.

[76] 张晓鸣 . 香港新市镇与郊野公园发展的空间关系［J］. 城市规划学刊，2005（6）.

[77] 香港漫步游［M］. 香港：香港旅游发展局，2005.

[78] 屈海林，邱汉琴 . 香港都市旅游的形象及竞争优势［J］. 旅游学刊，1996（1）.

[79] 梁进社，楚波 . 北京的城市扩展和空间依存发展——基于劳瑞模型的分析［J］. 城市规划，2005（6）.

[80] 姚士谋，朱英明，陈振光 . 中国城市群［M］. 合肥：中国科学技术大学出版社，2001.

[81] 北京旅游局 . 以科学发展观推进北京旅游景区建设［J］. 中国旅游通讯，2006（1）.

[82] 邵永洁 . 中国现代主题乐园的骄傲——深圳欢乐谷二期工程实录［J］. 中国旅游通讯，2002（3）.

[83] 王建国 . 城市设计［M］. 南京：东南大学出版社，1999.

[84] 蒋涤非 . 双尺度城市营造——现代城市空间形态思考［J］. 城市规划学刊，2005（1）.

[85] 邹密，吴秀萍 . 齐康：让城市张扬“个性”［N］. 重庆日报，2004-10-15.

[86] 吴良镛．以城市研究与实践推动规划发展［J］．城市规划，2005（4）．
[87] 黄隽．“胡同游”的成长分析［J］．旅游学刊，2005（1）．
[88] 张军．违规圈地上千亩　耗资2亿建“空城”［N］．人民日报，2004-07-30.
[89] 王军．老北京的生与死［J］．瞭望新闻周刊，2006（19）．
[90] 董鉴泓．中国国情与城市发展［J］．城市规划学刊，2005（1）．
[91]（加）John Friedmann. 中国的新型城市区域：城市间网络［J］．城市规划学刊，2007（1）．
[92] 朱玮，王德．王府井大街消费者行为的时空特征研究——“步行网格”方法的应用[J]. 城市规划，2007（2）．
[93] 唐皓．休闲商务区（RBD）形成机制与商业街区休闲化［J］．旅游运营，2007（5）．
[94] 段进，比尔·希列尔．空间研究3——空间句法与城市规划［M］．南京：东南大学出版社，2007.
[95] Kevin Lynch.Good City Form［M］.Cambridge：The MIT Press，1981.
[96] 重庆市旅游局．重庆市旅游发展总体规划（文本）［Z］，2002.
[97] 重庆市江北区人民政府．重庆市江北区2006—2008年创建国家园林城区实施方案［Z］，2006.
[98] 杨冰，代峥．《重庆印象》：被刺痛和被颠覆的［N］．时代信报，2006-05-31.
[99] 谭栖伟．在市旅游局工作汇报会上的讲话［R］，2005.
[100] 重庆市规划局，重庆大学．面向“和谐重庆”的城乡规划方法研究［Z］，2006.
[101] 黄天其．城市五境说［N］．中国市容报，1989-05-19.
[102] Bruce Appleyard，YeqingZheng，Rob Watson，Laura Bruce，Rachel Sohmer，Xuanyi Li，Jingjing Qian.Smart Cities：Solutions for China’s Rapid Urbanization［M］.Copyright 2007 by the Natural Resources Defense Council：17.
[103] 重庆市人民政府，重庆市规划设计研究院．重庆市城市总体规划（2005-2020）［Z］，2005.
[104] 重庆市人民政府，重庆市交通委员会．重庆市主城区综合交通规划（2006-2020）［Z］，2006.
[105] 李星辰．重庆扩城：开发商痛并煎熬着［N］．时代信报，2006-06-21.
[106] 顾朝林．积聚与扩散——城市空间结构新论［M］．南京：东南大学出版社，2000.
[107] 王乃粒．意义深远的2002国际生态旅游年［J］．中国旅游通讯，2002（5）．
[108] 周一星．城市地理学［M］．北京：商务印书馆，1995.
[109] 池雄标．城市旅游系统与主题公园的互动［J］．中国旅游通讯，2004（3）．
[110] 王纪武．山地城市步行系统建设的集约观［J］．规划师，2003（8）．
[111] 重庆市统计局．重庆统计年鉴2002［M］．北京：中国统计出版社，2002.
[112] 程守洙，江之永．普通物理学［M］．北京：人民教育出版社，1980.
[113] 钱学森．系统科学、思维科学与人体科学［J］．自然杂志，1981（1）．
[114] 维纳．控制论［M］．北京：科学出版社，1962.
[115] 吴章文．生态旅游的现状和发展趋势［M］．长沙：中南林学院出版社，2003.
[116] 冯尔康．中国社会结构的演变［M］．郑州：河南人民出版社，1993.
[117] 国家旅游局.2002年度通过复核的中国优秀旅游城市名单［J］．中国旅游通讯，2003（3）．
[118]（美）耐斯比特·R·布朗．塑造未来的大趋势（1996）［M］．北京：科学技术文献出版社，

1998.
[119] 孙子文 . 旅游法规 [M] . 沈阳：东北财经大学出版社，1999.
[120] 常金年，孙经蕙 . 中国经济地理教程 [M] . 北京：中共中央党校出版社，1997.
[121] 崔功豪，魏清泉等 . 区域分析与规划 [M] . 北京：高等教育出版社，1999.
[122] 同济大学 . 城市规划原理 [M] . 北京：中国建筑工业出版社，1991.
[123] 李德顺 . 民族、科学、大众的文化 [J] . 新华文摘，2001（9）：134.
[124] 周大鸣，郭正林等 . 中国乡村都市化 [M] . 广州：广东人民出版社，1996.
[125] 顾朝林 . 积聚与扩散——城市空间结构新论 [M] . 南京：东南大学出版社，2000.
[126] 吴良镛 . 人居环境科学导论 [M] . 北京：科学出版社，2001.
[127] 邢海峰，柴彦威 . 大城市边缘区新兴城区地域空间结构的形成与演化趋势——以天津滨海新区为例 [J] . 地域研究与开发，2003，22（2）.
[128] （美）刘易斯 · 芒福德著 . 城市发展史——起源、演变和前景 [M] . 倪文彦，宋俊岭译 . 北京：中国建筑工业出版社，1989.
[129] 胡俊 . 中国城市模式与演进 [M] . 北京：中国建筑工业出版社，1995.
[130] 刘则渊 . 建设可持续发展的生态城市 [M] //21 世纪可持续发展国际学术研讨会文集，1996.
[131] 王旭，黄柯可 . 城市社会的变迁——中美城市化及其比较 [M] . 北京：中国社会科学出版社，1998.
[132] 郑弘毅 . 农村城市化研究 [M] . 南京：南京大学出版社，1998.
[133] 吉江虹，高冰 . 古城镇远的似水年华 [M] . 贵阳：贵州人民出版社，2002.
[134] 武进 . 中国城市形态、类型、特征及其演变规律研究 [M] . 南京：南大博士本书，1988.
[135] 李裕立，陈恕祥 . 政治经济学 [M] . 北京：中国统计出版社，1997.
[136] 张小林 . 乡村空间系统及其演变研究（以苏南为例）[M] . 南京：南京师范大学出版社，1999.
[137] 周婕等 . 城市边缘区社会空间演进的研究 [J] . 武汉大学学报（工学版），2002，35（5）：10.
[138] 王兴中 . 中国城市社会空间结构研究 [M] . 北京：科学出版社，2000.
[139] 周一星 . 北京的郊区化及对策 [M] . 北京：科学出版社，2000.
[140] 胡序威 . 中国沿海城镇密集地区空间积聚与扩散研究 [M] . 北京：科学出版社，2000.
[141] 高佩义 . 中外城市化比较研究 [M] . 天津：南开大学出版社，1991.
[142] 资本论 [M] . 第一卷 . 北京：人民出版社，1978.
[143] 杨友孝 . 约翰 · 弗里德曼空间极化发展的一般理论评价 [J] . 经济动态学，1993（7）.
[144] 许知远 . 宇宙的起源 [J] . 三联生活周刊，1998.
[145] 王兴斌 . 旅游产业规划 [M] . 北京：中国旅游出版社，2000.
[146] 国家旅游局人事劳动教育司 . 政策与法规 [M] . 北京：旅游教育出版社，1999.
[147] 石奕龙 . 中国城市化的一种模式——中国乡村都市化 [M] . 广州：广东人民出版社，1996.
[148] 魏小安 . 旅游热点问题实说 [M] . 北京：中国旅游出版社，2001.
[149] 宋刚 . 旅游市场营销 [M] . 北京：首都经济贸易大学出版社，1999.
[150] 刘志远，林云 . 旅游营销策略 [M] . 北京：立信会计出版社，2001.

[151] 蒋三庚 . 旅游策划 [M] . 北京：首都经济贸易大学出版社，2002.

[152] 亚当 · 斯密 . 国民财富的性质和原因的研究 [M] . 下册 . 北京：商务印书馆，1974.

[153] 沈清基 . 城市生态与城市环境 [M] . 上海：同济大学出版社，1998.

[154] 艾定增，李舒 . 西萨 · 佩里 [M] . 北京：中国建筑工业出版社，1991.

[155] 汪原 . 零度化与日常都市主义策略 [J] . 新建筑，2009 (6)：26–29.

[156] 王世福 . 城市特色的认识和路径思考 [J] . 规划师，2009 (12)：17–21.

[157] 顾朝林 . 城市社会学 [M] . 南京：东南大学出版社，2004.

[158] 彭德成 . 中国旅游景区治理模式 [M] . 北京：中国旅游出版社，2003.

[159] (日) 早川和男著 . 居住福利论——居住环境在社会福利及人类幸福的意义 [M] . 李桓译 . 北京：中国建筑工业出版社，2005：58.

[160] 王伟强 . 和谐城市的塑造——关于城市空间形态演变的政治经济学实证分析 [M] . 北京：中国建筑工业出版社，2005：12.

[161] 周进 . 城市公共空间建设的规划控制与引导——塑造高品质城市公共空间的研究 [M] . 北京：中国建筑工业出版社，2005.

[162] 汪忠满 . “宜游城市”空间的品质——重庆市江北区城市空间结构优化的建议 [J] . 党校论坛，2005 (12)：32–35.

[163] (日) 青山吉隆著 . 图说城市区域规划 [M] . 王雷，蒋恩，罗敏译 . 上海：同济大学出版社，2005.

[164] 吴必虎，余青 . 红色旅游开发管理与营销 [M] . 北京：中国建筑工业出版社，2006.

[165] (英) 大卫 · 路德林，尼古拉斯 · 福克著 . 营造 21 世纪的家园——可持续的城市邻里社区 [M] . 王健，单晓华译 . 北京：中国建筑工业出版社，2005.

[166] (英) 克利夫 · 芒福汀，泰纳 · 欧克，史蒂文 · 蒂斯迪尔著 . 美化与装饰 [M] . 韩冬青，李东，屠苏南译 . 北京：中国建筑工业出版社，2004.

[167] (美) 肯尼思 · 科尔森著 . 大规划——城市设计的魅惑和荒诞 [M] . 游宏涛，饶传坤，王士兰译 . 北京：中国建筑工业出版社，2006.

[168] 王富臣 . 形态完整——城市设计的意义 [M] . 北京：中国建筑工业出版社，2005.

[169] 蔡云楠 . 重庆山城传统景观研究 [J] . 华中建筑 .2000 (11)：89–92.

[170] 重庆市人民政府 . 重庆市国民经济与社会发展第十一个五年规划 (2006–2010) [Z] .

[171] 重庆市江北区人民政府 . 重庆市江北区国民经济与社会发展第十一个五年规划 (2006–2020) [Z] .

[172] 汪忠满，黄天其 . 论提高新农村规划水平的三大途径 [J] . 规划师，2007 (8) .

[173]《建筑学报》、《城市规划》、《城市规划汇刊》、《国外城市规划》、《小城镇建设》、《地理学报》、《规划师》、《中国园林》，1990~2004 年各期刊物。

[174] 万方学位本书全文库、维普全文科技期刊库、万方科技信息库 (万方平台)、万方期刊 (万方平台)、CNKI 全文期刊、专利库、书生之家电子图书、CNKI 博硕、报纸、会议库、ProQuest 学位本书全文数据库、PQDD 博硕本书库、万方会议本书 (万方平台)、Cell Press 电子期刊。

[175] Susan E.Owens, Peter A.Rickaby.Settlements and Energy Revisited [J] . Built Environment, 1997 (4) .

[176] Susan L. Handy.Regional Versus Local Accessibililty [J] . Built Environment, 1997 (4) .

[177] Peter J. Larkham. Exploring Eastern Urban Form: Issues of History, Culture and Development [J] . Built Environment, 1998 (4) .

[178] Richard Mashall, Kuala Lumpur.Competition and Quest for World City Status [J] . Built Environment, 1997 (5) .

[179] John Board, Thea Sinclair, Charles Sutcliffe.A Portfolio Approach to Regional Tourism [J] . Built Environment, 1998 (2) .

[180] Mike Stabler, Brian Goodall.Timeshare: A New Dimension in Tourism [J] .Built Environment, 2000 (2) .

[181] Sant, Morgan.E.C.Regional Dispariyies [J] .Macmillan Education, 1974 (12) .

[182] Joel Makower.10 Easy Ways to Buy Recycled [M] .California: Tilden Press Inc., 1997: 20.

[183] John Punter.British Planning: 50Years of Urban and Regional Policy [M] .London: The Athlone Press, 1999.

[184] John Friedmann.Design for Change: Flexible Planning Strategies for the 1990s and Beyond [J] . Journal of Urban Design, 1997, 2.

[185] Rudolf Arnbeim.The Dynamics of Architectural Form [M] .Berkeley: University of California Press, 1977.

[186] J.Brotchere ed.The Future of Urban Form [M] .Nichols Publishing Company, 1985.

[187] Kirsten Bomans, Therese Steenberghen, Valerie Dewaelheyns, Hans Leinfelder, Hubert Gulinck. Unerrated Transformations in the Open Space—The Case of an Urbanized and Multifunctional Area [J]. Landscape and Urban Planning, 2010 (94): 196-205.

[188] P.Healey.Building Institutional Capacity through Collaborative Approaches to Urban Planning [J]. Environment and Planning A, 1998, 30: 1531-1546.

后 记

我很幸运，十年前因为工作上的缘由认识了我的导师——黄天其教授，并在导师的热心帮助和精心教诲下，开始步入城市规划科学的殿堂。在职攻读博士学位的确不容易，本职工作、家庭生活、孩子学习、社会活动……方方面面，事必躬亲，有时甚感力不从心。导师多次拉着我的手说：“早点毕业！”正是导师十年来的巨大鼓舞和持续恒久的循循善诱，使我马不停蹄、不敢懈怠，八年里反复锤炼、16次修改、八易文稿。毕业答辩通过时，导师告诫我：人就是要“立德、立功、立言”。师恩浩荡，永志不忘！

我很感激，我的师母邹振扬教授，一直关心、关注着我的学业，端茶递水，嘘寒问暖，古道热肠，不厌其烦，彰显爱生如子的拳拳慈爱。

我很感动，我的妻子刘萍女士长期照顾孩子的学习和生活，让我潜心攻读、努力攀登。孩子能够顺利从英国University of Surrey攻读硕士学位归来，有其母亲不可磨灭的功劳和辛勤的付出。

我很骄傲，在我第一次博士生入学考试失利的时候，女儿汪隽琪致信要我坚定信念、不言放弃！女儿那满页稚气、童心涌动的劝慰至今历历在目。2009年9月，孩子坚定地踏上远涉重洋、异国求学的艰难历程，望着孩子远去的背影，渐行渐远；凝视孩子孤单的双肩，勇担道义；看着孩子学习压力巨大，挑灯夜战；苦劝孩子不懈努力，百折不挠……真不知道我该骄傲还是自觉残忍？激励的力量油然升腾。孩子费心收集的资料和拍摄的大量图片，为论文完善和提升做出了很大贡献。

我很荣幸，在攻读博士学位和论文撰写期间，同时得到了众多老师、领导、同学、同事、亲友的大力支持和热心帮助。他们是：

重庆大学建筑城规学院的赵万民教授、张兴国教授、黄光宇教授、龙彬教授、胡纹教授、邢忠教授、谭少华教授、王萍教授、段炼博士、王中德博士、黄瓴博士、许剑峰博士、汪夔万博士、王华淳博士、童志勇博士、宋智博士；重庆市规划局的扈万泰教授、徐千里教授、卢涛博士；同济大学建筑与城市规划学院的马武定教授；重庆大学可持续发展研究中心的雷亨顺教授；《新建筑》杂志主编李晓峰教授、吴广陵编辑；重庆交通大学的汪峰教授；中南大学出版社的孙如枫女士；《规划师》杂志编辑梁倩小姐；重庆市规划研究中心黄瑶小姐；重庆市人民政府刘学普副市长、谭栖伟副市长；重庆市人民政府王爱祖副秘书长；重庆市人民政府应急办张邦平主任；重庆市市政委王元楷主任；重庆市残疾人联合会任伦军副理事长；中共重庆市江北区委燕平书记；重庆市江北区人民政府何贵区长；中共重庆市江北区纪委刘学琼书记；原中共重庆市江北区委胡超书记、史大平书记；原重庆市江北区人民政府欧茂林区长、曾繁江副区长；中共重庆市江北区委组织部王和平部长；中共重庆市江北区委田中强常委、章晓风常委；重庆市江北区人民政府黄万华副区长；中共重庆市沙坪坝区委组织部黎万洪部长；中共重庆市大渡口区委组织部张琼部长；重庆市大渡口区教委沈维安副主任；中共重庆市江北区委宣传部刘亚文常务副部长；中共重庆市江北区委党校吴健生常务副校长；原重庆市石柱县教委刘中慧主任；重庆市江北区民政局汤杰局长；重庆市江北区新农办冉隆兴常务副主任；重庆市江北区旅游局陈跃、喻红、刘守清、郑永银、胡子义、郭宽渝、张克勤；重庆市江北区环境保护局党组书记蒲兴富、局长王胜军、副局长段小东；原重庆空压集团吴重江董事长；中共重庆市云阳县委张定安常委；重庆市云阳县人大常委会吴久华副主任；重庆市云阳县建委党工委李辅书记；重庆市云阳县工业园区管委会总工办金久松主任，等。

衷心感谢我的弟弟汪腊春、汪绍军先生，他们兢兢业业、努力工作、勤俭持家，在百忙之中尽心照顾双亲，而且不忘敦促、鼓励我早日完成学业。

衷心感谢我的好朋友，高兴时我们一起欢快歌唱，落寞时我们一起消磨时光，苦闷时我们一起找寻航向，彷徨时我们一起眺望远方，他们给我的工作、学习和生活带来了永不枯竭的驱动力量。

衷心感谢匿名通讯评审的老师们，他们细致入微地为本论文提出了许多真知灼见和修改要求，精细到翻译错漏和引用文献，使本论文得以反复斟酌与数次锤炼，逐步达到博士学位论文水平，并使我深深感受到集体智慧的无比威力。

衷心感谢中国建筑工业出版社陆新之主任、焦扬编辑，正因为有他们的大力支持和辛勤劳动，本论文才得以付梓出版、成书面世。

衷心感谢本书所引用文献、图片、数据和相关资料的出版社、出版物和作者、译者。

谨以此书献给我的老师、领导、亲人和朋友！

汪忠满

二〇一一年五月于重庆